ス・K・マクロウによる序文

本書『資本主義、社会主義、民主主義』は、ノンフィクションの世界に聳え立つ二〇世紀の金字塔です。著者のヨーゼフ・シュンペーターは主に経済学者として活躍しましたが、本書は決して一つの領域に収まるものではありません。従来の垣根を越えて、経済学、歴史学、政治学、社会学、哲学、法学、ビジネスの世界を自在に行き交います。シュンペーターと同世代の思想家で、これほど膨大な知識を融合して、このような一つの独創的な世界に統合する訓練を受けた人は――そしてそれを実現できた人は――極めて稀でした。また、これほど深遠な書物を書く人もいないでしょう。本書には強烈なメッセージが込められていますが、その多くは行間に現れます。読み取れるかどうかは読者の皆さんにかかっています。

この解説ではシュンペーターの生涯を簡単に振り返り、本書が執筆された一九三九－四二年の歴史的な背景を探ります。その上で本書そのものの説明に移り、資本主義、社会主義、民主主義というテーマについて本書が一体何を残したのか、また、どのような今日的意義があるのかを最後に考えてみたいと思います。

著者について

シュンペーターが本書の執筆を始めたのは一九三九年、五六歳の時でした。当時の肩書はハーバード大学教授。* イノベーション、起業家精神、また経済発展における与信の重要性といった問題で画期的な著作を発表し、世界にその名を知られていました。学者として破格の収入を手にし、私生活でも魅力あふれる献身的な女性と結婚、夫人自身も教養のある学者でした。教室では超一流の教育者として学生から慕われ、いつも完璧にオーダーメイドのスーツを着こなしていました。快活で、洗練された物腰、機知に富んだ茶目っ気のある物言い。「経済学とアバンチュールと乗馬で世界の頂点を極めたい」――よくそんなことを口にし、「だが、馬の方がなかなか……」と言って周囲を笑わせていました。

傍から見れば充実した人生そのものでしたが、一九三九年のシュンペーターは決して幸せな人ではありませんでした。ヒトラー、スターリン、ムッソリーニという独裁者の時代に生きた多くの知識人同様、ヨーロッパの行く末に危機感を抱いていました。大恐慌の爪痕も残り、第二次世界大戦の足音も迫っています。個人的にもアイデンティティーの不安に苛まれ、人生の岐路に立っていたのです。

シュンペーターは、幼少時から波乱に満ちた生涯を送ってきました。「自分は何者か」という内なる疑問の声が湧くのもまず当然の環境だったといえます。シュンペーターは一八八三年、現在のチェコ共和国に位置する小さな町に生まれました。四歳の時に父親が亡くなり、母とともにオーストリアに移住します。父の死でシュンペーターの人生は決定的に変わりました。シュンペーター家は四〇〇年にわたって、小さな同じ町で暮らしていました。今では信じがたいように思える変化に乏しい生活ですが、産業革命で人の移動が急増する前は、珍しいことではありませんでした。一方のシュンペーターは本書を書き始めるまでに二三回引っ越しを

＊＊　シュンペーターの未公開の書簡や日記はハーバード大学ピュージー・ライブラリー所蔵。引用の出典等の詳細は Thomas K. McCraw, *Prophet of Innovation : Joseph Schumpeter and Creative Destruction* (Harvard University Press, 2007)［トーマス・K・マクロウ、八木紀一郎監訳・田村勝省訳『シュンペーター伝——革新による経済発展の預言者の生涯』一灯舎］を参照。

しています。住んだ場所は五ヵ国・一一都市。今の国境で言えば七ヵ国です。

母ヨハンナは、息子の類い稀な才能を直ちに見抜き、できる限り最高の教育を受けさせようと決意します。この目的を遂げるため——また彼女自身の社会的な野心もあり——三二歳の時に、オーストリア軍の六五歳の退役将校と再婚します。再婚相手が高位の貴族でもあり、オーストリアの階級社会で特権を享受していたことは偶然ではありませんでした。シュンペーターはそうした特権の一つとして、ウィーンのテレジアヌム（貴族の子弟が通う中等教育機関）に通うことができました。

当時のウィーンは、オーストリア・ハンガリー帝国の華麗な首都です。音楽の都、芸術の都、世界に名だたる科学・文学・哲学の中心地として知られていました。一家は帝国議会の裏正面からわずか三〇メートルほどにある高級アパートを一フロアすべて借り切ります。二ブロックほど行けば市庁舎、六ブロック先にはウィーン大学があります。いずれも現存する壮麗な建物で、隣接する半円状のリング通りは、今なお世界有数の華やかさ、美しさを誇る並木道です。若きシュンペーターは、ここで一〇歳から二三歳まで過ごします。ここで身に着けた貴族的な、洗練された物腰は、生涯変わることがありませんでした。

しかし、自分は一体、何者なのか——。片親を失った小さな町の実業家の息子なのか。何事でも一番を求める野心的なステージママの息子なのか。地方からウィーンに流れ込んだその他大勢の中流階級の一人なのか。それとも、オーストリアの誉れ高い貴族の一員、義理の父親の威を借りた人間なのか——。シュンペーターは後に、自分が度々「とんでもない紳士気取り」の役回りを演じていたと述懐しています。

友人や同僚から幾度となく指摘された浅黒い肌、「東洋風」のエキゾチックな顔立ちも、アイデンティティーを揺るがす一因になりました。類い稀な頭脳もそうです。シュンペーターは、あえて自分の才能を隠そうとはしませんでした。ある教授はシュンペーターの鋭い機転を「恐ろしいほどの天の賜物」と評しています。多くの天才少年の例に漏れず、目上の人にはよくかわいがられましたが、同じ年頃の同性の友人にはほとんど恵まれませんでした。ハンサムでチャーミングだったため、女性にはめっぽうもてました。一〇代から五〇代半ばまで幾度となく情事を重ね、日記にも「間違いない。自分には女性を扱う才能がある」と淡々と書いています。それでも、アイデンティティーの問題はつきまといます。様々なことに秀でた人間にしてみれば、どれか一つに専念することは難しく、職業の選択さえ容易ではありませんでした。

この行き詰まりをある程度まで打破するきっかけとなったのが、経済学との出会いでした。一九〇一年、中等教育を終えたシュンペーターは（卒業時には六ヵ国語に堪能になっていました)、ヨーロッパ最高クラスの高等教育機関、ウィーン大学へと進みます。歴史学と、新しい学問である社会学が好きでしたが、次第に経済学、特に資本主義と社会主義の研究に惹かれていきます。当時の経済学は混乱を極めていました。マルクス主義は正しいのか。経済学は価値判断を抜きにした中立的な科学であるべきか、それとも社会を良くするための実践的な学問であるべきか。どんな研究方法が最適なのか。数学をどこまで活用すればよいのか。生産者や消費者の心理的な選好の問題にどう立ち入るべきか——。経済学は社会学と同じく「非常に若い学問」で「よちよち歩きをようやく脱した段階にすぎない」。シュンペーターは一九一四年にそう書いています。ウィーン大学では経済学をまだ法学部で教えており(ヨーロッパの大学はどこも大抵そうでした)、一九〇六年に上級学位を取得して卒業したシュンペーターは経済学、歴史学、社会学だけでなく、民法・ローマ法も修めていました。こうした幅広い教育と、驚異的な記憶力、様々な見聞が本書に窺える豊かな学識の土台となったのです。

卒業後は、ヨーロッパの学問の都を一年間周遊します。ベルリン大学、ソルボンヌ、ロンドン・スクール・オブ・エコノミクス(LSE)、オックスフォード、ケンブリッジ。まだ二〇代だったシュンペーターは、各国の重要な経済学者に残らず会って直接話を聞こうと考え、三〇歳になる頃にはそれを実現していました。その間にイギリスの上流階級の女性と結婚。カイロで弁護士業を営み、一財産築いた後は、経済学の教授となり、オーストリア・ハンガリー帝国の複数の大学で教鞭を執りました。一九一三－一四年度はコロンビア大学の交換教授として過ごしています。アメリカ滞在中、一七の大学で講演したシュンペーターは、経済学の未来がヨーロッパではなくアメリカにあることをすぐに確信するようになります。

この時期までに、論文・書評三十数本と主著三冊を発表。二冊目の『経済発展の理論』（一九一一年）は、経済学の二〇世紀の古典として今も知られています。シュンペーターの世代で、これほど若くして頭角を現し、前途を嘱望された経済学者もいませんでした。一九一四年には、三一歳の若さでコロンビア大学から名誉学位を授与されるという異例の待遇も受けます。

そうした中、第一次世界大戦が勃発します。ヨーロッパにとって紛れもない惨事であり、シュンペーター個人も大きな試練に見舞われました。大学で唯一の経済学の教授だったため、徴兵は免れましたが、信じがたい思いで一九一四－一八年の惨劇を見守ります。大戦では一〇〇〇万人の兵士が死亡、さらに二〇〇〇万人が負傷しました。頑なな愛国心以外、これと言った理由も見当たらないまま、これだけ多くの人が死傷したのです。民間人も少なくとも二〇〇〇万人が犠牲になりました。このような無意味な大虐殺は人類史上初めてのことでした。根は平和主義者だったシュンペーターは、戦争の流れを変えるため、オーストリア・ハンガリー帝国にドイツとの同盟解消を要求し、アメリカの仲介で単独講和を結ぶべきだと考えました。事は思い通りには進みませんでしたが、シュンペーターは徐々に政治に手を染めるようになります。研究に割く時間は、必然的に減っていきました。

一九一八年、終戦を迎えると、広大なオーストリア・ハンガリー帝国は解体されました。五六〇〇万人いた国民の大半はチェコスロバキア、ソ連、ユーゴスラビア、ポーランド、イタリアといった新旧様々な国の国民となりました。オーストリアは人口七〇〇万人の小国となり、共和国として統治されることになります。社会が混乱を極める中、一九一九年に発足した初代内閣には、財務大臣ヨーゼフ・シュンペーターの姿がありました。

シュンペーターが考えた経済復興策は、ほぼすべて理にかなったものでした。起業、外国借款、自由貿易の奨励といった政策です。ただ、どれも大きな成果は期待できませんでした。結局のところ、オーストリアもドイツと同じ敗戦国であり、政府の手足を縛る過酷な講和条約の影響から逃れられなかったのです。加えて、シュンペーター自身が政治家の資質を欠いていたことも明らかになり、在任期間は七ヵ月にとどまりした。もっとも、ドイツ、オーストリアで成果を残した財務大臣は稀でしたし、シュンペーターより酷いケースもありました。両国ともハイパーインフレに見舞われ、一斤のパンを買うのに手押し車一杯の紙幣が要るという例の光景が、文字通り現実のものとなったのです。

財務省を去った後も、権力と華やかな生活への憧れはやみませんでした。ウィーンが好きで、首都から二〇〇キロ以上も離れたグラーツ大学の単調な生活に戻る気がしなかったのです。そこで、銀行を設立する特別免許を一九二〇年に取得します。シュンペーターが政権内で不当な扱いを受けたと感じていた議会にいる友人たちが、償いの意味で免許取得を取り計らってくれました（シュンペーターは社会主義者ではありませんでしたが、入閣したのは社会主義政権でした）。その後三年間、シュンペーターは経済的に大成功を収めます。銀行経営にはタッチせず、個人的な投資でまた一財産築きました。しかし、一九二四年にウィーン株式市場が暴落。投資先の新興企業もたちまち倒産します。シュンペーターは私財をすべて失ったばかりか、多額の負債まで抱え込みました。

政治にもビジネスにも嫌気が差し、喉から手が出るほど職を必要としていたシュンペーターは、アカデミズムの世界に戻ります。一流の学者としての世界的な名声は健在でした。日本の優良大学二校とベルリンの二流校から声がかかりましたが、またとないチャンスはドイツ有数の名門校ボン大学から来ました。ボンはウィーンよりも遥かにパリやロンドンに近く、ベルギー、オランダ、フランスとの国境寄りに位置します。シュンペーターはすぐさまボンに向かいました。あまりにも短い、人生最高の幸福な時間が始まったのです。申し分のない職を手にしたシュンペーターは、若く美しい花嫁アニー・ライジンガーを迎えます。シュンペーターはアニーの虜になっていました（最初の結婚は大戦中に破綻し、イギリス人の夫人は故郷に帰っていました）。

しかし、悲劇がシュンペーターを襲います。ボンに移ってから八カ月後、変転極まりない人生で唯一変わらぬ存在だった母のヨハンナが急死。その六週間後、今度は二三歳のアニーが出産中に亡くなり、産まれた男の子もわずか数時間でこの世を去ったのです。

三人の死にシュンペーターは打ちひしがれました。ウィーンにいる友人に「何もかもが嫌になり、もう何が起きても構わない」と書き送っています。「罰《ばち》が当たったのかもしれないが、こんな仕打ちは……」。シュンペーターに残されたのは、仕事に没頭する習慣と、資本主義の全貌を理解しようという執念だけでした。別の友人にはこう打ち明けています。「もう仕事しか残されていない。もしそうなら、たとえ私生活が終わったとしても、エンジンは動き続ける」。それ以後、シュンペーターは親友さえ知らなかった底力を発揮し、膨大な量の仕事を成し遂げます。残された業績は、シュンペーターが史上稀に見る社会科学の巨星だったことを裏づけています。

本書の背景

シュンペーターは一九三二年までボン大学の教壇に立ち続けますが、その間、二度ボンを離れ、ハーバード大学で客員教授を務めています。最終的にハーバードに移籍するまで、大西洋を五回横断しました。ヒトラーが政権を取るわずか四カ月前にドイツを離れたのは、シュンペーターの人生で数少ない幸運な出来事でした。

ヨハンナやアニーとの想い出が頭を離れることはありませんでしたが、ハーバード移籍後は、ひとまず気力を取り戻します。誰もが認める経済学部のスターとして、重い学生指導の負担を受け入れる一方、自分に鞭打って二冊の本の執筆を進めます。一冊は貨幣に関する本でしたが、結局完成には至りませんでした。もう一冊は一九三九年についに刊行にこぎつけた『景気循環論』です。シュンペーターはこの上下二冊・一〇九五ページの大著で資本主義の知識を総動員し、イギリス、ドイツ、アメリカの資本主義の発展の歴史を論じています。この本には優れた点がいくつもありますが、資本主義の好不況は特定の決まった周期で繰り返すという結論にはかなりの無理がありました。畢生の大作として取り組んだ『景気循環論』は失敗に終わったのです。私生活を襲った悲劇と世界情勢の悪化に心を痛めていたシュンペンターは、著作への反応が今一つだったことでふさぎ込むようになり、強度の抑鬱状態に近づいていきます。一九三七年に三度目の結婚をしなければ、哀れな末路を辿っていたかもしれません。再婚相手のエリザベス・ブーディは一五歳年下の経済学博士で、シュンペーターにひたむきな愛情を捧げました。

しかし、長年『景気循環論』の研究を進めたお蔭で、資本主義の知識は深まりました。右に出る者はいないほど、資本主義の仕組みに精通していたのです。研究対象は産業、企業、イノベーション、起業家、様々な経済制度、また人間の本性の一つとみられる変化の嫌悪にも及んでいます。ボンに移った一九二五年から、『景気循環論』を出版した一九三九年までに執筆した多数の論文では、社会主義と民主主義の分析も進めていました。このため、後に『資本主義、社会主義、民主主義』となる書物を書き始めた頃には、これ以上望めないほど準備が整っていたのです。また、これほど時宜を得たテーマもありませんでした。この本を執筆している一九三九－四二年の二年半の間に、世界は音を立てて壊れ始めていました。

第二次世界大戦（一九三九－四五年）は、そもそも第一次大戦が招いた戦争です。アメリカのウィルソン大統領が「戦争を終わらせるための戦争」と呼んだ第一次大戦は、実際には暴力的な革命と内戦の温床になりました。その好例がロシアです。また、講和条約によって中東に人工的な国境線が引かれたことで、内紛の絶えない新しい国（イラク、シリア、ヨルダン）が生まれました。長期的に平和を維持できる見込みが極めて薄い国々でした。

しかし、最も複雑な問題を抱えていたのはヨーロッパです。第一次大戦前、ヨーロッパ大陸にあった共和国は三ヵ国（フランス、スイス、ポルトガル）のみで、残り一七ヵ国は君主国でした。広大な版図を持つオーストリア・ハンガリー帝国、ドイツ帝国、ロシア帝国、またトルコを中心とするオスマン帝国などです。第一次大戦が終わる頃にはこの四つの帝国がすべて消滅し、共和国が一三ヵ国に増えました。残り一三の王国も、大半は立憲君主制で、広範な選挙権や開かれた議会、様々な新しい市民の権利が確立しました。民主資本主義に向けて大きく前進したように見えたのです。憂慮すべき例外は共産国ロシアと、ドイツ、ポーランド、フランス、イタリアで積極的に活動する共産勢力でした。

しかし、潜在的な問題は、共産主義のみにとどまらない、深いところにありました。新たに誕生した議会制民主主義は、一九二〇年代から三〇年代にかけて、ほぼ例外なく機能不全を起こしているように見えました。二、三の大政党が政権を争うイギリスやアメリカのようなパターンは少なく、大半の国では十数を超える政党が乱立していたのです。議会には小政党が犇《ひし》めき、根深い確執が生まれました。ドイツには一六政党、チェコスロバキア、ポーランド、ユーゴスラビア、ラトビア、エストニアには最大二〇もの政党がありました。イタリアの内閣の平均在任期間は五カ月、スペインは四カ月です。

まだ民主主義に慣れていなかった多くの有権者は痺れを切らし、事態の打開を求めて、右翼の権威主義に傾き始めます。イタリアは一九二二年、スペイン、トルコ、ブルガリアは一九二三年、アルバニアは一九二五年にそうした体制に移行しました。ポルトガル、ポーランド、リトアニアは一九二六年、ドイツは一九三〇年（ヒトラーの首相就任は三年後）、オーストリアは一九三三年、ラトビアとエストニアは一九三四年です。大恐慌で危機感が広がる中、独裁政権の権威は高まり、一九三七年にはヨーロッパの大半が独裁者の支配下に入りました。

シュンペーターは、長期的に見てナチス・ドイツよりもソ連が世界平和の最大の脅威になると考えていました。ナチスがどれほど恐ろしい存在だったとしても、ドイツの人口はソ連の半分以下です。まだホロコースト（ユダヤ人大虐殺）も始まっていませんでした。スターリンの共産主義は反資本主義、反民主主義、領土拡張主義を鮮明にした巨大な軍事大国を建設していました。イデオロギー面の影響も、ヨーロッパの民主国のみならず、中国の広大な地域にまで広がっていました。

一九三九年九月、ヒトラーがポーランドに侵攻し、第二次世界大戦が始まります。一九四一年には独ソ不可侵条約（一九三九年）を無視してソ連にも侵攻。約四年間でドイツ兵・ソ連兵およそ一五〇〇万人が戦死する史上最悪の地上戦へとなだれ込みました。一九四一年一二月七日（日本時間八日）には、日本軍がハワイの真珠湾を攻撃。翌日、アメリカが日本に宣戦布告します。三日後にはヒトラーがアメリカに宣戦しました。

シュンペーターが本書を執筆したのは、このような騒然とした時期でした。正真正銘の世界大戦——今回はヨーロッパだけでなく、アジアも巻き込んだ大戦が、大恐慌の傷も癒えぬ間に勃発したのです。交戦していたのはファシズム、共産主義、民主資本主義という三者三様のイデオロギー陣営でした。どの陣営も他の二つの陣営を破ることはできず、どの陣営も容易には他の陣営と共存できない——。このため、一体どうすれば世界を立て直すことができるのか、恒久的な平和に強い希望を抱ける人はほとんどいませんでした。また、そんな疑問を抱いた人さえ多くはありませんでした。大抵の人は国のために戦う時間しかなかったのです。

しかし、シュンペーターには考える時間がありました。長期的な視点で物を考える習慣が身についていたのです。またビジョンもあり、訓練も積んでおり、意欲もありました。大戦と文明の行く末に強い危機感を抱きながらも、客観的な観察者の立場に立つことができました。

アメリカの市民でありながら、心はまだヨーロッパにある——まるで祖国のない人間でした。他の人々には見えないものが見えていたのです。ハーバード大学の優秀な教え子だったポール・サミュエルソンが述べているように、シュンペーターは「疎外された部外者という社会学的に重要な役割を果たす条件を完全に満たして」いました。

本書について

資本主義国と資本主義への移行を目指している国は、二一世紀に入り史上初めて世界一九五ヵ国の半数を超えました。しかし、本書が発表された当時、そのような見通しは全く立っていませんでした。第三版が出た一九五〇年には、世界の人口の約四〇%が全体主義体制の共産国で暮らし、さらに二五‐三〇%の人が社会主義国、もしくは社会主義寄りの国で生活していました。したがって、本書の出版後、状況は一変したといえます。しかし、本書の核心をなすメッセージが時代遅れになったわけではありません。むしろ、様々な意味で今こそ読まれるべき本だといえます。特に資本主義、民主主義、またシュンペーターの言う「倫理的帝国主義」の分析は貴重です。

シュンペーターが書きたかったのは、思慮深い人々が、政治観を問わず、自分で読んでじっくり考えることのできる本でした。そのため、特定の人・国・経済制度を正面切ってあげつらったり、誰かや何かを露骨に賛美することはしていません。その代り、資本主義、社会主義、民主主義とそれぞれの関係について、深遠極まりない分析を展開しています。シュンペーターは稀に見る洞察力で、当時アメリカと血戦を交えていた日独が敗戦後に何らかの形でアメリカの同盟国となり、長期的にソ連の伸張を防ぐ防波堤になると予測していましたが、事態がどの程度スムーズに進むかは不透明でした。実際、事は困難を極めたのです。

シュンペーターは自らの途方もない才能と知識をすべて本書につぎ込みました。この本は四〇年にわたって重ねてきた歴史、イデオロギー、経済制度、政治、人間社会に関する深い思索の結晶です。自分の好みを表に出さないよう細心の注意を払っており、これまでのどの著作よりも手の込んだ作品となっています。ひたむきな姿勢は一九四〇年九月の日記にも垣間見えます。「例の社会主義の本を懸命に進めている。改めて思い知らされたが、一心不乱に取り組まなければ、わずかな成果も得られない……神よ、『書く』とはかくも苦しい事なのか」。本書の執筆中は何ヵ月も手紙の封さえ切らなかったといいます。

本書は五部構成ですが、第1部（マルクス主義）、第2部（資本主義）、第4部（民主主義）、第5部（社会主義政党史）は中立的な分析となっています（もしくは、少なくとも最初はそう見えます）。社会主義を論じた第3部は、後述するように、異なった手法がとられています。

シュンペーターは、多くの西側諸国がマルクス主義に傾きつつあると考えていました。史上最も成功した資本主義国であるアメリカも、例外ではありませんでした。今日では不思議に思えるかもしれませんが、一九三〇年代のアメリカでは大多数の知識人が資本主義に幻滅し、社会主義に魅力を感じていました。資本主義は大恐慌で奈落の底にあったのです。ソ連は一見成功を収めているように見え、社会主義の計画経済のほうが資本主義の市場経済よりうまくいっているとの見方が広がりました。アメリカではローズベルト大統領がニューディール政策を打ち出しましたが、それでも、一九三九年時点の失業率は一七％を超えており、不況時並みの水準が続いていました。一方のソ連では誰もが職を持っていたのです。

また、平等主義型の社会主義は「階級のない社会」「富と所得の公平な分配」という人道的な理念を掲げていました。一九三九年の時点でそのような道を着実に歩んでいるように見えたのは、世界中でロシアだけでした。帝政という非道な絶対君主制は一九一七年のロシア革命で倒れたのではなかったか。帝政に代わって階級のない社会が誕生し、急速な工業化を通じて万人が以前より豊かになったのではなかったか――。スターリン体制がいかに残忍で凶悪だったか、当時、真相を知る人はごくわずかでした。読者を敵に回さず、最後まで読ませて啓発するというシュンペーターの課題は、極めて繊細な配慮を必要としました。この問題を意識していたことは、冒頭のプロローグでも明らかです。

第1部の四つの章ではマルクス主義を解説します。毀誉褒貶の激しいマルクスの業績について、バランスの取れた極めて有益な分析が披露されます。第2部では資本主義の問題を取り上げます。これはシュンペーターの最大の関心事であり、「資本主義」という言葉が書名の最初に来ているのも頷けます。ここでは、資本主義は存続できないという預言めいたことを告げ、読者に衝撃を与えます。シュンペーターが本当にそう考えていたのかは、本書の出版以来、批評家の間で議論が絶えません。これは本書を最後まで読んで読者自身が判断すべきことでしょう。

第5－10章の計六〇ページに満たない資本主義の分析については、他に並ぶもののない快刀乱麻の見事な分析と絶賛する声が専門家から相次いでいます。ここでは大文字で始まる「創造的破壊」(Creative Destruction)という有名なフレーズが導入されます。これは古い製品やサービスが新しいものに駆逐されていく際限のないプロセスであり、シュンペーターによれば「資本主義の本質を示す事実」です。一連の深遠な帰結——個人的、経済的、社会的、政治的帰結——は、この本質的な事実から生まれるのです。

第3部「社会主義は機能するか」も強い断定で始まります。――「もちろん機能する」。ただ、その後の本文をよくよく検討してみると、注意深い読者なら、本当は「もちろん機能しない」と言いたかったのだと判断するかもしれません。数々の非現実的な条件や但し書きで予防線が張ってあり、その物柔らかな、見せかけの誠実さで必要な条件を一つ一つ並べる姿勢は、遠回しな皮肉であり、風刺文学にさえ通じるものがあります。この第3部は名文家シュンペーターの面目躍如といえるでしょう。風刺作家のジョナサン・スウィフトが一七〇四年に指摘したように「風刺とは望遠鏡のようなもので、見る人は大抵自分以外の様々な顔を見つけ出す。だからこそ世間に受け入れられ、それで気を悪くする人は稀」なのです。これまで多くの読者は、この風刺を完全に見逃してきました。表面上、社会主義を擁護しているため「シュンペーターは社会主義者だ」と断言した人もいるほどです。しかし、ポイントは読者が、この本を投げ出さなかった点にあります。

第4部では、民主主義は社会主義国で機能するかという難題を取り上げます。ここでも社会主義と同じくらい資本主義がテーマとなっています。やはり一部に皮肉な調子が窺えますが、大部分は真剣極まりない分析です。「民主主義とは何か」という根本的な問題を提起し、総じて悲観的な結論を下しています。一例を挙げれば、広告を通じた消費財のマーケティングと、単純なスローガンを通じた候補者のマーケティングを比較します。シュンペーターは一部の大物政治家（大ピットや帝国主義に反対したグラッドストン）には敬意を表していますが、大抵の政治家には冷ややかでした。一九四四年の日記には「政治家とは駄目な騎手のようなもので、手綱を握ることばかりに気を取られ、どこに向かうかには無頓着だ」と記しています。以前からイギリスの政治制度を高く評価していたシュンペーターは、象徴的な君主、民主議会、エリート官僚で統治する形態が最適だと考えていました。基本的な姿勢は「民主主義は考えられる限り最悪の制度だが、他の一切の制度よりはましだ」というチャーチルの姿勢に非常に近いものです。「（現代の民主主義は）資本主義とともに勃興し、資本主義と因果関係がある」とはっきり述べています。

第5部では、社会主義政党の歴史を簡単に振り返ります。それ以上に重要なのは、第二版（一九四七年）と第三版（一九五〇年）で追加した二つの小論が組み込まれていることです。この小論ではこれまでより直截な表現で、第二次大戦の帰結と、連綿と続く「社会主義への行進」の影響を分析しています。ここでも客観的な観察者の立場を装っていますが、実際には不吉な警告を発しているのです。

本書が残したもの

『資本主義、社会主義、民主主義』は一九四二年に初版が出版され、数多くの好意的な書評が寄せられましたが、当初、大きな反響は起きませんでした。大戦の真っただ中に大反響を巻き起こす本など、ほとんどなかったのです。一九四七年の第二版になると、冷戦との絡みで注目度が上がり、一九五〇年の第三版で一気に評判が高まりました。アメリカとソ連を盟主とする巨大な軍事同盟が、熾烈な覇権争いを繰り広げていた頃です。冷戦は一九八九年にベルリンの壁が崩壊するまで約四三年続きました。ロシアが核保有国となった一九四九年のその瞬間から、第三次世界大戦の可能性が現実味を帯び、人類の破滅が危惧されていました。このため、資本主義と民主主義と社会主義（全体主義の社会主義体制と相対的に自由主義に近い社会主義体制の双方）の関係は、物を考える人間にとって、避けて通れない問題だったのです。

ケンブリッジの経済学者ジョーン・ロビンソンは初版の書評で「この本は右派であれ、左派であれ、中道派であれ、鸚鵡《オウム》のように決まりきったことを繰り返す今の正統派を全部集めた鳥籠くらいの価値がある。（……）読者は、シュンペーター教授から溢れ出る主張の斬新さ、奔流のような勢いに圧倒されるだろう」と書きました。オハイオ州立大学のA・B・ウルフは「『必読』の書であり（……）アメリカで生まれアメリカで教育を受けた学者には到底書けない」

とした上で、シュンペーター独特の論法を分析し「この本全体が一つの深遠な風刺ではないか」という疑いを持つに至ったと書いています。ウルフは、特に社会主義の分析に垣間見える人を食ったような微妙なニュアンスまで読み取った数少ない論者の一人でした。

アーサー・M・シュレジンガー・ジュニアは第二版の書評で「政治的な議論は概して空しさが漂うが、（本書は）次々に爆竹を鳴らし、ロケット花火を打ち込むように乱入してきた」とし、たとえシュンペーターの主張に誤りがあるとしても（意図的なレトリック上の策略で、矛盾しているように見える箇所は少なくありません）「彼の指摘する不快な論点は、絶対にはぐらかすことができない。（……）本書は知の巨人のなせる業であり、異彩を放っており、複雑で、完璧にコントロールされている」と評しています。

オランダの経済学者ヘリンク・ウィルム・ランベルスは、初版出版から四〇年を記念して出版された論文集で、学生の心を捉えて離さないこの本の魅力を語っています。「大学院生の口答試験を何度も担当しているが、『正直なところ、唯一刺激を受けたのはシュンペーターの本です』という声を何度も耳にしている。急進派も保守派も異口同音に『未だによくわからない。自分が悪いのか、わざとそう書いているのか』と漏らしている」

わざとそう書いている、というのが真相でしょう。シュンペーターは読者に自分の頭で考えさせたかったのです。

この点を含め、本書の一部の特徴は、やはり大戦中に書かれたフリードリヒ・ハイエクの名著『隷従への道』（一九四四年）と比較できるかもしれません。ハイエクもオーストリアの出身で、ウィーン大学を卒業しました。二〇世紀を代表する経済学者の一人です。二人とも保守派を自任していましたが、ハイエクの経済思想は政府による市場介入にほぼ例外なく反対するもので、シュンペーターの思想のかなり右側に位置します。『隷従への道』の執筆当時は、ロンドン・スクール・オブ・エコノミクス（LSE）の教授でした。『隷従への道』は『資本主義、社会主義、民主主義』より短く、シンプルな言葉で書かれており、理解に苦しむところはありません。権威主義に対する率直で至極もっともな批判を展開しています。どちらの本もイギリスの社会主義への傾斜に強い懸念を示していますが、ハイエクはシュンペーターとは違い、ナチス・ドイツを中心に取り上げており、ソ連は事実上無視しています。これは戦時中、ソ連がイギリスの同盟国だったためで、ハイエクもイギリス政府もソ連に批判的な発言には消極的でした。

シュンペーターにはそんな気遣いはありませんでした。緻密に計算された社会主義の章では（社会主義の章だけではありませんが）、繰り返しロシアが登場します。ロシアの話は一見何気なく散りばめられているように見えますが、実際には細かな配慮が施されています。だからこそ、社会主義に共鳴する人やソ連に共鳴する人でさえ、この本を読み通せるのです。『隷従への道』のような論争の書であれば、途中で投げ出したくなるかもしれません。

シュンペーターはハイエク、コンラッド、ナボコフなど一部の中・東欧出身者と同様、巧みな英語を操りましたが、一般向けの本はほとんど書いていません。そうした人々と比べると、知識人向けの本が中心です。本書は難解極まりない本ではありませんが、すらすら読める本でもありません。多種多様なレベルで話が進みますし、複雑精緻な、力強い主張の全貌をつかむには再読が必要になる箇所もあります。これは社会主義の分析だけでなく、資本主義の分析にもいえることです。

資本主義の下で起きる創造的破壊は、過酷なプロセスであることが少なくありません。自らも一九二四年に私財を失ったシュンペーターは、この点をよく理解していました。本書でも「成功と失敗は金銭で測られ、出世すれば金が入り、身を落とせば金を失う。(……)[資本主義は]『巨万の富』の夢と『どん底の生活』の悪夢を描き、それを容赦ないスピードで現実のものとしてきた」と書いています。常に容赦なく変化することが資本主義の証しなのです。「これほど明白な事実を、カール・マルクスがとうの昔に力説していた事実を見逃す人がいるのは不思議に思えるかもしれない」とも指摘しています。また、資本主義の精神的なよすがの問題についても、何ら幻想は抱いていません。「騎士が探し求めた聖杯に比べれば、株式取引所は安っぽく見える」。日記にも「これまで多くの人に受け入れられてきた理想の中で、誰かのビジネスにならなかったものがかつてあっただろうか。そう思うことが少なくない」と記しています。

シュンペーター自身の精神の底流は深いところを流れており、資本主義の行き過ぎに心を痛めていました。それでも、世界の人々の物質的な生活水準を引き上げることが今なお人類最大の願いであると感じていましたし、そう悟っていました。問題はどうやって資本主義を維持していくのか、資本主義の力をどのように利用し、どのように自滅を防ぐのかでした。これは本書が発しているメッセージの一つですが、資本主義は大半の人が考えるより遥かに脆弱で、資本主義を発展させ維持していくのは想像を遥かに超えて難しいのです。創造的破壊という形の絶え間ないイノベーションには、多大な社会的コストが伴います。家運が傾き、地域社会全体がダメージを受けます。知識人階級は深い思索を重ねる余裕を生み出してくれた物質主義・実利主義自体を疎んじるようになります。

シュンペーターは、すべての社会が民主主義を受け入れるわけではないと考えていました。特にアメリカ型の民主主義はそうです。本書の完成が近づいていた一九四一年の講演で「私が倫理的帝国主義と呼ぶもの――アメリカの考え方に従って世界の秩序を維持しようというエートスを持つ帝国主義」を批判しています。一九四四年の日記にも「アメリカの爆撃機の下で、世界の平和と民主主義を確立できるのだろうか」と書き、同じような先見の明を示しています（この日記の文章は、西側諸国がインドから手を引く可能性が高いという文脈で書かれたものです）。「アジアの白人」が果たす役割を憂え、チャーチル首相の「人種差別」に帝国主義の精神が垣間見えると批判しました。

一部の問題については、ローズベルト大統領にさえ警戒心を抱いていました。アメリカ政府が戦時中に行った日系人一〇万人以上の強制収容に衝撃を受け、英米によるドイツへの絨毯爆撃に慄然とし、B29が投下した焼夷弾と原爆で日本の都市が壊滅したことに戦慄を覚えました。そうした作戦で、戦争の終結は早まりましたが、少なくとも一〇〇万人以上の民間人が犠牲になったのです。シュンペーターは、第二次大戦と冷戦を背景に長期的にアメリカの軍国化が進めば、文化的・政治的に悲惨な結果を招くことを非常にはっきりと見抜いていました。たとえそれがソ連の牽制にどれほど必要だったとしてもです。

一九四〇年代初めの一時期、こうした発言の多くは周囲の不評を買いました。友人や同僚の一部でさえ、眉を顰《ひそ》めたのです。社会的には人生で最もつらい時期の一つでした。しかし、皮肉なことに、そうした発言は洞察力の賜物であり、そうした洞察力があったからこそ本書はこれほどの名著になったのです。

人生の最後の一四年間（一九三六－五〇年）は「ケインズの時代」と重なっています。ジョン・メイナード・ケインズの『雇用・利子・通貨の一般理論』（一九三六年）は経済学の世界に革命を起こしました。シュンペーターはケインズとは知り合いで、その才能を極めて高く評価していました。ただ、トップダウンで経済政策を決めるケインズのアプローチについては、政府の介入を重視しすぎで資本主義のイノベーションをないがしろにしていると批判しています。もっとも、「マクロ経済」というケインズの視点は極めて有益で（数学化が非常に容易だったことも経済学者に熱狂的に受け入れられた重要なポイントでした）、軍配はケインズに上がったかに見えました。起業家のイノベーションで創造的破壊の嵐が絶えず吹き荒れるというシュンペーターのボトムアップ型の資本主義論は一時《いっとき》、輝きを失ったのです。しかし、「資本主義が活力を失うことはない」というシュンペーターのビジョンは、「資本主義は長期停滞期に入り、政府による刺激が度々必要になる」というケインズの信念より正確だったことが明らかになります。実際には、第二次大戦後の「混合経済」の成功が示しているように、二人ともそれぞれある程度まで正しかったのです。

一九七〇年代、ほぼどの国でも景気が減速し、異常な高インフレが世界を襲うと、ケインズの時代は終わりを迎えました。一九八〇年代に入ると、シュンペーターの思想が急速に息を吹き返します。ヨーロッパを中心に多くの産業で規制緩和や民営化が進んだことが追い風になりました。この流れは政治的にはイギリスのサッチャー政権、アメリカのレーガン政権と結びつきます。アカデミズムの世界でこの流れの先頭に立ったのはシュンペーターではなく、ハイエクでした。

ドイツの著名な学者であるヘルベルト・ギエルシュは一九八四年、「ケインズの時代」が終わり、近く「シュンペーターの時代」が始まるのではないかと指摘しました。その通りでした。一九九〇年代になると、起業家精神やイノベーションへの注目が世界的に一気に高まります。様々な産業の急速な発展で――合成化学、医薬、中でもパソコンとインターネットに象徴されるIT（情報技術）の急速な発展で――シュンペーターの旗印とも言える資本主義のイノベーションに無限の可能性があることが裏づけられたのです。二一世紀に入ると、ジャーナリスト・学者がシュンペーターの論文を引用した回数は、ケインズを超えました。特に引用の多かったのがこの『資本主義、社会主義、民主主義』です。数十年前にはあり得ないと思われていたことでした。西暦二〇〇〇年、米ビジネス・ウィーク誌は「アメリカで今一番ホットな没後五〇年の経済学者」という見出しでシュンペーターを取り上げています。各国のビジネススクールは、かなり以前から「起業家精神」「イノベーション」、そしてシュンペーターの第三の関心事だった「戦略」を論じる講座の開設に乗り出しています。現在、多くのビジネススクールには、そうしたテーマを専門に研究する学部が設置されています。

一方、「創造的破壊」は数えきれないほどの書物、記事、ブログで使われる常套句になりました。シュンペーターが見た資本主義のエッセンスを表現するキャッチフレーズとなったのです。シュンペーターの経済、政治、社会、歴史に関する著作は、様々な大学の講座で必読図書に指定されています。経済分野の著作より政治、社会、歴史の著作がよく課題図書になるのは、シュンペーターの理論があまりにも学際的で数学化に馴染まないためです。「(シュンペーターは偉大な経済学者だったが)歴史家と社会学者も彼を大家の一人と呼べるはずだ」――シュンペーターの没後、ハーバード大学で親しかった友人の一人は、追悼論文集にそう書いています。

一九八一年、ポール・サミュエルソンは「シュンペーターが生まれてから一世紀が経ったが、私たちはその著作を真剣に読み、今日の議論への生きた貢献として受け止めている」と指摘しました。後にロバート・ハイルブローナーは、ベストセラーになった著書『世俗の思想家たち』の最終版で、シュンペーターに丸々一章を充てました。一つの章を割いて説明した経済学者は五人だけです（他はアダム・スミス、マルクス、ケインズ、ヴェブレン）。ハイルブローナーは「（シュンペーターは）紛れもない現代の肉声で語りかけてくる」と表現していますが、これは遠い将来まで変わらないのではないでしょうか。『資本主義、社会主義、民主主義』は時代の申し子でしたが、時を超えた書物でもあるのです。

本書には人類の大問題に関わる真理が一部含まれており、いつまでも読み継がれる本となるはずです。資本主義はこれまで編み出された経済制度の中で抜群の生産性を誇りますが、その物質的な果実は社会的なコストに見合うものなのでしょうか。強欲、拝金主義、環境破壊、資産・所得格差は、あまりに重すぎる代償なのでしょうか。資本主義という強力な経済制度と権威主義的な政治体制を、中国が意図するように統合することはできるのでしょうか。それとも、どちらか一方が妥協を強いられるのでしょうか。民主化は、インドのように、経済発展よりも先に進めるべきなのでしょうか。それとも、中国のように民主化の前に経済発展を進めるべきなのでしょうか。政府が市場の機能を誘導・規制する日本や西側民主国の混合経済は、一九四〇年代の導入以降、繁栄を謳歌していますが、この流れは今後も続くのでしょうか。資本主義は、イスラムのテロを含めた近代化との戦いで具体的にどのような役割を果たすのでしょうか。

このような疑問に対する明確極まりない答えが、本書に示されているわけではありません。本書の出版後かなり経ってから表面化した問題は、言及すらされていません。しかし、こうした問題にどうアプローチするのが最適なのか、それについては、非常に明確な手引きが存在します。特に、経済・政治・倫理・個人をすべて統合した複合体としての資本主義をどう考えればよいのかという問題で、シュンペーター以上に深い理解を示した人はいないのです。

＊トーマス・K・マクロウ（一九四〇－二〇一二年）はハーバードビジネススクール・ストラウス記念企業史教授を務めた歴史学者。著書に『シュンペーター伝――革新による経済発展の予言者の生涯』（一灯舎、国際シュンペーター学会賞受賞作）がある。

NIKKEI BP CLASSICS

CAPITALISM,
資本主義、
SOCIALISM
社会主義、
and
民主主義
DEMOCRACY

JOSEPH SCHUMPETER
ヨーゼフ・シュンペーター
大野 一［訳］

I

日経BP社

ヨーゼフ・シュンペーター

Photo: The Washington Post / Getty Images

CAPITALISM, SOCIALISM and DEMOCRACY THIRD EDITION
BY JOSEPH A. SCHUMPETER

1942, 1947, 1950

Japanese translation rights arranged with HarperCollins Publishers
through Japan UNI Agency, Inc., Tokyo

第一版への序文（一九四二年）

本書は、社会主義について四〇年近くにわたって重ねてきた思索、観察、研究の大半を通読できる形にまとめられないかと思い執筆した。民主主義の問題を本書の構成のような形で組み込まざるを得なかったのは、社会主義と民主主義の関係を論じるに当たって、後者をかなり広範に分析しなければ、持論を述べられないと感じたからだ。

思った以上に難しい仕事になった。多岐にわたる材料を整理する必要に迫られたが、一部の材料には、人生の様々な場面で、社会主義者ではない一般の人々よりも観察の機会に恵まれ、人とは違う受け止め方をした個人の見解と経験が投影されていた。その痕跡を消し去りたくはなかった。掻き消す努力をしていれば、本書の持ち味の多くが失われていたはずだ。

また、材料には、深層を見極めることを誠心誠意、常に心掛けながらも、一度として社会主義を専攻テーマにしなかった個人、したがって、取り上げる分野にかなり偏りのある個人の分析作業も投影されていた。万遍のない専門書を目指したという印象を与えないためには、手持ちの材料を五つの中心テーマに分けて配置するのが一番良いと考えた。無論、各テーマを結びつける架け橋は用意し、読み物としての統一感のようなものは出せたのではないかと感じている。しかし、各部は独立したものではないが、基本的にはほぼ完結した分析だ。

第1部では、マルクス主義について言っておかねばならないこと、実際、数十年にわたって講義してきたことを、一般的な言葉でまとめた。社会主義の主な問題を論じるに当たって「救いの教え」を説くのは、マルクス主義者にとっては自然なことだろう。しかし、マルクス主義者ではない人間が建てた家の玄関口に、この「救いの教え」を掲げる目的は何なのか。この非マルクス主義者がマルクスの預言を重要極まりないと信じている証しと言えそうだ。信じる信じないの問題とは全く無関係の重要さである。だが、そのために理解が難しくなる。マルクスのツールは第2部以降では使わない。本書では繰り返し、第2部以降で得られた結論をこの唯一偉大な社会主義の思想家の教義と比べることになるが、マルクス主義に興味のない方は、第2部から読み始めて頂いて構わない。

第2部「資本主義は存続できるか」では、社会主義社会が必然的に資本主義社会の解体から生まれること、また資本主義社会の解体も同様に必然的であることを示そうとした。こうした見方は、保守派の間でさえ急速に一般的になりつつあり、なぜこの説を確立するために、このような骨の折れる複雑な分析が必要だと考えたのか、訝《いぶか》る読者も多いだろう。この結論には大抵の人が同意するが、資本主義が破壊されるプロセスの本質や、「必然的」という言葉に込められた正確な意味について、意見の一致をみていないから、というのが理由だ。私は今の大半の主張が——マルクス主義の線に沿った主張も、さらに通俗的な線に沿った主張も——間違っていると考えており、「資本主義は成果を出すが故に破壊される」という本書の逆説的な結論にうまく辿りつけるよう、かなりの労力を割くことが、また読者にもかなりの負担を求めることが、自分の義務だと感じた。

社会主義が実践的なプランであること——目下の戦争の結果、直ちに実践的なプランになり得ること——を見た後は（この点は直《じき》に理解して頂けると思う）、第3部「社会主義は機能するか」で、社会主義経済をうまく回すには、どのような条件が必要になるかを広範に概観する。第3部では「移行期」の問題を含めた様々なトピックをほぼ万遍なく取り上げる形になったが、この分野については、好き嫌いの問題で過去の労作（それほど数は多くないが）の成果が霞んでいるため、場合によっては、定説を改めて紹介するだけでも意義があると感じた。

第4部「社会主義と民主主義」は、アメリカでしばらく続いている論争に寄せて執筆したものだ。ただ、ここで扱っているのはあくまで原理の問題であり、このテーマに関係する事実とコメントは、本書の全体、特に第3部と第5部に散らばっていることを指摘しておきたい。

第5部は、意図した通りスケッチとなった。他の部分にも増して、個人的な観察や極めて断片的な研究で気づいたことだけを書いておきたいと思った。このため、第5部で取り上げた素材が甚だ不完全であることは言うを俟《ま》たない。ただ、そこにある素材は生きた素材である。

本書の内容はすべて初出だが、第2部の初期の草稿は、米農務省大学院で行った講演（一九三六年一月一八日）の基になり、大学院が謄写版で印刷している。加筆して本書の一部とすることを認めて下さった準備委員会のA・C・エドワーズ委員長に感謝したい。

第二版への序文（一九四六年）

この新版は一九四二年に発表した書物を再版したものであり、新たな章を一章加筆した以外、内容には一切手を加えていない。様々な個所で明らかに必要だと思われる文章の手直しさえ控えたのは、本書で取り上げたような問題では、言い回しを変えれば意味も変わってくるため――少なくとも意味を変えたのではないかと疑われかねないためだ。また、過去四年の出来事や批判的な書評を受けても、私の分析と予測が揺らがなかったこと、むしろ、新たな事実で私の分析と予測が完全に裏づけられたと思えることも、ある程度重く見た。新たな章を加筆したのは、そうした事実を踏まえて、旧版で示した一部の論点（特に第19章第4節、第27章第5節）を発展させ、本書で暗示した歴史哲学に現在の状況をどう組み込めるのかを示したかったからに外ならない。この序文では、本書に向けられた一部の批判、というより一部のタイプの批判（必ずしも活字になったものではない）を取り上げるが、それはここで示す反論が何らかの意味で読者の役に立つのではないかと考えたからで、読者の受け止め方に何か問題があると感じたからではない。むしろ、私はこの場を借りて批評家の方々の変わらぬご厚意と、労を惜しまなかった七ヵ国語の翻訳者にお礼を申し上げたい。

まず、専門的な批判を二つ取り上げる。「利潤は本書で論じた社会のプロセスの一環で長期的に消滅する傾向がある」という私の説について、国際的に著名なある優れた経済学者から反論を頂いた。販売努力には必ず対価が必要になるという反論だ。「利潤」という言葉を違った意味に使っている以外、私たちの間に実質的な意見の差はないと思う。安定した日常業務に落ち着いた経済で必要とされる販売努力でも、当然リターンを確保する必要がある。それは企業経営に付随するすべての活動に共通することだ。ただ、私はそうしたリターンを経営陣の賃金に含めた。それは私が産業発展の源泉と考えるもの――新しい商品、新しい生産方式、新しい組織形態の導入に成功した人に資本主義が与える利潤――を抜き出して強調したかったためだ。資本主義のリターンのうち、この要素が重要であることは、産業史を振り返れば明白であり、どうみても否定できない。私が主張したのは、産業の「進歩」の機械化（研究開発のチームワークなど）が進むにつれ、この要素がいずれ消滅する運命にある――それとともに資本家階級の経済的地位を支える最も重要な支柱も、いずれ倒壊する運命にあるという説だ。

だが、本書の純粋に経済的な主張で最も多く耳にした批判（時に説教めいた批判）は、独占論に向けられたものだった。私が独占的慣行を擁護していると受け止めた読者が多かったようだ。確かに私は、今の独占論のほとんどは、今のすべての貯蓄有害論と同様、急進的なイデオロギー以外の何物でもなく、事実の裏づけが全くないと感じている。特にそうしたイデオロギーに基づく「政策」については、施行されたものであれ、構想段階であれ、気の置けない相手にさらに強く持論を主張することもあるが、ここでは専門家の義務の問題として、本書の独占論が、結局のところ、すべて以下の説に集約できることだけを記しておきたい。これは有能な経済学者なら誰も否定できないはずだ。

（1）古典的な独占価格理論（クールノー＝マーシャル理論）は全くの無価値ではない。特に独占の利益が直ちに最大化されるケースだけでなく、時間をかけて最大化されるケースも処理できるよう修正を施した場合はそういえる。ただ、前提条件に制約がありすぎ、そのままの形で現実に当てはめることはできない。特に今の教育で使われているような形、つまり、純粋な競争型経済の機能と、独占色の濃い経済の機能の比較という形では使えない。これは伝統的な理論では競争型経済と独占型経済で需要とコストの条件が同じだと仮定していること――それに対し、現代の大企業の本質は、大量生産を通じて完全競争下の同業他社よりも遥かに有利な需要・コスト条件を必然的に確保できる点にあること――が大きな理由だ。

（2）今の経済理論は、ほぼ例外なく、ある所与の産業装置の運用理論だといえる。しかし、資本主義では所与の産業構造をどう運用するかよりも、そうした構造がどう創造されるかが遥かに重要な問題となる（第7章、第8章を参照）。この創造のプロセスには必然的に独占の要素が入り込んでくる。そうなると、独占の問題や独占に対する立法・行政措置は、意味合いが一変することになる。

（3）第三に、カルテルなど産業の自治手段を槍玉に上げる経済学者の主張は、それ自体間違いではないケースが少なくない。ただし、必要な但し書きを書き漏らしている。必要な但し書きを書き漏らせば、真理の全貌を語ったことにはならない。他にもまだ指摘することはあるが、次のタイプの批判に移ろう。

私は本書が政治的な書物ではないこと、何らかの主義主張を擁護するつもりはないことを細心の注意を払って明言してきたつもりだった。ところが面白いことに、私が「外国の集産主義を擁護」していると言われたことが一度ならずある（私の知る限り活字にはなっていないが）。

この事実に触れたのは、そうした批判自体を取り上げたかったためではない。そこに潜んでいるもう一つの批判に言及したかったためだ。「もしあなたが集産主義を――外国の集産主義だろうが、この国の集産主義だろうが、実際のところ、何かの主義主張を――擁護したかったのでなければ、なぜそもそもこの本を書いたのか。観察できる事実から引き出せる推論を詳述したところで、実用的な提案をしなければ何の意味もないではないか」――。私はこうした批判に接する度に大いに興味をそそられた。社会の風潮が実によく現れており、今の世の中の多くのことは、そうした姿勢で説明がつく。私たちは常日頃、計画ばかり立てており、考えることがあまりにも少なすぎる。「よく考えろ」と言われれば怒り出し、自分の信念や信じたいことに合わない馴染みのない主張を毛嫌いする。大戦に突き進んだ時のように、目隠しをされたまま、未来に突き進んでいるのだ。だからこそ、私は読者の役に立ちたいと思った。私は読者に考えてほしかった。そのためには、絶対に読者の気を散らしてはいけない。ある特定の立場から「何をすべきか」を論じれば、読者がそればかりに気を取られる。分析には分析の役割があり、私は分析の領域にとどまりたかった。実用的な結論を数ページ書けば反響を巻き起こせるが、私は反響の多くを失うのを十分承知の上で分析の領域にとどまった。

最後に、これは「諦めだ」という批判につながる。この言葉を分析に対して使うことは絶対にできない。諦めとはある心理状態を指す言葉であり、行動との関係でしか意味を持ち得ない。事実そのものや事実から引き出した結論が「諦め」であったり、その反対であったりすることは（諦めの反対が何であれ）考えられない。船が沈んでいるという報告は「諦め」ではない。この報告をどう受け止めるかという精神状態のみが「諦め」になり得る。船員は腰を下ろして酒を飲み始めるかもしれない。だが、慌ててポンプに駆けつけるかもしれない。慎重に裏づけを取った報告を頭から否定するなら、それは現実逃避だ。また、私の指摘した傾向が私の意図した以上に予測という意味合いを持つとしても、それが諦めを意味するわけではない。「どちらにしてもいずれ死ぬから」という理由で正常な人が自分の身を守ることを拒むだろうか。これはこの批判を寄せた両陣営――民間企業社会を信奉する陣営と、民主社会主義を信奉する陣営――の双方に言えることだ。どちらの陣営も、社会の中で行動する運命にあり、社会の本質をいつも以上にしっかり見極めれば、得るものがあるはずだ。

　今日ほど、不吉な事実を率直に指摘する必要性が高まっている時代もない。というのも、現実逃避が一つの思考法になってしまったように思えるからだ。これは今回、新たな章を書き加えた動機でもあり、口実でもある。そこで示した事実と推察は、決して愉快なものでも、心地良いものでもない。ただ、それ自体は諦めではない。諦めているのは、キリスト教など私たちの文明の価値観におもねりながら、そうしたものを守るために立ち上がろうとしない人々、最初から負けを認めている人々、希望ではなく根拠のない希望で自分をごまかしている人々だ。というのも、ここで物事を楽観するのは、ある種の逃げに外ならないのである。

第Ⅰ巻　目次

第2部 資本主義は存続できるか 169

第3部　**社会主義は機能するか**　369

第II巻　目次

資本主義、社会主義、民主主義　Ⅰ

1

THE MARXIAN DOCTRINE

第1部　マルクス主義

プロローグ

知性や想像力が産み出すものは、大抵時とともに空しく消え去る。宴が終わって一時間もすれば、世代が変われば、消えてなくなる。だが、中にはそうでないものもある。輝きは失うが、また甦ってくるのだ。しかも、文化遺産の目に見えない要素としてではなく、その人の装いが見え、その人の心の傷に触れられるような形で甦ってくる。そうしたものを偉大なものと呼んで差し支えないだろう。偉大なものを生命力と結びつけるこの定義に全く不都合な点はない。その意味でマルクスの預言が偉大であることは間違いない。だが、復活するものが偉大だという定義には、もう一つ都合の良い点がある。そう定義すれば、好き嫌いの問題を超越できるのだ。偉大な業績は常に輝きを放っていなければならないとか、基本設計や細部に欠陥があってはならないと考える必要はない。それどころか、偉大なものには闇の力があると考えてもよい。根本的に間違っていると考えても、細部にいくら承服できないところがあっても構わない。マルクスの体系は、そのような批判を受けても、また、たとえ的確な反証を突きつけられても、致命傷を負うことはなく、かえって構造の力が際立つ。

この二〇年は、実に興味深い形でマルクス主義の復活を見た。社会主義の信念を説いたこの偉大な教育者が、ソビエト・ロシアで本領を発揮したのは驚くには当たらない。マルクスの預言の本当の意味と、ボルシェビキの手法やイデオロギーの間には埋めがたい溝があるが——少なくとも、敬虔なガリラヤ人の宗教と、教会の上層部や中世の騎士の手法とイデオロギーの間に横たわっていたほどの深い溝があるが——それはあの偶像化のプロセスの一面に外ならない。

しかし、もう一つの復活の方は説明がそう簡単ではない。アメリカで甦ったマルクス主義のことだ。この現象は大変興味深い。というのも、アメリカの労働運動やアメリカの知識人の思想がマルクス主義に大きく染まったことは、一九二〇年代まで遂になかったのである。この国のマルクス主義は表面的で、取るに足らない、不安定な代物と相場が決まっていた。また、かつてマルクス学の影響を色濃く受けた国々で、こうしたボルシェビキ型の復活が一気に進んだ例はない。とりわけ、どこよりもマルクス主義の伝統が確立していたドイツでは、戦後の社会主義の発展期や先の不況期には、正統派のセクトが確かに細々と生き永らえていたが、社会主義思想をリードした人々は——実践面で慎重な保守主義に傾いた社会民主党と連携した人だけでなく、それよりも遥かに過激な主張をした人たちも——本来の教義に立ち返る気配などまず見せず、神を崇めながらも慎重に距離を置き、経済面の問題については、他派の経済学者と全く変わらぬように論じた。したがって、ロシアを除けば、アメリカの現象は際立っている。その原因を詮索するつもりはない。だが、これほど多くのアメリカ人が我が物としたこの預言のあらましと意味とを検証する価値はある。[*1]

*1　マルクスの著作への言及は最低限に抑える。マルクスの生涯についても本書では触れない。著作目録や生涯の大まかな流れはどんな事典にも載っており、本書の目的上必要な情報はすべて得られるため、そうした説明は不要だと考えた。特に *Encyclopedia Britannica* や *Encyclopaedia of the Social Sciences* が良い。マルクスの研究は *Das Kapital* (first English translation by S.Moore and E.Aveling, edited by F.Engels, 1886)［中山元訳『資本論』日経ＢＰクラシックス］の第一巻から始めるのが最も適当だろう。研究書は最近とみに増えているが、少なくとも一般の読者にはＦ・メーリングによる伝記［栗原佑訳『マルクス伝』国民文庫］が一番良いと今なお考えている。

第1章

預言者マルクス

何も筆の勢いで章題に宗教の譬えを持ち出したわけではない。譬え話以上の意味がある。一つの重要な意味で、マルクス主義は宗教だ。信徒にはまず、生きていく意味を教える究極の目標が一つの体系として与えられ、これが物事や行動を判断する絶対的な基準となる。次に、そうした目標を達成する手引きが与えられる。救いへの道と悪の存在を暗示し、人類は――もしくは選ばれた一部の人類は――そうした悪から救われると説く。もっと端的に言えば、マルクスの社会主義も、この下界に天上の楽園を約束する一派に属している。宗教論の形でこうした性格を論じれば、分類や解説が可能になり、単なる経済学者よりも遥かに深く、マルクス主義の社会学としての本質に分け入ることができるのではないか。

そうすることで、最も些末な点ではあるが、マルクス主義が成功を収めた理由を説明できる。[*1] 純粋に科学的な業績であれば、たとえマルクスの理論より遥かに完成度が高くても、時の流れに耐えられなかったはずだ。あの数々の政党スローガンにしてもそうだ。確かに、あのこれでもかというほどの熱のこもったフレーズ、強烈な批判、怒りに満ち溢れたジェスチャーは、マルクスの意のままになる信徒がどんな演説でも使えるものであり、大変小さな要素ではあるが、勝因の一つにはなった。この点について唯一指摘しておかなければならないのは、こうした武器が非常に役に立ち、今なお役に立っている一方で、不都合な点もあったということだ。つまり、社会闘争の場に備えてそうした武器を鍛えるため、時として自分の体系から論理的に引き出せる見解を曲げたり、そこから逸脱しなければならなかった。しかし、マルクスがフレーズを生み出しただけの人物だったなら、今頃はもう死に絶えていたはずだ。人類はこの種の貢献を高く評価しないし、そんな政治オペラの台本《リブレット》を書いた人間の名前などすぐに忘れ去

*1　マルクス主義を宗教と考えれば、正統派のマルクス主義者がなぜ論敵にあのような態度をとるのかも説明できる。何かを「信仰」する人にしてみれば、敵は間違っているだけではなく、罪を犯している。知的な問題として反論しているだけでなく、道義上の問題として反論しているのである。神のお告げが明らかになった以上、異論を許すわけにはいかない。

られてしまう。
だが、マルクスは預言者だった。預言者としての業績を理解するには、当時の時代背景に身を置く必要がある。ブルジョア体制は絶頂期にあったが、ブルジョア文明は奈落の底にあった。機械的唯物論の時代。胚胎していた新しい芸術やライフスタイルは未だ産声を上げる気配もなく、文化的にはあまりにも殺伐とした砂を噛むような光景が広がっていた。本当の意味での信仰があらゆる社会階級から急速に姿を消し、労働者の世界に差していた唯一の光も消えていった（生活協同組合《ロッチデール》的な考え方や貯蓄銀行に光を見出していた可能性はあるが）。知識人はミルの『論理学』や救貧法にいたく満足した素振りを見せていた。

そうした中で、社会主義という地上の楽園を預言したマルクスの言葉に、幾千万の魂が新しい一筋の光を、生きていく新たな意味を見出した。マルクスの宗教を偽物だと呼びたければ、そう呼んで構わないし、信仰への風刺だと呼んでも構わない。そうした見方には山ほど言うべきことがあるが、マルクスが偉大な業績を残したことは無視できないし、目を瞠らざるを得ない。預言の本当の意味を正しく理解、評価した大衆など皆無に等しかったことは気にしなくていい。それがあらゆる預言の宿命だ。ポイントは、預言が当時の実証主義的な物の考え方に合うように組み立てられ、伝えられた点にある。実証主義は本来、間違いなくブルジョア的なものだが、マルクス主義はそもそもブルジョア的な発想から生まれたと言っても決して詭弁にはならない。マルクスは思い通りの人生が送れない多くの人々が自分を慰めるために抱くあの疎外感、不公平感という気持ちを誰よりも強烈に言葉にする一方で、そうした苦しみを社会主義で救済することが必然であり、論理的にも証明できると訴えた。

宗教の衰退で、主《あるじ》を失った犬のように野放しになっていた理性を超えた願い。その一方で、しばらくは避けがたかった当時の合理主義的、唯物論的な傾向——たとえ似非科学であっても、科学的な響きのない信念を断固拒否する姿勢。この両者を見事に織り交ぜた神業を見給え。目指すところを説教するだけでは効き目がなかっただろう。社会のプロセスを分析したところで、たかだか数百人の専門家を惹きつけたにすぎなかったはずだ。しかし、マルクスは分析の装いを纏った説教と、心の奥底の願いを踏まえた分析で、熱狂的な信徒を集め、マルクス主義者となった人間に天の恵み——自分と自分が標榜する主義は絶対に負けず、最後には必ず勝利の栄冠をつかむという確信——を授けたのである。もちろん、これでマルクスの業績を語り尽くせるわけではない。個人の迫力、預言者としてのひらめきは、教義の中身とは別に威力を発揮する。そうしたものがなければ、どんな新しい人生も、どんな新たな生きる意味も、効果的には啓示できない。だが、ここではその点は取り上げない。

社会主義への移行は必然だと訴えたマルクスの論証に説得力があるのか、誤りがないのかについては、後ほど論じる必要がある。ただ、不幸な大衆の気持ちを言葉にする以上に何が必要とされたかについては、一言で説明できる。無論、言葉にしたと言っても、意識的であれ、無意識であれ、大衆の本音をそのまま表現したわけではない。むしろ、大衆の本音を社会発展の論理という啓示（正しいかどうかは別にして）にすり替えようとしたと言えるのではないか。加えて、大衆には「階級意識」があるという独特の標語で――これほど荒唐無稽な話もない――労働者の本音を明らかに捻じ曲げた（労働者の心の中には「プチブルジョアになりたい」「政治の力でプチブルジョアに引き上げほしい」という願いが渦巻いている）。だが、マルクスの教育の効果として、労働者の意識が広がり、高揚したことも間違いない。マルクスは社会主義の理念の美しさについて、感傷的な涙を流す人ではなかった。この点については「ユートピア社会主義」よりも優れた一面だと自負している。また、自分の配当に一喜一憂するブルジョアがよくするように、労働者を日々の労働の英雄だと持ち上げることもなかった。一部の格が落ちる社会主義者とは極めて対照的だが、労働者のご機嫌取りをする嫌いは一切なかったのである。恐らくは大衆というものをしっかり把握し、大衆の考えや願いを完全に超越した社会の目標を大衆の頭上遥か彼方に見据えていたのだろう。また、そうした理想を自分の手で編み出したと吹聴することも決してなかった。そんな虚栄とはおよそ無縁だった。真の預言者なら誰しも、自分はただ畏れ多い神の言葉を伝えているにすぎないという態度をとるように、マルクスも歴史の弁証法的なプロセスの論理を語ったにすぎない風を装った。マルクスには偏屈な面や野暮な面が多々見受けられるが、ここにはそれを吹き飛ばす威厳がある。マルクスの著作や人生では、この威厳が偏屈や野暮と実に奇妙な同居をしている。

最後に、もう一つ触れておかねばならない。マルクス個人は非常に教養の深い人で、神殿を目の当たりにしてもそれを認めない無教養な社会主義の先生方とは違っていた。文明というものを——その文明の価値観の「相対的に絶対的な」価値を——完璧に理解できた。自分がそうした文明からどれほど遠いところにいるかと感じていてもである。この点で、マルクスの視野の広さを何よりも証明しているのが『共産党宣言』だ。これは資本主義の輝かしい業績を[*2]語った書に外ならない。資本主義の来たるべき死を宣告した時でさえ、これは歴史の必然だと認めることを決して忘れなかった。無論、そうした態度をとらなければ、数々の受け入れがたいことがあったのだろう。しかし、そうした態度をとることで、マルクスは間違いなく意を強くしたはずだ。そして、物事を例の有機体の論理で捉えたことも助けになっただろう。マルクスの歴史論はその一つの具体的な表現だ。マルクスにとって、社会の事物は秩序をもって動いていた。人生の一時期、コーヒーハウスで策略を巡らせたことがどれだけあったとしても、本当のマルクスはそういうことを軽蔑していた。マルクスにとって、社会主義とは彩り豊かな人生をかなぐり捨てて取り憑かれるようなものでは決してなかった。他の文明に対して歪んだ憎しみや愚かな憎しみを抱かせるものでは、軽蔑の念を抱かせるものでは断じてなかった。マルクスが自分の社会主義思想と社会主義への決意に冠した名は、複数の意味で的確だ。両者はマルクスの基本姿勢――「科学的社会主義」――によって結びついたのである。

*2 これは誇張に聞こえるかもしれないが、マルクス公認の英訳を引用させてほしい。「ブルジョア階級は（……）人間がその活動によって何をなしとげうるかをはじめて証明した（……）。エジプトのピラミッドやローマの水道やゴチック式の大寺院とは、まったくちがった驚異をなしとげた。ブルジョア階級は（……）すべての民族を（……）文明のなかへ引きいれる。（……）巨大な都市を作り出し（……）人口のいちじるしい部分を農村生活の無知［原文ママ！］から救い出した。（……）ブルジョア階級は、かれらの百年にもみたない階級支配のうちに、過去のすべての世代を合計したよりも大量の、また大規模な生産諸力を作り出した」［『マルクス・エンゲルス、大内兵衛・向坂逸郎訳『共産党宣言』岩波文庫］。ここで言及された業績がすべてブルジョア階級の*み*によって打ち立てられたと分析している点に注意してほしい。完全なブルジョア経済学者でもここまで言う人は少ないだろう。今の引用で言いたかったのはまさにこの点であって、今日の俗流マルクス主義やヴェブレン的な非マルクス系急進派との違いは歴然としている。あらかじめ言っておくが、本書の第2部で取り上げる資本主義の実績は、この引用で完全に言い尽くされている。

第2章 社会学者マルクス

次は信徒の強い反発を招くことに手をつけねばならない。信徒にしてみれば、真理の泉に外ならないものを冷たい目で分析するなど、当然腹立たしい思いがするはずだ。だが、特に怒りを覚えるのは、マルクスの業績を分解し、一つ一つを個別に論じることだろう。そのようなことをすること自体、燦然と輝く体系全体をブルジョアが把握できない証拠だと言うはずだ。それぞれの部分が互いに補い合い、互いを説明しているのであって、ある特定の部分や側面だけを取り出した途端に、本来の意味が失われると反論するだろう。だが、これ以外に方法がない。信徒の怒りを買って、預言者マルクスの後は社会学者マルクスを論じるが、だからと言って、次の二点を否定するわけではない。マルクスの著作には一貫した社会のビジョンがあり、表面上の一貫性は固《もと》より、分析面で一定の一貫性が存在する。また、全体を構成する各論は、本質的にいかに独立していようとも、それがすべて互いに関連する仕組みになっている。しかし、そうは言っても、この広大な王国の各領域は十分に独立しており、一つの領域の成果を受け入れ、別の領域の成果を捨て去ることも可能だ。その過程で神々しい魅力はだいぶ薄れてしまうが、貴重で刺激に満ちた真理を、救いようのない残骸にそのまま結びつけておくのは、あまりにも勿体ない。そうした真理を救い出せば何物かが得られる。

この残骸というのは、まず何よりもマルクスの哲学にいえるのであって、ここできっぱり片をつけておいた方がよいだろう。ドイツで教育を受けた根っからの思索家だったマルクスは、哲学の完璧な素養を持ち、哲学に情熱を傾けていた。ドイツ流の純粋哲学はマルクスの出発点であり、青春そのものだった。哲学を自分の天職と考えていた時期もある。マルクスは新ヘーゲル主義者で、大雑把に言えば、ヘーゲルの基本的な姿勢・方法を踏襲する一方で、従来の保守的なヘーゲル哲学の解釈を切り捨て、ほぼ正反対の立場をとった。そうした下地は、あらゆる著作でことあるごとに顔を出す。このため、同じような訓練を受け、同じような思考回路を持つドイツやロシアの読者がその点に目を奪われ、マルクス体系を理解する鍵がここにあると考えたのも不思議ではない。

だが、そうした見方は間違っていると思うし、マルクスの科学的な業績を不当に歪めていると思える。マルクスは青年期の嗜好を生涯失わず、自分とヘーゲルの主張に形式面で似たような点があればそれを喜んだ。自分がヘーゲル主義者であることを広言し、ヘーゲル特有の表現を好んで使った。しかし、ただそれだけのことである。実証科学を形而上学に売り渡したことは一度もない。マルクス自身、『資本論』第一巻の第二版序文でその点に言及しており、『資本論』で述べたことは事実であり、自分の主張を分析しても現実から遊離した点など見つからない、自分の理論はすべて社会の事実を基にしており、純粋に哲学の領域から自分の説を導き出したことは一度もないと書いている。無論、哲学畑出身の批評家には関連する社会科学の知識が不足しており、そうした解釈はできなかった。加えて、哲学の体系を打ち立てる人は、哲学の原理に基づかない解釈を毛嫌いする傾向があり、経済的な事象がどれほど事実に即して書いてあっても、そこに哲学的な意味を読み取る。こうした人々が結果的に議論を誤った方向にそらし、敵味方をともに惑わせたのである。

社会学者マルクスが課題に挑むに当たって活用したのが膨大な知識だ。とりわけ歴史や当時の社会情勢について様々な事実を把握していた。後者については決して最新の情報を得ていたわけではない。マルクスは根っからの読書家で、新聞ではなく、書物を基礎資料としたため、情報の入手が少し遅れがちだったが、普遍的な価値のある当時の歴史書や普遍的な問題を論じた当時の歴史書で、マルクスの目に留まらなかったものはまずなかった。ただ、モノグラフ（専攻論文）の多くは別で、この分野のマルクスの情報の完成度を、経済分野の深い学識と同列に絶賛することはできない。それでもマルクスは壮大な歴史のフレスコ画にいくつものディテールを交えて、自分の社会のビジョンを描き切った。そうしたディテールの大部分は、信頼性の面で当時の社会学者の基準を下回るものではなく、上回るものだったのである。そして、そうした事実を掬い上げたのが、無秩序で不規則な表層の底に、歴史の壮大なロジックを見て取った鋭い視線だ。そこには情熱だけではなく、分析への衝動だけでもなく、その双方があった。このロジックを体系化しようとして生まれたのが「歴史の経済的解釈[*1]（経済史観）」であり、これが社会学の分野で、今日までに個人が打ち立てた最高の業績の一つであることは間違いない。マルクスの業績が完全に独創的なものだったのか、独仏の先人にどこまで負うところがあったのかは、この偉業を前にすれば些細な問題に映る。

　経済史観とは、人類が意識的であれ無意識であれ、経済的動機でしか動かない、もしくは主に経済的動機で動くという意味ではない。むしろ、非経済的な動機の役割やメカニズムの説明、また、社会の現実が個人の心理にどう反映されるかという分析が、この理論の欠かせない要素であり、特に重要な功績の一つといえる。マルクスは宗教、形而上学、また様々な芸術、倫理観、政治的な意志が経済的動機に還元できるとか、重要でないと言ったわけではない。そうしたものを生み出し、そうしたものの移り変わりを促す経済面の条件を解き明かそうとしただけだ。マックス・ウェーバー[*2]の事実と論証の体系は、完全にマルクスの体系に組み込める。社会の集団や階級という問題、またそうした集団・階級が自らの存在・立場・行動を自分自身にどう説明しているかという問題に、マルクスが多大な関心を寄せたことは言うまでもないが、そうした姿勢や解釈（イデオロギー。もしくはパレートであれば派生と呼ぶもの）を額面通りに受け入れて、それを通じて社会の現実を説明しようとしてきた歴史家には怒りをぶちまけた。だが、たとえマルクスにとって、物の考え方や価値観が社会を動かす原動力ではなかったとしても、それは霞のような存在でもなかった。こんな譬えが許されるなら、物の考え方や価

＊1　この歴史観を最初に発表したのが、プルードンの *Philosophie de la Misère*［斉藤悦則訳『貧困の哲学』平凡社ライブラリー］に対する痛烈な批判の書である *Das Elend der Philosophie*, 1847［山村喬訳『哲学の貧困』岩波文庫］だ。*Communist Manifesto*, 1848［大内兵衛・向坂逸郎訳『共産党宣言』岩波文庫］にも記述がある。

＊2　具体的には、ウェーバーの宗教社会学に関する研究、特に有名な論文である *Die protestantische Ethik und der Geist des Kapitalismus*（全集に再録）［中山元訳『プロテスタンティズムの倫理と資本主義の精神』日経BPクラシックス］を念頭に置いている。

値観は、社会を動かす動力装置のなかで動力を伝えるトランスミッション・ベルトの役割を果たしたのである。こうした原理を戦後最も興味深い形で発展させたのが「知識社会学」[*3]で、この点を説明する上で格好の例になるが、ここで立ち入ることはできない。ただ、マルクスはこの点で今なお誤解されており、これだけは指摘しておきたかった。友人のエンゲルスでさえ、マルクスの葬儀で弔辞を読んだ際、経済史観とは個人や集団が主に経済的動機で動くという意味に外ならないと述べているが、これはいくつかの重要な点で誤っているし、そうでなくても気の毒になるほど浅はかな見方だ。

ついでにもう一つの誤解も解いておいた方がよいだろう。経済史観は唯物史観と呼ばれることが少なくない。マルクス自身もこの言葉を使っている。このフレーズで経済史観に飛びつく人もいるが、逆に嫌悪感を覚える人もいる。しかし、この言葉は全く無意味だ。ヘーゲルの哲学が唯物論ではないように、マルクスの哲学も唯物論ではない。ただ単に実証科学を駆使して歴史のプロセスを説明しようという意味で唯物論であるにすぎない。マルクスの歴史観が形而上学上や宗教上の信念と論理的に矛盾しないことは明らかなはずだ。それは自然科学の世界観が形而上学上や宗教上の信念と論理的に矛盾しないのと何ら変わるところがない。中世の神学自体にそうした両立を可能にする工夫が施されているのである。[*4]

経済史観のポイントは、次の二つの説にまとめられるかもしれない。(1) 生産の形態・条件が社会の構造を決める土台となり、そうした社会の構造が姿勢、行動、文明を生み出す。マルクスはこの点を「手動の製粉器」は封建社会を生み、「蒸気式の製粉機」は資本主義社会を生むという有名な言葉で説明している。技術的な要素を危ういまでに強調しているが、技術を広い意味で捉えれば受け入れは可能かもしれない。本来の意味がだいぶ失われるのを承知で少し通俗的な言い方をすると、日々の仕事で私たちの考え方が決まり、生産過程のどこにいるかで私たちの物の見方——物事のどの側面を見るか——や、社会にどれだけゆとりを感じられるかが決まるということだ。(2) それぞれの生産形態にはそれぞれのロジックがある。つまり、生産形態は内的必然性に応じて変化するので、自らの働きだけで次の生産形態が生み出される。先ほどのマルクスの例で説明すれば、「手動の製粉器」を特徴とする制度は、実務上機械化が避けられない経済・社会環境を生み出し、個人や集団はその流れを変えることができな

*3　ドイツ語では *Wissenssoziologie*　この分野で特に優れているのがマックス・シェーラーとカール・マンハイムだ。マンハイムが『ドイツ社会科学事典』(*Handwörterbuch der Soziologie*) に執筆した説明が入門書として役に立つ。

*4　私が会った複数のカトリック系急進派は (聖職者一人を含む。全員、熱心なカトリック信者だ)、こうした見方をとっており、実際、信仰に関する問題を除いては、あらゆる面でマルクス派を自任している。

い。「蒸気式の製粉機」が登場し、普及すると、社会に新しい役割と立場が出現し、新しい集団と新しい物の見方が生まれる。そうしたものが発展し、相互に作用するなかで、自らの従来の枠を打ち破っていく。ここに変化の推進力があり、まず初めに経済が変わり、その結果として社会の別の側面が変化していく。この推進力は外部からの刺激がなくても働く。

この二つの説はともに紛れもなくかなりの真理を含んでおり、これが貴重な作業仮説になることは本書で折に触れてわかるはずだ。今出ている批判の大半——例えば、倫理面や宗教面の影響を持ち出して反論するものや、「人間には頭脳があり」自分の行動を自分で選択できるという能天気な決めつけ（エドゥアルト・ベルンシュタインが提唱済みだが）は、どれも完全な失敗に終わっている。すでに指摘した点を踏まえれば、こうした反論の難点を長々と説明する必要はないだろう。もちろん、人間は与えられた外界の環境に直接縛られずに行動方針を「選択」できる。しかし、選択を左右するその人の立場・視点・性向は、独立した別の所与の条件ではなく、外界が形作るものだ。

ただ、経済史観が便利な近似値にすぎず、説明がうまくいかないケースもあるのではないかという疑問は浮上する。何よりもまず、明確な但し書きがつく。社会の構造・タイプ・姿勢というものは、そう簡単には溶けないコインのような存在だ。一度出来上がれば、場合によっては何世紀も存続する。構造やタイプが違えば、存続できる期間も違うため、その社会の支配的な生産形態から集団・国家の行動を推察しようとしても、まず例外なく、現実の行動と大なり小なりずれが生じる。これはかなり一般的に言えることだが、その点が特に明確になるのが、ある国から別の国に極めて耐久性の高い構造が丸ごと移植されるケースだ。ノルマン人のシチリア侵攻で誕生した社会がその好例だろう。マルクスもそうした事実を見逃していたわけではないが、この点が意味するところをすべて認識していたとは言いがたい。

　これに関連して、さらに問題含みな史実もある。六－七世紀のフランク王国で封建領主型の地主制度が登場したことを考えてほしい。これは言うまでもなく極めて重要な出来事であり、その後永らく続いた社会構造を生み出したばかりか、ニーズや技術といった生産条件にも影響を及ぼした。だが、この史実の一番シンプルな説明は「軍事力を持っていた一族や個人が、新しい土地を完全に制圧した後で（軍事力は維持しつつ）封建領主になった」という軍事力の機能に求めることができる。これはマルクスの図式とはどうみても整合性が取れないし、正しい歴史観がマルクスとは別の方向にあることを示していると解釈することも十分可能だ。もちろん、補助的な仮説を援用して、この種の史実を経済史観に取り入れることも可能だが、補助的な仮説が必要になる場合は、そこから理論の崩壊が始まることが多い。

その他、マルクスの図式で歴史を解釈しようとする際に持ち上がる問題の多くは、社会生活の生産の領域と、それ以外の領域の間に一定の相互作用が起きることを認めれば、対応できるかもしれない。[*5] しかし、経済史観は、経済が社会の構造を決めるという一方的な関係を厳密かつ単純に適用できるからこそ、根本的真理としての魅力を放っているのであり、その点に疑問が生じれば、他の同じような説と同列の地位に——数々存在する部分的真理の一つとしての地位に甘んじるか、もしくは、さらに根本的な真理を解き明かす別の解釈に道を譲らねばならないだろう。しかし、だからといってそれで業績としての素晴らしさや作業仮説としての扱いやすさが損なわれるわけではない。

もちろん、信徒にしてみれば、経済史観は人類史の一切の謎を解き明かす鍵に外ならない。かなり素朴な理論の当てはめ方に思わず苦笑することもあるかもしれないが、そういう時は、経済史観の前にどんな歴史観があったかを思い起こすべきだ。その点を踏まえれば、経済史観の出来の悪い妹分であるマルクスの「社会階級論」でさえ、途端に輝きが増す。

まず、この社会階級論もやはり特筆すべき重要な貢献だ。経済学者は社会階級という現象を認識するのに不思議なくらい手間取った。もちろん、経済主体の分類は以前から行われており、主体の相互作用で経済のプロセスが生まれることは論じられていた。ただ、ここで言う階級は、ある共通の特徴を示す個人を分類した集合にすぎず、したがって「土地を所有している」「労働サービスを提供している」という理由で、地主、労働者に分類された。ところが、社会階級とは、分類する観察者がつくり上げるものではなく、そもそも現実に息づいている存在だ。そうした社会階級は、社会を個人や家族の漠然とした寄せ集めと考えていては絶対に捉えきれない結果を生み出す。社会階級という現象が、純粋経済学の分野でどの程度重要な意味を持つのかは大いに議論の余地があるが、実際の多くの応用例や、社会全般のプロセスの様々な側面で、階級が極めて重要な要因になることは疑問の余地がない。

　大雑把に言えば、社会階級はあの『共産党宣言』の有名な言葉――社会の歴史は階級闘争の歴史だという言葉で登場したと言っていい。もちろん、この言葉は階級の意義を最大限強調するためのものだが、たとえ次のようにトーンダウンして「歴史上の出来事は階級の利害や階級の姿勢という観点から説明できる場合が少なくなく、その時代の階級構造は歴史の解釈で常に重要な要素となる」という説に置き換えてみても、経済史観にほぼ匹敵する貴重な概念であることに変わりはないといえる。

*5　エンゲルスは後年、この点を進んで認めた。プレハーノフはこの点をさらに推し進めた。

言うまでもないが、階級闘争という原理で切り開いた新境地をどこまで活かせるかは、私たちが具体的にどれだけ納得のゆく階級論を展開できるかにかかっている。私たちが歴史をどう見るか、また文化の形や社会変化の仕組みをどう解釈するかは、すべて私たちがどんな理論を選ぶか——例えば、人種に着目した階級論を選び、ゴビノーのように人類の歴史を人種闘争の歴史に集約するのか、もしくはシュモーラーやデュルケームのように分業に注目した階級論を採り、階級対立を職能集団の利害対立と考えるのかで変わってくる。また、たとえ同じ階級論を選んでも、分析結果が同じになるとは限らない。階級についてどんな認識を抱こうとも、階級の利益[*6]をどう定義するか、また階級行動がどのような形で立ち現われるかと考えるかで歴史の解釈は変わってくる。階級論は今日まで偏見を生み出す温床となっており、とても科学的な段階に達しているとはいえない。

階級論は明らかにマルクスの思想の柱の一つをなしているが、実に奇妙なことに、私たちの知る限り、マルクスはこれについて体系的な記述を残していない。なぜ手遅れになるまでこの仕事を先延ばしにしたのか。階級という概念をあまりにも多用して物を考えていたからこそ、あえてきちんとした文章にまとめる必要はないと感じていた可能性はある。また、マルクス自身、まだ考えがまとまっていない部分が残っていた可能性もあるし、階級について純粋に経済的な――過度に簡素化した概念を主張したことがあだになり、本格的な階級論の構築ができなかった可能性もある。マルクス本人もその信奉者も、この未熟な理論を応用して特定の史実を論じており、特にマルクス自身の『フランスにおける階級闘争』が傑出しているが、[*7] それ以降、大きな進展はみられない。盟友のエンゲルスの理論は分業に着目したもので、本質的にマルクスと異なる含意がある。それを除けば、『資本論』や『共産党宣言』などのマルクスの様々な著作に、光の粒のような断片的情報が――一部は強烈な輝きを放っているが――散りばめられているばかりである。

そうした断片を組み合わせるような繊細な作業はここではできないが、基本的な考え方は

*6　読者もおわかりのように、階級とは何か、なぜ階級が発生するのかについて、ある見解に達したとしても、それで、各階級の利害が一義的に決まるわけではないし、「階級」(例えばその階級の指導者、もしくは一般成員)が階級の利益と考えるもの、感じるもののためにどのような行動をとるかも一義的には決まらない。階級は長期的な利益を目指して行動する可能性もあり、短期的な利益を目指して行動する可能性もある。階級の考える利益が正しい場合も、間違っている場合もあるし、階級の利益は一つとは限らない。階級利益の問題は決して一筋縄ではいかず、数多くの落とし穴が潜んでいる。これは、ここで論じている階級とは何かという問題とは全く別の次元の問題だ。

*7　もう一つの例が後ほど取り上げる社会主義者の帝国主義論だ。オットー・バウアーの *Die Nationalitätenfrage*, 1907〔丸山敬一・相田慎一・太田仁樹・倉田稔訳『民族問題と社会民主主義』御茶の水書房〕は、オーストリア・ハンガリー帝国に住む様々な人種間の対立を資本家と労働者の階級闘争という視点で解釈した興味深い試みで、言及に値するが、筆者の技術がかえってツールの問題点を際立たせる結果となっている。

至って明快だ。社会の階層化の原理は所有の有無にある。つまり工場、機械、原材料、また労働者を養うための消費財といった生産手段を所有しているか、所有できないかで階級が決まる。したがって、階級は基本的には二つしかない。所有者である資本家階級と、労働を売るしかない持たざる者である労働者階級（プロレタリアート）の二つだ。その中間の存在――労働者を雇うが自らも手作業をこなす農家や職人、また事務員や専門職といった集団も、無論否定はされないが、資本主義が発展する過程で姿を消す傾向にある変則的な存在として扱われている。資本家と労働者という二つの基本階級は、それぞれの立場の論理から、個人的な意志とは全く無関係に敵対する宿命にある。それぞれの階級内にも亀裂があり、衝突が起きる。それが歴史上決定的な意味を持つことさえあり得るが、しかし、突き詰めれば、そうした亀裂や衝突は付随的なものであり、付随的でない敵意――資本主義社会の基本構造に本来的に内在するただ一つの敵意は、生産手段の私的所有から生まれる。抗争こそが、階級闘争こそが、資本家階級と労働者階級の関係の本質なのである。

これからみていくように、マルクスはこの階級闘争で資本家が互いに滅ぼし合い、最終的には資本主義制度をも滅ぼす姿を描こうとした。また、資本の所有が一段の資本の蓄積につながることも示そうとした。しかし、所有の有無で階級を定義し、所有するものは一段と富を増すという方向に論を進めれば、当然、ではなぜ資本家がそもそも資本家になれたのか――マルクス主義で言う「搾取」を始めるにあたって必要なモノのストックをどこで調達したのかという「原初的蓄積」の問題が無視できなくなる。ところが、この点についてマルクスはどうも歯切れが悪い。[*8] 一部の人が資本家になれたのは、また日々資本家が誕生しているのは、人より知的かつ精力的に仕事と貯蓄に励んだからだというブルジョアの「おとぎ話」（*Kinderfibel*）をマルクスは鼻で笑い飛ばしたのである。こうした優等生の正論をあざ笑うとは全く見事な戦略だ。不都合な真実は一笑に付すに限る。政治家なら誰しも心得ていることだ。偏見のない澄んだ目で歴史や社会の現実を眺める人なら、このおとぎ話にかなりの程度まで真実が含まれていることを誰もが認めるはずだ（もちろん、そればかりが世の真実では決してないが）。ビジネスで成功を収めた人、特にビジネス上の地位を築き上げた人は、十中八九、人並み以上の知力と精力で成功をつかんでいる。そして、古典派経済学が指摘するほどではないが、資本主義のごく初期の段階、また個々の起業家の下積み時代には、貯蓄が起業の重要な要素となっていたし、それは今でもそうだ。確かに、賃金や給与を貯めて自分の工場をつくり、資本家（企業経営者）

*8 *Das Kapital*, vol. i, ch. xxvi［邦訳は第24章］の「いわゆる原初的な蓄積」を参照。

の地位を築くのは普通ではない。蓄積する資本の大半は利潤で積み上げるものであり、したがって利潤を得ることが前提条件となる——これは確かに貯蓄と資本の蓄積を区別する筋の通った根拠になる。普通、起業に必要な資金は、他人の貯蓄を集めるか（少額の貯蓄が小さな水たまりのように点在していることはすぐわかるはずだ）、銀行が起業を目指す人のために創造する預金を利用して調達する。それでも、起業を目指す人は大抵貯蓄をする。ただし、貯蓄の目的はその日暮らしの生活から脱し、周囲を見渡し、起業のプランを立て、協力を取りつける余裕をつくることだ。したがって、経済理論の問題としては、マルクスが貯蓄に古典派のような意味合いを持たせなかったことには、十分な根拠があった（その点を大げさに言い立てた面はあるが）。だが、そこからマルクスのような結論は下せない。たとえ古典派の理論が間違っていたとしても、一笑に付すのは到底まっとうなやり方とはいえない。[9]

だが、この一笑に付す戦略が効き、原初的蓄積というマルクスの斬新な理論が受け入れられた。だが、この斬新な理論は私たちの期待に応えるような精緻なものではない。暴力、強奪、大衆の隷属化で略奪が進み、略奪が進むことで大衆の隷属化が進む。もちろん、それはいい。どんなタイプの知識人の考え方とも見事に一致するし、その点はマルクスの時代より今の時代の方がなおのことそうだろう。ただ、言うまでもないが、それで問題が片付くわけではない。つまり、一部の人はどのように人を支配下に置き、強奪する力を手にしたのかという問題が残っている。大衆文学はその点に無頓着だ。ジョン・リードの作品ならそれで許されるだろうが、ここで論じているのはマルクスである。

　もっとも、少なくとも説明らしきものは、マルクスの主要理論に一貫する歴史的な視点から引き出せる。マルクスにとって、資本主義が封建社会から生まれたことは、厳然たる事実であっただけでなく、資本主義のロジックに不可欠な条件だった。もちろん、この場合も、封建社会の階層化がなぜどのように起きたのかという同じ問題が浮上するが、マルクスは事実上、封建主義が力による支配[*10]だったというブルジョア的な見方を受け入れ、大衆の隷属化と搾取を既成事実化したのである。つまり、もともと資本主義社会の条件を説明するために編み出した階級論を前段階の社会である封建社会にも適用し（資本主義の経済理論で用いる概念装置の多くについても同じことがいえる[*11]）、特に厄介な一部の問題を混沌とした封建社会に放り込み、資本

*9　ここで深く立ち入る余裕はないが、次の点は指摘しておかなければならない。古典派の理論もマルクスが言い立てるほど間違っていない。資本主義の初期の段階では文字通りの「貯金」が「本源的蓄積」の無視できない手段となった。またこれと同じではないが、似たような手段もあった。一七―一八世紀の工場の多くは機械を使わずに一人で建てられる小屋のようなもので、設備も最小限のもので済んだ。この場合、未来の資本家の手作業と、極めて少額の貯蓄を確保すればすべて事足りた。もちろん、頭脳も必要だったが。

主義社会を分析する際に、すでに定着している所与の条件として取り出したのである。封建的な搾取者が資本主義的な搾取者に置き換わっただけだ。実際に封建領主が企業経営者になったのであれば、それで問題はすべて解決する。これは史実にも一定の裏づけがあり、特にドイツでは、多くの封建領主が実際に工場を建てて経営していた。封建地代で資金を調達し、労働力も農業人口（必ずしも自分の農奴とは限らないが、そのケースもあった）を利用することが少なくなかった。[*12]しかし、それ以外の史実となると、どのケースを見ても、明らかに裏づけが不足する。率直に言えば、マルクスの視点では満足のゆく説明ができない。つまり、説明には非マルクス的な結論を暗示する非マルクス的な要素が必要だ。[*13]

しかし、そうなると、社会階級論は歴史的にも論理的にも揺らぐことになる。原初的蓄積で用いられる手段の大半は、その後の蓄積でも使われることになっており（原初的蓄積は言うなれば資本主義の時代が終わるまで続く）、マルクスの社会階級論は遠い昔の原初の過程という難問を除けば問題はない、ということにはならない。だが、この理論の難点をあげつらう必要は恐らくないだろう。最もうまく当てはまる事例でさえ、説明の対象となる現象の核心に迫れない理論など、まともに取り合う必要はなかったといえる。階級論がうまく当てはまる事例は主に、資本主義の発展段階のうち、中規模のオーナー経営企業の普及を特徴とする一時期に見つかるが、そうしたタイプを除けば、階級上の地位は経済上の地位の結果ではなく原因であることの方が多い（階級上の地位に概ね対応する経済上の地位が存在し、経済上の地位で階級上の地位がわかることがほとんどではあるが）。言うまでもないが、国によっては事業で成功する以外にも社会的地位を上げる手段がある。生産手段の所有で社会構造内の集団の位置を決めつけることができるのは、事業で成功する以外に社会的地位を上げる手段がない場合に限られる。そ

＊10　社会主義者の間では、力という概念で何でも説明がつくという無批判な思い込みが、マルクス以外にも多数みられる。力の行使に必要な物理的な手段を掌握しているという理由で何でも説明できると思い込んでいる。例えば、政府がなぜ権威を持つのかについて、フェルディナント・ラサールは、大砲や銃剣以外にさしたる理由を挙げていない。なぜ多くの人がそうした社会学の弱点に気づかないのか不思議に思える。大砲を手に入れたから権力が手に入るのではなく、権力があるから大砲（と大砲を喜んで使う人間）が手に入ると言う方が、どう見ても遥かに真実に近いという事実になぜ多くの人が気づかないのだろうか。

＊11　これはマルクスの思想とK・ロートベルトゥスの思想の共通点の一つだ。

＊12　W・ゾンバルトは、*Theorie des modernen Kapitalismus*［『近代資本主義』］第一版でこうした史実を最大限利用しようとしているが、原初的蓄積の基礎を地代の蓄積のみに求めるのは無理があり、ゾンバルト自身も最終的にはその点を認めている。

＊13　知識人の間に伝わる伝説の域に踏み込まない範囲で最大限の強奪を認めたとしても、この点は揺らがない。様々な時代、様々な場所で、強奪は商業資本の確立に利用された。フェニキアやイギリスの富がその好例だ。だが、この場合もマルクスの説明では不十分だ。というのも、結局のところ、強奪で成功を収めるには、強奪者として個人的に優れていなければならない。この点を認めれば、直ちに全く別の社会階層化論が思い浮かぶだろう。

の場合でも、所有の有無で階級を定義するのは、たまたま銃を持っている人を兵士と定義する程度の妥当性しかない。特定の人々を（その子孫も含めて）頭から資本家と決めてかかり、残りの人々を（その子孫も含めて）頭からプロレタリアートと決めてかかった上で、両者を画然と区別する。これはよく指摘されるように、あまりにも非現実的であるばかりか、社会階級の際立った特徴――個々の家系の絶え間ない浮沈、上流階級への進出とそこからの没落――を見逃している。ここで触れた事実はどれも火を見るよりも明らかであり、マルクスの描いたキャンバスにそうした事実が見当たらないとすれば、そこにマルクスの主張とは相いれない含意があるからに外ならない。

ただ、この社会階級論がマルクスの体系のなかでどのような役割を果たしているのか、つまりマルクスが分析上の意図として（活動家の利用する道具としてではなく）階級論にどんな意味を持たせたかったのかを考えるのは、無意味なことではない。

まず、マルクスが私たちとは違い、社会階級論と経済史観を二つの独立した説と考えていなかった点に留意する必要がある。マルクスにとって、前者は後者をある方向に動かすための手段であり、したがって前者が生産条件・生産形態のあり方を制限・限定している。そうした生産条件や生産形態が社会の構造を決め、社会の構造を通じて、文明の様々な側面と文化史・

政治史の全体の方向性が決まる。しかし、社会主義の時代を除けば、社会構造はすべて階級という視点で――例の二つの階級で定義されている。この階級こそが本当の登場人物であり、生産制度を通じてあらゆることが決まるという資本主義のロジックをじかに生み出すのもまた階級だけだ。だからこそ、マルクスは階級というものを純粋に経済的な現象に――いや、非常に狭い意味での経済的な現象にしなければならなかった。結果的に階級を深く考察する道を自ら断ったことになるが、分析上の図式で階級をそのように位置づけた以上、そうするより他に選択肢がなかった。

一方で、マルクスは資本主義と自分の階級論を一度に、一筆で定義したいと考えた。少し考えれば、そんな必要がないことや、それが不自然であることはすぐにわかるはずだが、マルクスは分析の戦略上、大胆な筆さばきで階級という現象の宿命を資本主義の宿命と結びつけ、実際には階級の有無とは何ら関係のない社会主義を、定義上、原始社会を除けば唯一実現可能な階級のない社会として描いた。この巧妙な同語反復はマルクスの選んだやり方で階級と資本主義を定義しない限り――生産手段の私的所有という形で定義しない限り――うまくいかない。だからこそ階級は所有者と非所有者の二つでなければならなかったのであり、だからこそ他にどんなに現実的な階級の分け方があったとしても、徹底的に無視するか軽視するかして、例の二つの階級に還元する必要があった。

マルクスは、そのように定義した資本家階級と労働者階級を過剰なまでに線引きし、この区別がいかに重要かを誇張してみせたが、唯一、そのさらに上をいく誇張が階級の対立だった。マルクスの数珠《ロザリオ》をまさぐるのが習慣になって心が捻じれてしまった人なら別だが、そうでない限り、両者が普通、平生は協力関係にあり、それを否定する説を確立するには概して病的なケースに頼らねばならないことは明らかなはずだ。確かに、社会生活は敵意と結束に満ちており、実際のところ、非常に特殊なケースを除けば、両者は分かちがたく結びついている。だが、道具の所有者と道具の使用者には越えがたい溝があるというマルクスの世界観よりは、以前の調和的な世界観の方が（こちらも矛盾には満ちているが）絶対的な矛盾の度合いが、どちらかといえばまだ少ないと言いたい気もする。ただ、重ねて言うが、マルクスには他に選択肢がなかった。それは革命という結論に辿りつきたかったからではなく――革命という結論を引き出すには他にいくらでも可能な図式があったはずだ――自らの分析上そうせざるを得なかった。つまり、もし階級闘争が歴史のテーマであり、社会主義の夜明けをもたらす手段であるならば、そしてもし階級を例の二つにしなければならなかったのであれば、両者が原理上、敵対していなければ、マルクスの体系から社会を動かす推進力が消えてしまうのである。

さて、マルクスは資本主義を社会学的に、つまり生産手段を私的に所有する制度として定義したが、資本主義社会のメカニズムは、経済理論で説明している。この経済理論では、階級、階級の利益、階級行動、階級闘争といった概念で表現される社会学的な与件が、経済価値、利潤、賃金、投資といった媒介を通じて、どのような結果をもたらすのか、また、それがどのように例の経済プロセス――新たな社会の登場に向けた条件を整え、いずれは自らの制度的な枠組みを打ち壊すプロセス――を生み出すのかを描いている。マルクスの社会階級論は分析ツールであり、経済史観を営利経済という概念に結びつけることによって、社会のあらゆる現実を整理し、すべての現象の焦点を一つに合わせる役割を担っている。したがって、これは一つの現象を説明してそれで終わりという個々の現象を論じる理論ではない。目の前の問題を解決できるかよりも、すべてを有機的に結びつける機能を持っているという点が、マルクスの体系にとって遥かに重要なのである。マルクスの力を分析してきた人が、なぜこれまで理論の欠陥に耐えられたのかを理解するには、この点に目を向ける必要がある。

マルクスの社会階級論を手放しに賞賛する熱狂的な支持者はいつの時代も存在するが、それよりも、すべてを一つに統合するマルクスの力、壮大さに心酔し、全体を構成する部分にいくら欠陥があっても不問に付すという多くの人々の気持ちの方が遥かに理解できる。この点は

第4章で検証するとして、まずはマルクスの経済メカニズムが全体計画の中で与えられた役割をどのように果たしているかを見ておく必要がある。

第3章

経済学者マルクス

まず、マルクスは実に学識豊かな経済理論家だった。これまで天才、預言者と呼んでおきながら、なぜ今更その点を力説しなければならないのか、訝る読者もいるかもしれないが、この点をしっかり認識することが重要だ。天才や預言者が学者として秀でていることは普通ない。もし独創性があるなら、学者として秀でていないから独創的になれる場合が多い。ところが、マルクスの経済学には学識の不足や理論分析の技術不足で説明できるところが一切ない。マルクスは飽くなき読書家であり、疲れを知らぬ勉強家だった。重要な論文で見逃したものはまずなかったし、読めば必ず消化し、細部を突き詰めることに情熱を燃やしながら、一つ一つの事実や主張と向き合った。文明の全貌や壮大な歴史を常に見据えていた人としては極めて異例のことだ。批判して拒絶しても、受け入れて手を加えても、常に物事の深層に達した。それをはっきり証明しているのがマルクスの『剰余価値学説史』だ。これは理論に情熱を燃やしたマルクスの記念碑である。自ら学び、吸収すべきものは悉く吸収するというこうした不断の努力があったからこそ、偏見を排して科学の目で物事を追求する姿勢をある程度まで確立できた。無論、マルクスはある明確なビジョンを確立するために研究を進めたのであるが、その強烈な知性の持ち主には、問題を放置することは我慢ならないことだった。最終的に手にした結果をどれだけ捻じ曲げて解釈したとしても、研究の過程では当時の科学の分析ツールを磨くことや論理的な問題を整理することを重んじ、そうして手に入れた土台の上に、たとえどんな欠陥があろうとも真に科学的な性格の理論を打ち立てようとした。

マルクスが純粋な経済学の分野で残した業績は、なぜ敵からも味方からも誤解されたのか。簡単な話だ。味方にしてみれば、マルクスは単なる学者を超えた圧倒的な存在であり、専門分野の業績をことさら強調するのは冒瀆に等しいとさえ感じたはずだ。一方の論敵はマルクスの態度や論の組み立て方に反感を抱いており、他の人の手になる学説であれば高く評価したような理論でも、マルクスの説となれば到底認めがたいと感じた。それだけではない。マルクスの書物の世界では、経済理論という冷徹な金属が燃え滾るような数々の熱いフレーズに浸されており、普通ではありえないほどの熱を帯びている。マルクス自身は科学的な分析だと主張しているが、それに肩をすくめる人は無論、マルクスの思想ではなく、そうしたフレーズ——「搾取」「窮乏化」といったあの情熱的な文句、強烈な告発を念頭に置いているのである（*Verelendung* というドイツ語は *immiserization*〔窮乏化〕と訳すのが恐らく一番良いだろう。この奇怪な英語が良い英語といえないように、このドイツ語も良いドイツ語とはいえない。イタリア語では *immiserimento* だ）。こうした諸々の事柄は、他の多くの事柄（例えば、底意地の悪い当てこすりやオークニー夫人[*1]に対する卑猥な言葉など）と合わせて、確かに大切な舞台装置となっている。それはマルクス本人にとっても大切な要素だったし、敵味方の双方にとって今も大切な要素だ。そうしたこともあって、多くの人が「マルクスの理論は基になった恩師の理論を超えた」とか、さらには「恩師の理論とは根底から異なる」と主張するのだが、舞台装置でマルクスの分析の本質が変わるわけではない。

それではマルクスに恩師はいたのかと言われれば、その通りで、マルクス経済学を本当に理解するためには、理論家としてのマルクスがリカードの弟子だったことをまず認める必要が

*1　在位中から非常に評判の悪かったウィリアム三世の友人。ウィリアム三世はマルクスの時代にはイギリスのブルジョア階級を象徴する存在となっていた。

ある。マルクスが明らかにリカードの説から出発して自説を展開したという意味だけではなく、理論化の技術をリカードから学んだという遥かに重要な意味でも、リカードの弟子だったのである。マルクスはリカードの分析ツールを手放さなかった。マルクスにとって理論上の問題はすべて、リカードを深く研究する過程でぶつかった課題として、またそこから汲み上げた次の研究課題という形で現れた。この点はマルクス本人も概ね認めているが、リカードに対する態度が典型的な学生の態度だったこと——教授の元に通い、人口が過剰であり、過剰な人口が存在し、そしてまた機械化で人口が過剰になる、とほとんど畳み掛けるような口ぶりで教授が講義するのを聞き、家に帰って復習する典型的な学生だったことは——無論、認めなかっただろう。マルクスの敵も味方もこの点を認めたくなかった気持ちはわからなくもない。

マルクスの経済学に影響を及ぼしたのはリカードだけではないが、本書のようなスケッチではケネーを挙げるだけで十分だろう。マルクスは経済全体のプロセスという基礎概念をケネーから引き出した。一八〇〇年から一八四〇年にかけて労働価値説を発展させようとしたイギリスの一連の学者からも、多くのヒントや細かな情報を得たかもしれないが、本書の目的上はリカード派の思想を参照すれば事足りる。マルクス自身が自分との距離に反比例するように冷淡な態度をとったマルクスと重なる部分の少なくない一部の人物（シスモンディ、ロートベルトゥス、ジョン・スチュアート・ミル）なども省かなければならない。本題と直接関係のないものは一切無視する必要がある。したがって、例えばマルクスの貨幣論が極めて貧弱で、リカードの水準には達しなかったことも論じない。

では、マルクスの主張を極端に簡略化して骨組みを示してみよう。そうすることで『資本論』の構成を多くの面で歪めてしまうのは避けられない。『資本論』は一部未完成で、一部は巧みな攻撃で叩き潰されているが、それでも圧倒的な姿で私たちの前に聳え立っている！

（1）マルクスは当時の学界の風潮に従って、価値論を理論構造の礎とした（そうした風潮はその後も続いた）。マルクスの価値論とはリカードの価値論だ。思うに、タウシッグ教授のような学界の権威はこの点を認めておらず、両者の違いを盛んに強調している。確かに、言い回し、演繹の仕方、社会学的な意味づけに多々違いはみられるが、理論そのものに何ら違いはない。今の理論家にとって重要なのはこの点のみだ。[*2] リカードもマルクスも（完全な均衡と完全な競争が成立する場合）個々の商品の価値はその商品に内在する労働量に比例すると主張した。商品に内在する労働がその時点の生産効率の基準（「社会的に必要な労働量」）に合致していることが前提だ。二人とも労働量を労働時間で測定し、労働の質の違いを統一するために同じ手法を使っている。こうしたアプローチをとることで付随的に発生する入口段階の問題にも揃ってぶつかっている（マルクスはリカードから学んだ通りにそうした問題にぶつかったのである）。独占や今日《こんにち》不完全競争と呼ばれる問題については、二人とも有効に論じる術がなかった。批判には同じ言い分で反論している。ただマルクスの方がぶしつけで、冗長で、最も悪い意味で「哲学的」であったにすぎない。

この労働価値説に問題があることは誰もが承知している。これについては膨大な議論が行われているが、どちらか一方が全面的に正しいとはいえず、批判する側も数々の誤った主張を展開してきた。本質的な問題は、労働が本当に経済的な価値の「源」つまり「原因」なのかという点ではない。労働価値説から商品の倫理的な側面を引き出したい社会哲学者なら、この点に大きな関心を寄せるのかもしれない。無論、マルクス本人もそうした側面に無関心ではなかった。しかし、実証科学としての経済学では、実際のプロセスを記述・説明しなければならず、労働価値説を分析ツールとしてどう活用できるかの方が遥かに重要なポイントとなる。そして、どうにも困ったことに労働価値説は使い勝手が極めて悪いのである。

第一に、労働価値説は完全競争が成立していない場合、全く使えない。第二に、たとえ完全競争が成立していても、労働が唯一の生産要素であり、しかも労働の種類が一種類である場合にしかスムーズには機能しない[*3]。この二つの条件のどちらかが満たされない場合は、追加の

＊2　ただ、マルクス自身にとってこの点のみが重要だったかは疑問の余地がある。マルクスはアリストテレスと同じ思い違いをしており、価値とは相対価格を決定する要素ではあるが、相対価格（交換比率）とは別物であり、相対価格とは独立して存在すると考えていた。「商品の価値とはそれに含まれる労働の量である」という説に曖昧な点はない。そうなると、リカードとマルクスは違うことになる。リカードの価値は単なる交換価値（相対価格）だからだ。この点は指摘しておく意味があるだろう。というのも、もし仮にこの価値説が受け入れられるとすれば、私たちには支持できない、もしくは無意味とさえ思えるマルクス理論の多くの意味が通るようになるのである。だが、もちろん、この価値説を受け入れることはできない。また、一部のマルクス研究者に従って、マルクスの労働量価値説は、はっきりした「中身」があろうとなかろうと、社会の総所得が労働所得と資本所得に分割されることを示すためのツールにすぎなかった（このため、個々の相対価格の理論は二の次になった）という見方をとったところで、状況は改善しない。というのも、これから見ていくように、マルクスの価値論はその面でも失敗に終わっているのである（この課題を個々の価格の問題と切り離すことができると仮定した場合の話ではあるが）。

＊3　この第二の仮定が必要になることは特に致命的だ。労働価値説でも、訓練（習得技術）の有無による労働の質の違いを処理できる可能性がある。具体的には、割り当てられた仕事量のうち訓練に費やした部分を適切に熟練労働の一時間当たりの仕事に上乗せすればよい。そうすれば、労働価値説の原理を崩さずに、「熟練労働者の一時間当たりの労働量は非熟練労働者の労働量の一定倍に等しい」と定義できるかもしれない。ただ、この方法では、知力・意志力・体力・機敏さといった「生得」の能力の差による労働の質の違いには対応できない。この場合は、生まれつき劣った労働者と生まれつき優れた労働者の労働時間の価値は異なるという考え方に頼らざるを得ないが、この価値自体は労働量の原理では説明できない。実際、リカードも正に同じことをやっている。リカードは、こうした質の違いについて、市場メカニズムの原理で適切な関係が成立するため、結局は労働者Aの時間当たりの労働が労働者Bの労働の一定倍になると言えるのではないか、と簡単に述べている。しかし、リカードは、そのように論を進めることで労働量とは別の価値の原理に頼っていること――労働量の原理を放棄していることに全く気づいていない。労働量の原理は、自らの守備範囲内で出だしから躓いているのであるが、いずれにしても、労働以外の生産要素が存在するため、そこでも行き詰まる可能性がある。

仮定を導入しなければならず、分析上の問題がたちまち手がつけられないほど膨れ上がる。したがって、労働価値説に沿った論証は、極めて特殊なケースを論証していることになり、実用的な意味はない。もっとも、相対価値の歴史的な傾向を大まかに把握するための切り口と解釈すれば、頷ける面もあるのかもしれない。労働価値説の跡を継いだ限界効用理論の方は（ごく初期の形で今では時代遅れになっているが）、相対的に優れた面をいくつも指摘できる可能性があるが、最大のメリットは労働価値説よりも遥かに普遍的で、独占や不完全競争が起きている場合でも、また、労働以外の生産要素が存在する場合や労働の種類や質が多岐にわたる場合でも、等しく活用できる点にある。しかも、先ほど示した労働価値説の厳しい前提条件を限界効用理論に当てはめれば、商品の価値と投入された労働量の比例関係を導き出せる。[*4] したがって、マルクス派が限界効用という価値説の有効性を疑うのは、言うまでもなく全く理にかなっていない（限界効用理論に対決を迫られたマルクス派は当初、反論を試みた）。また、労働価値説は「間違っている」という言い方も明らかに不正確だ。いずれにしても、労働価値説は廃《すた》れ、葬り去られた。

（2）二人とも労働価値説を出発点にしたことで自分たちがどれほど危うい立場に立ったのか、すべての問題を完全に把握していたとは思えないが、一部の問題は明確に意識していた。特に二人が揃って取り組んだのが「自然の営みがもたらすサービス」という要素を消し去ることだった。無論、この自然の営みは労働量のみで価値を測定する理論によって、生産と分配の過程から本来の居場所を奪われたのである。リカードの有名な地代論は事実上、この自然の営みを消し去るための試みであり、マルクスの地代論もそれは同じだった。地代を賃金と同じように自然に扱える分析装置があれば、問題がすべて解消するのである。したがって、マルクスがリカードの差額地代論とは別に提唱した絶対地代論の是非についてこれ以上論じる必要はないだろうし、マルクスの絶対地代論とロートベルトゥスの絶対地代論の関係を論じる必要もないだろう。

だが、たとえこの点を黙認するとしても、自然物ではない生産手段のストックという資本が存在するため、そこから生じる問題が残る。リカードはこの問題を実にあっさりと片付けている。あの有名な『原理』第1章・第4節で、工場・機械・原材料などの資本財を用いて生産

*4 実際、限界効用という価値説からは以下の点が引き出せる。均衡状態を成立させるためには、何らかの用途に割り当てられた最後の一単位が、他の各用途に割り当てられた最後の一単位と同じ価値を生み出すように、すべての生産要素を、利用できる生産的な用途に配分する必要がある。したがって、完全競争と完全な移動の自由が成立しており、一種類の均質な労働以外に生産要素が存在しないという仮定の下では、すべての商品の相対価値・相対価格は、その商品に内在する労働時間の量に当然、比例することになる。

した商品は、資本財の所有者が純収益を上げられる価格で販売されると何の疑問もなく指摘し、事実として受け入れたのである。投資した時点から製品が販売できるようになるまでの時間がこの点と何らかの関係があること、したがって、産業によってこの時間が異なる場合は、商品の実際の価値が（資本財そのものの生産に充てられた労働時間も含め）商品に「内在」する労働時間に比例するという関係から常に乖離せざるを得ないことも認識していた。リカードはこの点を涼しい顔で指摘し――自分の基本的な価値論との矛盾に悩むどころか、まるで自分の価値論から引き出せるかのように指摘し――事実上それ以上のことを論じなかった。関連する一部の二次的な問題を取り上げただけで、その後も自分の理論で価値の基本的な決定要因を説明できると信じ切っていた。

マルクスもこの点を取り上げ、受け入れ、論じたが、事実として疑うことはなかった。労働価値説との矛盾も感じていたが、リカードの論じ方では不十分だと判断し、リカードが提示した形でこの問題を受け止めながらも、リカードが数百行で済ませているところを数百ページも費やして、真剣にこの問題の攻略に乗り出した。

（3）そうすることで、マルクスはこの問題の本質を遥かに鋭く見抜き、リカードから受け継いだ分析装置を改良することができた。例えば、固定資本・流動資本というリカードの概念を不変資本・可変（賃金）資本という概念に巧みに置き換えたほか、生産過程の時間的な推移に関するリカードの素朴な考え方を大きく発展させ、不変資本と可変資本の関係で定まる「資本の有機的構成」という緻密な概念に磨き上げた。それ以外にも、資本の理論に多々貢献したが、とりあえずここでは、資本の純収益に関するマルクスの説明――「搾取説」に的を絞ろう。

大衆は必ずしも、自分が無力だとか搾取されていると感じているわけではない。だが、大衆の声を代弁する知識人は、かねてから大衆は無力であり搾取されていると（時に漠然と）訴えてきた。マルクスにしても、そうしたスローガン抜きに済ますことは、たとえ望んでもできなかっただろう。マルクスの功績は、そうした従来の代弁者が展開してきた様々な搾取説（これは今でも一般の急進派の商売道具になっているが）の難点を見抜いた点にある。マルクスは交渉力の差やあくどさを告発するありきたりなスローガンでは満足できなかった。マルクスが証明したかったのは、搾取とは個々のケースで時折り偶発的に起きるものではないこと――搾取とは資本主義制度の論理的必然で、避けて通れないものであり、個人的な意図とは全く無関係に起きる――ということだった。

それをどのように証明したのか。労働者の頭脳・肉体・体力は、言ってみれば、潜在的な労働（*Arbeitskraft*　普通「労働力」と訳すが、あまり満足のゆく訳語ではない）の蓄え、ストックを構成している。マルクスはそうした蓄え・ストックを、ある一定の量を持った物質のような存在とみなし、資本主義社会では他の商品同様、これが一つの商品になると考えた。奴隷の例を挙げれば、わかりやすいかもしれない。マルクスの考えでは、賃金契約と奴隷の売買は、副次的な点で多々違いがあっても、本質的には何ら変わらない。奴隷の場合もそうだが、「自由な」労働者を雇う人が実際に買うのは、労働者そのものではなく、労働者に蓄えられている潜在的な労働の総量のうちの一定量だ。

その意味での労働は（労働サービスや実際の労働時間ではない）商品なので、例の価値法則を当てはめなければならない。つまり、完全競争で均衡が成立している場合、その「生産」に投入された労働時間に比例する賃金が支払われる必要がある。だが、労働者の体内に蓄えられている潜在的な労働を「生産」するために一体どの程度の労働時間が投入されているのか。……恐らく、労働者の衣食住をまかなうために必要な労働時間だろう。[*5] これが体内の蓄えの価値であり、蓄えの一部（日、週、年などの単位で表す）を売却した場合、その部分の労働価値に対応する賃金を受け取る。これは奴隷を売る奴隷商人が、均衡状態で、奴隷の総労働時間に比例した代金を受け取るのと同じことだ。ここで改めて注意して頂きたいが、マルクスは例の諸々のありきたりなスローガン――「資本主義では労働者が搾り取られ、食い物にされている」「労働者は悲しくなるほど弱い存在で、突きつけられた条件を呑むしかない」といったスローガン――を慎重に避けている。事はそれほど単純ではない。労働者は潜在的な労働の対価を完全に受け取っているのである。

ところが、ひとたび「資本家」が潜在的なサービスの蓄えを手にすると、立場上、そうした蓄えや潜在的な蓄えの生産にかかる時間以上、労働者を働かせることが――実際のサービスを提供させることが――できる。この意味で、資本家は支払った以上の労働時間を現場で要求できる。その結果生産された商品も、生産にかかった労働時間に比例した価格で販売されるため、二つの商品の価値に差が生じる。この差額はまさにマルクスの価値の法則が働くことで生まれるものだが、これは資本主義市場のメカニズムによって必然的に資本家の懐に入る。この差額が剰余価値[*6]（*Mehrwert*）だ。資本家はこの剰余価値を掠め取ることで労働者を「搾取」す

*5　「労働力」と労働の違いを別にすれば、この考え方はすでにベイリーが荒唐無稽だと批判していた。(*A Critical Discourse on the Nature, Measure and Causes of Value*, 1825［鈴木鴻一郎訳『リカアド価値論の批判－価値の性質、尺度、及び原因に関する論文』日本評論社］)。マルクスも、ベイリーの指摘は認識していた（*Das Kapital*, vol. i, ch. xix［邦訳は第17章］）

*6　剰余価値率（搾取の程度）は剰余価値と可変（賃金）資本の比率と定義される。

る。と言っても、資本家は労働者に潜在的な労働の対価を完全に支払っているし、販売する商品についても対価以上のものを消費者から受け取ってはいない。ここでも、マルクスが不当な価格設定、生産制限、悪徳商法といったものに訴えていないことに注意して頂きたい。もちろん、マルクスは、そうした行為が存在しないと言ったわけではない。ただ、正しい視点で物事を捉えたので、そうした行為を基に重大な結論を下すようなことは断じてなかったのである。

ついでに、このあくまで学問的であろうという姿勢を称賛しておこう。*Exploitation*［搾取］という言葉が今日どれほど普通の意味［利用、開発］からかけ離れた特殊な意味を持つに至ったとしても、また、「自然法」やスコラ学、啓蒙思想から引き出した裏づけにどれほどいかがわしい点があろうとも、結局のところ、学問の世界に受け入れられ、信奉者が安心して戦いに邁進できる仕組みになっている。

この科学的な説の是非については、二つの側面を慎重に区別して論じる必要があるが、一方の面はこれまで完全に無視されてきた。剰余価値論は、静態的な経済プロセスの理論として考えると、特段深く考えなくても、マルクス自身の仮定の下でたやすく論破できる。労働価値説は、たとえ他のすべての商品に当てはまることを認め得たとしても、労働という商品には絶対に当てはまらない。労働者が機械のように合理的なコスト計算の下で生産されることになるからだ。そんなことはないから、労働力の価値が労働力の「生産」に投入された労働時間に比例すると仮定できる根拠は全くない。論理的には、ラサールの「賃金鉄則」を受け入れるか、リカードのように単にマルサスの線で論を進めれば、反論を受けにくかっただろう。しかし、マルクスは実に賢明にもそれを拒否した。このため、搾取説は初めから重要な支柱が一本欠けている。[*7]

また、すべての資本家・経営者が搾取で利益を上げると仮定すると、完全競争による均衡状態は成立し得ないことになる。搾取で利益を得られる場合、個々の資本家は生産の拡大を目指すので、全体として賃金水準が上がり、搾取の利益がゼロに近づくのは避けられない。もちろん、不完全競争の理論を持ち出せば、ある程度まで反論が可能だ。摩擦や制度上の制約で競争が妨げられるとか、通貨や与信などの面で様々な問題が起こり得ると主張することはできる。ただ、そうなると、当たり障りのない説明しかできない。マルクスはそんな説など心から軽蔑したはずだ。

しかし、この問題には別の側面がある。マルクスがたやすく論破されるような戦いを受け

*7　マルクスがどのように代わりの支柱を立てようとしたかは後ほど見ていく。

て立つ必要がなかったことは、マルクスの分析の意図を見れば明らかだ。剰余価値説をたやすく論破できるのは、この理論を完全な均衡が成立する静態的な経済プロセスの理論と考えた場合のみだ。だが、マルクスが分析しようとしたのは均衡状態ではなく、経済構造の絶えざる変化のプロセスだった。マルクスによれば、資本主義社会では均衡状態など成立し得ないのである。したがって、先ほどの線に沿った批判は、必ずしも決定打にはなり得ない。剰余価値は完全均衡下で発生しないかもしれないが、そもそも完全均衡が成立しないとすれば、恒常的に剰余価値が発生している可能性がある。常に消滅に向かう傾向はあるかもしれないが、コンスタントに再生されるため、終始存在している可能性がある。このように反論しても、労働価値説が救いようのないことに変わりはなく（特に労働という商品に当てはめる場合）、マルクスの搾取論を今の形のまま受け入れることはできないが、得られた結果を今までより好意的に解釈することはできる（ただし、満足のゆく剰余価値の理論を編み出せば、剰余価値からマルクス独特のニュアンスが失われることにはなるが）。均衡が成立しないというこの視点はかなり重要だ。マルクスの経済分析装置の他の部分についても、新たな解釈が可能になり、マルクスの分析装置が基本原理そのものを論破されながらも、なぜ致命傷を負わないのかを説明する上で大きな助けになる。

（4）しかしながら、普通に行われている形でマルクスの理論を論じるのであれば、混乱が増すばかりだ。というより、マルクスにつき従う信徒が混乱に陥っていくのが見て取れる。まず、剰余価値説を持ち出しても、先ほど示唆した問題——労働価値説が現実経済のごく当たり前の事実と矛盾するために生じる問題——の取り扱いは一向に容易にならない。むしろ、問題は複雑になる。というのも、剰余価値説によれば、不変資本（非賃金資本）は生産過程で失う以上の価値を商品に移転しない。剰余価値を生み出すのは賃金資本だけだ。そうなると、各企業の利潤は資本の有機的構成に応じて変わることになる。マルクスは、ここで競争というものを持ち出して、資本家同士の競争で剰余価値の総量が再分配されるので、各企業の利潤が総資本に比例する——つまり各企業の利潤率が均等になると説明した。容易にわかることだが、混乱の元になっているのは、筋の通らない理論[*8]を押し通す際に必ずぶつかる一種の疑似問題であり、そこで捻り出した解決策は一種の窮余の策なのである。ところが、マルクスは、そう

*8　ただ、筋が通らなくない点が一つあり、これはどれだけ朧げな認識だったとしても、マルクスの業績として記録すべきだ。今日でさえ経済学者はほぼ例外なく、完全に静態的な経済で生産設備が純収益を生み出すことを当然視しているが、これは当然視できる事実ではない。もし実際に通常、純収益が出ているように見えるのであれば、経済が決して静態的ではないことが理由である可能性は十分にある。資本の純収益に関するマルクスの主張は、歪んだ形でこの点を認識していると解釈できるかもしれない。

した窮余の策で利潤率の均等化という現象を証明でき、それを通じて商品の相対価格が内在する労働価値から乖離することを説明できると考えたばかりか、[*9] 利潤率は必然的に低下する傾向にあるという古典派理論の重要な「法則」をも説明できると考えた。実際、消費財産業で資本の不変部分の重要性が相対的に高まると考えれば、かなり自然にこの法則を説明できる。もしそうした産業で工場や設備の重要性が相対的に高まるのであれば（資本主義の発展プロセスがそうだ）、そしてなおかつ剰余価値率（搾取の程度）が一定であるならば、総資本の収益率は全体として低下するのである。この説には高い評価が相次ぎ、恐らくマルクス本人もご満悦だったことだろう。理論を構築する際に考慮していなかった事柄が自分の理論で説明できれば誰だって嬉しい。マルクスがこの説を導く際に犯した誤りを無視し、この説だけを取り上げて論じるのも、それはそれで面白いだろうが、ここで紙面を割く必要はない。この説は前提がおかしい。だが、これと同じではないが、同じ系統の説がマルクスの体系を動かす重要な「力」の一つとなっており、搾取論と、通常「蓄積論」と呼ばれるマルクスの分析体系の次のストーリーをつなぐ役割を果たしている。

搾取労働から掠め取った略奪物の多くは（一部のマルクス主義者によれば、事実上すべては）資本家によって資本＝生産手段に変えられる。もちろん、これ自体はマルクスの用語から連想されるニュアンスを取り払えば、通常、貯蓄と投資という用語で説明される非常に馴染みのある事実を指摘したにすぎない。ただ、マルクスは単なる事実では満足できなかった。資本主義のプロセスが冷徹なロジックで進むのであれば、この事実は資本主義のロジックの一部でなければならない。つまり、事実上、必然でなければならないのである。また、マルクスは、そうした必然性の拠り所を資本家階級の社会心理に求めることにも満足できなかったはずだ。例え

＊9　この解決策は原稿に書き残されているだけで、マルクスの死後、友人のエンゲルスがこの原稿を基に『資本論』第3巻としてまとめた。このため、マルクス本人が最終的に何を言いたかったのかは知る由もない。だが、実際には多くの批評家が、第3巻と第1巻の理論が完全に矛盾すると何の躊躇もなく批判している。一見すると、そうした批判は正当化できない。マルクスの立場に立ってみれば（この種の問題ではマルクスの立場に立つことが私たちの義務だ）、剰余価値を社会の生産プロセスという一つのプロセスから生じる「量」と考え、あとはこの量がどう分配されるかという問題に持ち込むことは荒唐無稽ではない。そしてもし、それが荒唐無稽でないなら、第3巻で論じた商品の相対価格は、第1巻の労働量の理論から引き出せると主張することも不可能ではない。したがって、マルクスの価値論は価格論とは完全に切り離されており、価値論は価格論に何ら寄与していないという一部の主張（レキシスやコールなど）は正しいとは言えない。ただ、こうした矛盾を解消したところで、マルクスが苦しい立場にあることに変わりはない。まだかなり強力な批判が残っているのである。マルクスの体系で価値と価格が互いにどう関係しているかについては、L・ボルトケヴィッチの "Wertrechnung und Preisrechnung im Marxschen System," *Archiv für Sozialwissenschaft und Sozialpolitik*, 1907［石垣博美・上野晶美訳「マルクス体系における価値計算と価格計算」、『転形論アンソロジー』所収、法政大学出版局］が総論として最も優れており、このあまり面白いとは思えない論争で展開された比較的実りのある議論にも言及している。

ば、ピューリタン的な態度が資本家の行動を決定づける要因になっているというマックス・ウェーバーのような説明（利益を上げても快楽を追い求めないという姿勢は明らかに資本家の行動パターンと一致する）では満足できなかったと思われる。マルクスもこの方法で何らかの裏づけが引き出せるとは感じており、そうした切り口を軽蔑していたわけではない。[*10] ただ、マルクスが意図したような体系では、それ以上に中身のあるものが――資本家を自分の気持ちとは無関係に蓄積に駆り立てる何かが、そうした心理パターン自体を説明できる強力な何かが、存在しなければならなかった。幸いなことに、それはあるのである。

この貯蓄の強制について説明するため、便宜上マルクスの考え方を一つ受け入れる。つまり、資本家階級が貯蓄すれば、結果的にその分だけ実質資本が増えるというマルクスの前提を受け入れる。[*11] この資本の増加は、たとえ本来の目的が不変資本の拡大――特に機械など、リカードが固定資本と呼んだ部分の拡大――であったとしても、最初は必ず総資本の可変部分（賃金資本）の増加という形をとるものとする。

マルクスの搾取説を論じた際、搾取で利益を上げられるなら、完全競争下では資本家は生産を拡大する、もしくは生産の拡大を目指すと指摘した。個々の資本家にしてみれば、生産を増やせば利潤が増えるからだ。生産を増やすには蓄積が必要になる。また、そうした動きが広がれば、（たとえ生産物価格が下落しなくても）その後の賃金水準の上昇で、全体として剰余価値が減る傾向が出てくる。これはマルクスにとって貴重極まりなかった「資本主義に内在する矛盾」を示す好例だ。この傾向自体も、結局は個々の資本家を蓄積に駆り立てるもう一つの理由となる。[*12] だが、そうして蓄積を進めても、資本家階級全体で見れば状況は悪化するばかりだ。したがって、たとえ他の点では静態的なプロセスであっても、ある種の蓄積の強制が起きる。先に指摘した通り、蓄積の進行で剰余価値がゼロとなり、資本主義自体が破滅するまで、安定した均衡状態は実現しない。[*13]

＊10　例えば、マルクスはある個所（*Das Kapital*, vol. i, p. 654, Everyman edition）〔邦訳は前掲書・第1巻Ⅳ p.83〕で、この問題について、いつにも増して生き生きとしたレトリックを披露しているが、これは経済史観の生みの親としてはやりすぎの感がある。蓄積が本当に資本家階級にとって「モーセの言葉であり、預言者の言葉」（！）であったかどうかは別にして、また、そうした飛躍が荒唐無稽に思えるかどうかも別にして、マルクスの場合、この手の主張、この手の論じ方は、見せてはならない弱点を露呈するものに外ならない。

＊11　マルクスにとって、貯蓄つまり蓄積は剰余価値の資本への転換と同義だった。個人が貯蓄しても、必ずしも自動的に実質資本が増えるわけではないが、この点について異議を唱えるつもりはない。今の世の中では、反対の立場を示す人が多いが、私にはマルクスの見方の方が遥かに真実に近いと思える。このため、ここで反論する必要はないだろう。

＊12　言うまでもないが、一般に所得が減れば貯蓄も減る。ただ、今後、所得が途絶えそうな場合や所得が減りそうな場合は、所得の安定・増加が見込まれる場合に比べて、貯蓄の割合が増えるだろう。

しかし、これとは別に蓄積を激しく迫る遥かに重要な要素がある。言うまでもないが、資本主義経済は静態的ではなく、静態的ではあり得ない。また、単に一定のパターンで拡大しているわけでもない。新たな企業の登場によって——つまり、新しい商品、新しい生産方法、新しい商機が絶えず産業構造に侵入することで——絶えず内部から変革している。今ある構造やビジネスを取り巻く環境は一つの例外もなく、常に変化の過程にある。どんな物事も覆され、最後まで全うする時間が確保できない。資本主義社会の経済発展とは混乱に外ならない。第2部で説明するが、この混乱の中で起きる競争は、どれほど完全な競争であっても、静態的なプロセスの競争とは似ても似つかない様相を示す。新しいものをつくったり、古いものを今までより安くつくれば、利益を得られるという可能性が、常に現実のものとなり、新たな投資が求められる。新しい商品や新しい方法は古い商品や古い方法と競合するが、この競争は対等な条件ではなく、前者に圧倒的に有利な条件で行われ、後者は消滅のリスクにさらされる。これが資本主義社会の「進歩」の実態だ。結局はすべての企業が、他社より安く売るために、横並びで次々に投資を迫られる。そのためには利潤の再投資が——蓄積が必要になる。[*14] こうして、誰もがこぞって蓄積することになる。

さて、マルクスは当時のどの経済学者よりも、この産業変化のプロセスをはっきり見て取り、それがいかに重要かを強く意識していた。と言っても、このプロセスの本質を正しく見抜いたわけではないし、メカニズムを正確に分析したわけでもない。マルクスは、このメカニズムを資本の規模のメカニズムに単純化した。適切な企業論を構築せず、資本家と起業家を区別しなかったことに加え、理論化の手法に問題があり、無理な推論や誤りを多数招いた。だが、マルクスが念頭に置いていた目的を遂げる上では、大抵の場合、このプロセスのビジョンを示せれば、それで十分だった。マルクスの主張からは引き出せない結論が、別の説から引き出せるのなら、無理な推論も致命傷にはならない。主張を展開する中で、大筋で実質的に正しい結

*13　マルクスはある程度までこの点を認識していた。ただ、賃金が上がり、蓄積が妨げられれば「利潤を得ようという刺激が弱まり」蓄積のペースが落ちる結果、「資本主義の生産プロセスのメカニズムで一時的に発生した障害が自動的に解消される」としている（*Das Kapital*, vol. i, ch. xxv, section 1〔邦訳は第23章〕）。さて、この自動的に均衡に向かうという資本主義のメカニズムの傾向は決して自明なことではなく、そう断言するには、少なくとも慎重な条件づけが必要だ。だが、面白いことに、もし別の経済学者の著作でこうした説にぶつかれば、いかにも非マルクス的な主張だと感じ、この説が正しければ、マルクスの基本的な主張が大きく揺らぐと感じるだろう。この点に限った話ではないが、マルクスは自分がブルジョア経済学を打破したと信じていたが、実際には当時のブルジョア経済学に驚くほど縛られていた。

*14　もちろん、技術改良のための資金を調達する手段はこれだけではない。ただ、マルクスが念頭に置いていたのは事実上これだけであり、実際、非常に重要な手段であるため、ここではマルクスに従って構わないだろう。もっとも、他の手段、特に銀行からの借り入れ（預金創造）は、また違った結果を生み出すため、資本主義のプロセスを正しく描くのであれば、そうした要素を組み入れることが不可欠だ。

論に辿つければ、完全な誤りや誤解でさえ往々にして許される。特に分析の段階が進めば、そうした誤りが気にならなくなる場合がある。この逆説的な状況を受け入れられない人には許されない罪に思えるだろうが。

こうした例は前にも指摘した。マルクスの剰余価値説は、それ自体としては受け入れられない。だが、資本主義のプロセスでは現実としてコストを上回る余剰利益が一時的に絶えず発生する。これは、マルクスとは全く無関係な他の理論で十分説明がつく。そのため「蓄積」と銘打ったマルクスの次のステップは、その前段階に誤りがあっても、必ずしも論破されない。同様に、マルクス理論になくてはならない「蓄積の強制」についても、マルクス本人の説では満足のいく説明ができないが、そうした説明上の難点は特に大きな問題にはならない。先ほど示した通り、私たちでもっと満足のいく説明が直ちにできるからだ。特に利潤の減少は無理なく説明できる。「不変資本が可変資本に対して増加する[*15]」というマルクスの説でも、また他のどんな説でも、全産業資本の総利潤率が長期的に必ず低下するという結論は引き出せないが、ここでは「各工場が絶えず新しい商品や生産手段との競争、もしくは潜在的な競争にさらされており、最初は利益が出ていてもいずれ赤字に陥る」という先ほどの説明があれば十分だ。それだけで十分に論を進めることができるし、個々の資本財の組み合わせが永遠に余剰利益を生み出すことはないと考えれば、「不変資本は剰余価値を生まない」というマルクスの説に似たようなことまで、マルクスの説の怪しげな部分に頼らなくても言える。

同じことは、マルクス理論の次のステップである「集中の理論」にもいえる。これは工場や管理装置の規模拡大という資本主義のプロセスに見られる傾向をマルクス流に論じたものだが、そこで説明[*16]されているのは、マルクスのイメージを取り払ってしまえば、「競争は商品の安売り合戦によって行われ」「他の事情が同じであれば、商品の値下げには労働の生産性向上が必要」だが、生産性はやはり生産の規模に左右されるので「大きな資本は小さな資本に勝利する」——という平凡な主張に尽きる。[*17]これは今の教科書で論じられていることと大して変わ

*15　マルクスに従えば、利潤は当然、別の理由——剰余価値率の低下——でも減少し得る。賃金が上昇したり、例えば法規制で一日の労働時間が減少した場合、剰余価値率が低下する可能性がある。このため、「資本家」が労働者に代えて、労働者の節約につながる資本財を導入すると主張することは——したがって、新商品や技術進歩の影響がなくても、一時的に投資が増えると主張することは——マルクス主義の立場からも可能だ。しかし、ここでこの問題に立ち入ることはできない。ただ、次の奇妙な事例に触れておいてもよいだろう。一八三七年、ナッソー・W・シーニョアは「工場法に関する書簡」というパンフレットを刊行し、労働時間の短縮を強制すれば、綿工業の利益が消滅すると訴えた。マルクスはこの主張をいつにも増して激しく糾弾している（*Das Kapital*, vol. i, ch. vii, section 3）。確かにシーニョアの言い分は全く馬鹿げているが、これはマルクスの搾取説と何ら変わりなく、マルクスが、馬鹿げた主張と批判できた義理はなかったはずだ。

*16　*Das Kapital*, vol. i, ch. xxv, section 2［邦訳は第23章］を参照。

らず、それ自体、特に深い洞察があるわけでも、感心できる点があるわけでもない。特に個々の「資本」の大きさだけを強調している点が問題で、結果を論じる際も、独占や寡占の問題をうまく扱えないマルクスの手法が大きな妨げとなっている。

しかし、非マルクス派の経済学者の間でも、この説に共鳴する声が後を絶たないことは、理由のないことではない。まず、当時の状況を考えれば、大企業の出現を予言したこと自体、一つの業績だった。だが、それだけではない。マルクスは集中の理論を蓄積のプロセスに巧みに結びつけた。というより、蓄積の過程で資本の集中が起きることを鮮明に描き出した。しかも、事実として資本の集中が起きることだけでなく、論理的にもそうなることを示したのである。その結果、何が起きるかについては、正しく捉えていた面もあるが（例えば「個々の資本の量は増大し、それが生産様式自体の絶えざる革新の物質的基礎となる」）、その半面、少なくとも一面的な捉え方、歪んだ捉え方もしている。階級闘争や政治という刺激剤を使って、資本の集中という現象に色をつけたのである。それだけでも、とりわけ想像力のない読者から見れば、マルクスの説明は無味乾燥な経済理論の上を行くものに思われたはずだ。そして、これが最大のポイントだが、マルクスはそのまま先に進めた。自分の絵の一筆一筆がどれほど不純な動機で描かれたとしても、また専門家から見ればいかに説得力に欠けると思われても、事実上全く妨げにならなかった。結局のところ、大企業の出現は間近に迫っていたし、それは、大企業が生み出す運命にあった社会情勢についても、言えたことだった。

（5）このスケッチはあと二項目で完成だ。マルクスの窮乏化論（*Verelendung* あえて英語に訳せば *immiserization*）と、マルクス（とエンゲルス）の景気循環論である。前者の分析とビジョンは救いようがなく、後者の分析とビジョンが引き立って見える。

マルクスは間違いなくこう主張した。資本主義が発展すると、大衆の実質賃金と生活水準は、相対的に所得の高い層で低下し、最下層では改善が見込めない。これはたまたま特殊な環境でそうなるのではなく、資本主義のプロセスの論理的な必然だ[*18]——。言うまでもなく、これは予測として全く不適切であり、どんなタイプのマルクス主義者も、目の前で起きて

＊17　マルクスの理論では、資本家同士が互いを滅ぼし合う闘争を繰り広げるが、それを純粋に経済面から立証する唯一の根拠がこの結論である（収奪説と呼ばれることが多い）。

＊18　こうした明確極まりない主張には重大な意図が潜んでいるが、マルクス主義者はキリスト教を擁護する際によく使われる手で見事な反論を展開している。つまり、マルクスにしても決して反対の側面があることを見逃していたわけではなく、当然誰もと同じく、賃金が上昇するケースも多数「認識」していたといった類いの反論だ。批判が出ることは百も承知だったというわけだ。歴史の分析を何層も折り重ねながら、実に冗長に自説を展開する人であれば、どんな教父もかなわないほど、様々な言い逃れの余地が自然と生まれる。だが、そうした不都合な事実を「認識」しても、結論を出す際に無視するのであれば、認識することに一体何の意味があるのか。

いる正反対の流れに頭を抱えている。最初は（未だにごく一部でみられるが）賃金統計で実際に確認できる傾向だとして、驚くほど粘り強くこの「法則」を守り抜こうとする動きが出た。次に、別の意味に読み替えようとする動きが出た。つまり、これは実質賃金の水準や労働者階級の絶対的な所得水準の動きを予測したものではなく、国民総所得に占める労働者所得の相対的な割合を予測したものだという指摘である。確かにマルクスを読むと、一部の箇所ではそうした解釈も成り立つが、大部分の箇所はどうみてもそんな解釈はできない。さらに、マルクスは一人当たりの労働所得の絶対額が減ることを前提に（もしくは少なくとも増えないことを前提に）主だった結論を下しており、そのような解釈を受け入れたところで、マルクスが有利になるわけではない。もしマルクスが本当に相対的な所得を念頭に置いていたとすれば、問題が増えるだけなのである。最後に、労働所得が相対的に減少するという主張自体も間違っている。総所得に占める賃金・給与の相対的な割合は、年ごとに見ればほとんど変化がなく、長期的に驚くほど安定している。低下する傾向など全く見て取れないのである。

　ところが、もう一つ別の妙案があるように見える。時系列統計には表れない傾向でも（この場合のように、たとえ逆の傾向が表れていても）、それは特殊要因で顕在化していないだけで、本来、調査対象のシステムにはそうした傾向が備わっているケースがあり得るという反論だ。

実際、今のマルクス主義者の大半はこの線で論を進めている。特殊要因とは植民地への進出、もっと一般的に言えば一九世紀の新領土開拓のことで、これが搾取される側にとっては「禁猟期」になったという説である。[*19] この問題は第2部で取り上げるが、とりあえず、今の段階では、この説には一見したところ、ある程度まで事実の裏づけがあり、論理的にも申し分ないと言っておく。したがって、特殊要因を除外した場合に賃金低下の傾向をしっかり実証できるのであれば、一件落着となる可能性がある。

ただ、どうにも困ったことに、この窮乏化論の理論の組み立て方は全く信用が置けない。ビジョンだけでなく、分析の土台に欠陥がある。窮乏化説の土台にあるのは「産業予備軍」(生産プロセスの機械化が生み出す失業)[*20] の理論だが、この産業予備軍の理論自体は、リカードの機械論を土台にしている。マルクスが何ら本質的な点を付加することなく、リカードの説にここまで頼り切った例は他にない[*21](無論、価値論は別だが)。もちろん、何ら付加することなく

*19 これはネオマルクス派が発展させた考えだが、マルクス本人もそうした考えを示唆している。

*20 この機械の導入に伴う失業は、当然、他の失業と区別して考える必要がある。特に、マルクスは企業活動の周期的な変動で失業が発生すると指摘している。この二つの失業は互いに無関係ではないため——またマルクスの主張は前者よりも後者のタイプに立脚していることが少なくないため——解釈上、問題が生じる。すべての批評家がこの点を完全に認識しているとは思えない。

といっても、あくまで純粋な理論面についての話で、マルクスはいつものように細かなタッチをいくつも塗り重ねている。例えば、熟練労働者が非熟練労働者に職を奪われる様子を巧みな一般化で失業の概念に組み込んだほか、実に多岐にわたる実例やフレーズを付け加えている。また、これが最大の見せ場であるが、マルクスの社会のプロセスの背後で生起する様々な忘れがたい光景も書き加えた。

リカードは当初、当時も今もごくありふれた見方――生産プロセスの機械化で大衆が恩恵を受けないわけがないという見方に傾いていた。ところが、ひとたびそうした見方に疑問を感じると（少なくともそれがすべてのケースで当てはまるのかという疑問を感じると）実にリカードらしい素直さで自分の立場を修正した。そしてこれもリカードらしく、例の「強力な根拠を想像してみる」というスタンスでできる限りの論証を進め、経済学者にはお馴染みの数字を並べた例を使って一般的な見方とは反対の結果になる可能性もあると指摘した。ただ、それが十分あり得ることだとしても、リカードはあくまで可能性について論じていたことを否定していないし、機械化が総生産や物価などに先々及ぼす効果を考えれば、差し引きで労働者にプラスになることを否定するつもりもなかった。

リカードが挙げた例は、それだけをとってみれば正しい。[*22] もう少し洗練された今日の理論でもこの点は裏づけられており、リカードが証明しようとしていた可能性とその反対の可能性の両方があるとされている。今日の理論はリカードの先を行っており、形式上の条件を定めればどちらが起きるかが決まる。もちろん、純粋な理論にできるのはそこまでだ。実際にどちらのケースになるかを予測するにはさらにデータが必要になる。ところが本書の目的上、リカードが挙げた例にはもう一つ面白い特徴がある。リカードは一定量の資本を所有して一定数の従業員を雇っている会社が機械の導入を決めた例を考えている。そこでこの会社は一部の従業員に機械の製作を指示するのだが、機械が導入されると、従業員の一部は不要になる。利潤は最終的には変わらないかもしれないが（競争による調整で一時的な利益が失われるからだ）、総所得は「束縛を解かれた」かつての労働者に支払っていた賃金の分だけ減少する。不変資本が可変（賃金）資本に取って代わるというマルクスの説は、事実上これをそのまま模したものにすぎない。リカードは機械化に伴う過剰人口を重視したが、やはりマルクスもそれと全く同じよう

*21　この点は、該当する箇所である *Das Kapital*, vol. i, ch. xv, sections 3, 4, 5, 6［邦訳は第13章］（特に第6節。第6節ではこれから論じる補償説を扱っている）だけでなく、やや違った装いで同じことを繰り返し詳述している chs. xxiv and xxv［同第22章、23章］を読めば、どんな理論家も納得するだろう。

*22　もしくは、元の意味を変えずに正しく書き換えることができる。リカードの論証には若干疑わしい点があるが、これは恐らく、多くの経済学者が愛してやまない例の嘆かわしい論証テクニックに原因があるのだろう。

に、余剰人口を重視した。余剰人口とは「産業予備軍」のことである。リカードの理論は、釣針から糸、錘りに至るまで丸呑みされている。

だが、リカードが考えていた限られた目的であれば、合格点をつけられるような説であっても、そうした不安定な土台の上に上部構造を築いたとなれば、途端に目も当てられないほど危なげな説となる。実際、これで無理な推論の元が増えたのであり、しかも今度ばかりは「最終的に得られたビジョンが正しい」と許すわけにはいかない。マルクスにしてもそれは感じていたようだ。まるで恩師の言う「強力な根拠」がおよそ唯一の根拠でもあるかのように、何か必死になって恩師の条件つきの悲観論にしがみついた。そして「たとえ機械の導入で労働者が一時的に職を失ったとしても、機械文明の時代にはまた職にありつける」というリカードの指摘の含意（マルクス派が例外なく毛嫌いする「補償説」）を解き明かした人々には、さらに必死の体《てい》で反論した。

　マルクスはこの道を選ばざるを得なかった。自分の理論を支える産業予備軍という盤石な土台がどうしても必要だった。産業予備軍には根本的に重要な役割が細かなものを除いて二つある。まず先に指摘した通り、マルクスにはマルサスの人口論を使いたくないという思いがあり（その気持ちはよくわかるが）、搾取説には重要な支柱が一本欠けていた。この支柱を補うのが、絶えず生み出されるため常に存在する産業予備軍だ。[*23] 第二に、マルクスは機械化のプロセスについてひどく偏狭な見方を採っているが、それは『資本論』第1巻・第32章［邦訳は第24章］で鳴り響くあのフレーズ――ある意味では第1巻だけでなく、マルクスの全著作の最高のフィナーレでもあるあのフレーズに息を吹き込むために何としても必要だった。ここで論じたこととは直接関係のない部分も含め、全文を引用するが、それはマルクスの姿勢を読者に垣間見てほしいからだ。マルクスが一部の人を熱狂させた理由も、一部の人の侮蔑を招いた理由も等しくここにある。預言としての究極の真理がここにあるのか、それとも、そうでないものの寄せ集めなのかは別にして、ここに引用したい。

「こうした集中――少数の資本家による多数の資本家の収奪で（……）すべての民族が世界市場の網の目に組み込まれ、それとともに資本主義体制の国際的な性格が強まる。この変革プロセスのメリットを悉く強奪・独占する巨大資本の数は減る一方で、貧困、抑圧、隷従、退

*23　言うまでもないが、この「絶えず生み出される」という点を強調する必要がある。「マルクスは機械の導入で失業した個人がその後永遠に職につけないと考えた」という一部の指摘は、マルクスの文章や意図したところからみて、とても正当な批判とは言えない。マルクスは失業者の再雇用を否定していない。失業者が出ても、必ず再雇用されるという証拠を突きつけてマルクスを批判するのは完全に的外れだ。

廃、搾取がさらに広がる。だが、それとともに労働者階級の反発も強まる。この階級は数が増える一方であり、まさに資本主義の生産プロセスのメカニズム自体によって統制がとれ、団結し、組織化される。資本の独占は、独占とともに生まれ独占の下で繁栄してきた生産様式を束縛する足枷となる。生産手段の集中と労働の社会化が進み、ついには資本主義の殻と整合性が取れなくなる。この殻が破裂する。資本主義の私的所有に弔いの鐘が鳴る。収奪してきた者たちが収奪される」

（6）マルクスの景気循環論は評価が極めて難しい。本当に貴重な部分は数々の観察、コメントにあるのだが、そうしたものの大部分は何気ない形で書き留められており、多くの書簡も含め、ほぼ全著作に散在している。そうした断片から、どこにも存在しない本論――恐らくマルクス本人の頭の中でさえまだ胚胎したばかりだった本論――を復元しようとすれば、十人十色の解釈が乱立しかねない。また、これはと思うマルクス後の研究を都合の良い解釈で事実上悉くマルクスの功績にしてしまう信奉者の無理からぬ傾向で、信頼性に乏しい主張がまかり通る恐れもある。

マルクスは景気循環について変幻極まりない万華鏡のような貢献をしており、それを解説する側の苦労は、敵であれ味方であれ普通の人には決してわからなかったし、それは今でも変わらない。一般の人々は、マルクス自身が極めて頻繁にこの問題に言及していることに気づき、これはどうみてもマルクスの基本テーマと深く関係していると考え、マルクスの資本主義の論理から当然マルクスなりの単純明快な景気循環論が引き出せるはずだ（例えば、労働価値説から搾取説が引き出せるように引き出せるはずだ）と思い込んだ。そこで景気循環論探しに乗り出したのだが、それがどんなことになったのかは容易に想像がつく。

まずマルクスが、資本主義には社会の生産能力を発展させる途轍もない力があると高く評価していたことは間違いない（その点を適切に理論の原動力にはしなかったが）。一方で、マルクスは大衆の貧困が増大することも絶えず強調していた。だとすれば、生産装置の生産量や生産力は一方的に拡大するが、搾取された大衆が物を買えないから恐慌が起きる――また、これに加え先に述べた理由もあって、利潤率が企業の破綻につながる水準まで落ち込むので恐慌が起きる――と結論するのは極めて自然なことではないだろうか。そうなると、確かにどちらを重視するかで、過少消費説か過剰生産説という何の面白味もない岸に乗り上げてしまうかに見える。

実際、マルクスの恐慌論は過少消費説に分類されている。[*24] 考えられる状況証拠は二つある。まず、剰余価値説をはじめ、マルクスの理論とシスモンディ、ロートベルトゥスの理論に共通点があることは明らかだ。この二人は過少消費説を支持していたので、マルクスも同じ見解だったのではないかと考えるのは不自然ではない。第二に、マルクスの一部の記述、特に『共産党宣言』の恐慌に関する短い文章も、間違いなくそうした解釈の拠り所となる。実際にはエンゲルスの説明の方が遥かに大きな拠り所となるが[*25]、マルクスは見事な嗅覚でそれをきっぱり撥ねつけており[*26]、これは全く根拠にならない。

真相を言えば、マルクスにはシンプルな景気循環論などなかった。マルクスの資本主義の「法則」から論理的に導き出せる景気循環論などないのである。たとえ、剰余価値が発生するというマルクスの説を受け入れ、例の蓄積－機械化（不変資本の相対的な増加）－余剰人口（これが容赦なく大衆を貧困に追いやる）という論理の流れで、最終的に資本主義が崩壊に至るという説明を受け入れたとしても、その過程で循環的な変動を必然的に生み出す要因――好況と不況を交互に引き起こす内生的な要因は見当たらない[*27]。もちろん、アクシデントや付随的な問題は多々起きるので、根本的な説明はなくても、そうしたものを頼りに補足的な説明をすることはできる。誤算や当てが外れるといった失敗や、楽観論・悲観論の台頭、投機による行き過ぎ、また行き過ぎに対する反応、それに尽きることのない「外部要因」という要素もある。ただそうはいっても、蓄積という機械的なプロセスが一定のペースで進むとすれば（原理として

一定のペースで進まないと考える理由はない)、マルクスが描いた資本主義のプロセスも一定の

*24　過少消費説が流行しているが、ここでは二人の名前だけ挙げておく。一人は過少消費説の修正を提唱した。もう一人は過少消費説への支持が根強いことを浮き彫りにしていると言えるかもしれない。過少消費説を理由にマルクスの恐慌論を批判したのがツガン・バラノフスキーの *Theoretische Grundlagen des Marxismus*, 1905［『マルキシズムの学説的基礎』］、相対的に過少消費説に理解を示しているのがモーリス・ドッブの *Political Economy and Capitalism*, 1937だ。

*25　エンゲルスのどちらかと言えば陳腐な恐慌論が、最もよく表れているのが、論争の書 *Herrn Eugen Dührings Umwälzung der Wissenschaft* 1878［秋間実訳『反デューリング論』新日本出版社］）で、社会主義論で最も頻繁に引用される文献の一つとなっている。恐慌の構造を実に生き生きと描いており、一般向けの書籍としては間違いなく良書だが、「市場の膨張は生産の膨張と歩調を合わせることができない」といった、説明を求めたくなるような見解も示している。また、フーリエの「多血症的恐慌」という説明不要のフレーズも肯定的に取り上げている。ただ、マルクスが第10章の一部を書き、この著作全体に共同責任を負っていることは否定できない。

本書のスケッチに盛り込んだ数少ないエンゲルスに対するコメントは、どちらかと言えばエンゲルスの権威を傷つけるものだ。これは残念なことで、私にはこの傑出した人物を過小評価する意図は全くない。ただ、エンゲルスが知的な面で、特に理論家として、マルクスより遥かに劣ることは素直に認めるべきだと考えている。エンゲルスがマルクスの意図を常に理解していたかどうかも疑問だ。したがって、エンゲルスの解釈は慎重に扱う必要がある。

*26　*Das Kapital*, vol. ii, p. 476（一九〇七年英訳版）［長谷部文雄訳『資本論　第2部第3分冊』日本評論社 p. 116－117］を参照。ただ、*Theorien über den Mehrwert*, vol. ii, ch. iii［岡崎次郎・時永淑訳『剰余価値学説史』国民文庫］も参照。

*27　一般の人には反対のことが自明に思われるだろうから、どれだけ紙面を尽くしても、この点を説明するのは容易ではないかもしれない。これが正しいことを理解するには、リカードの機械論を読むのが一番良い。そこで論じられているプロセスは、失業を生むかもしれないが、システム自体が最終的に破綻するまで、破綻を招かずに際限なく続く可能性がある。マルクスもこの点に同意したはずだ。

ペースで進む可能性はある。ロジックを追う限り、基本的には好況も不況もないのである。

もちろん、それは必ずしも不幸なことではない。他の多くの理論家も、何か重要なことがうまくいかなければ、常に恐慌は起きると単純に指摘してきたし、それは今でもそうだ。また、必ずしもハンデにはならなかった。というのも、マルクスは今度こそ自分の体系の束縛から逃れ、自分の体系に傷をつけることなく、澄んだ目で事実を見ることができた。このため、マルクスは大なり小なり関連する要素を多岐に渡って取り上げている。例えば、商品の取引には通貨が介在するという点を表層的に取り上げて（ただそれだけで）全般的過剰生産はあり得ないというセーの法則を否定したり、金融市場が緩和的だから耐久資本財に大量の投資が行われ、生産ラインが不均衡なまでに拡大すると論じたり、市場開放や新しい社会ニーズの登場といった特殊な刺激があるから「蓄積」が突如急増すると論じたりしている。また、あまりうまくいっているとは思えないが、人口増加が景気循環の一因になるという説明も試みている。[*28] 生産の規模が「突発的」に膨張すること、それが「等しく急激な収縮の下地」になることも見て取っている（説明まではできていないが）。「政治経済学の浅はかさは、産業の循環サイクルの周期的な変化の症状にすぎない信用の膨張・収縮を、その原因とみなしているところにある」[*29] という適切な指摘もある。こうした一連の付随的な問題やアクシデントをマルクスは当然、存分に活用した。

そこで述べられたことはすべて常識的なことであり、十分筋が通っている。景気循環の本格的な分析で過去に取り上げられた要素は事実上すべて揃っており、全体として間違った部分はほとんどない。さらに言えば、循環的な動きが存在することを認識しただけでも、当時としては大きな功績だったことを忘れてはならない。マルクス以前の多くの経済学者も景気循環の存在を漠然と認識していたが、大抵は「恐慌」と呼ばれるようになった劇的な経済崩壊ばかりに注目し、恐慌を正しい視点で——つまり、恐慌とは景気循環の過程に付随する問題にすぎないという視点で——捉えていなかった。幅広い視野や掘り下げた視点もなく、間違い、行き過ぎ、経営ミス、また与信メカニズムの機能不全が原因で単発的に起きる不幸な出来事として捉えていた。マルクスはそうした既成概念から脱し、クレマン・ジュグラーの理論を先取りした

＊28　この点も、マルクスだけが主張しているわけではない。ただ、最終的にはこのアプローチの難点に気づいていたはずだと考えるのがマルクスに対してフェアな見方といえる。この問題に関する見解は第3巻に記されており、マルクスが最終的にどのような結論に達していたかはわからない点に注意する必要がある。

＊29　*Das Kapital,* vol. i, ch. xxv, section 3［邦訳は第23章］。このすぐ後に、現代の景気循環論にも非常に馴染みのある方向に一歩踏み出している。「結果が再び原因となる。そして全体のプロセスの様々なアクシデントが——全体のプロセスは自らに必要な条件を常に再生産する——周期性という形をとる」（傍点筆者）

最初の経済学者だと私には思える（統計分析の視点は欠けていたが）。先ほど見たようにマルクスは景気循環について的確な説明はできていないが、そうした現象をはっきり見て取り、その仕組みをかなり理解していた。また、ジュグラーのように「小さな変動に中断されながら」繰り返す一〇年周期の循環[*30]についてもはっきり言及している。マルクスはなぜ一〇年周期なのかという問題に興味を持ち、木綿産業の機械の耐用年数と何か関係があるのではないかと考えた。恐慌ではなく、景気循環の問題に没頭していたことを示す形跡は他にも多数あり、現代の景気循環論の父の一人として高く評価することができる。

もう一つの側面にも触れておく必要がある。マルクスは大抵の場合、*crisis* という言葉を「恐慌」という一般的な意味で使っている。一八二五年の恐慌とか一八四七年の恐慌といった一般的な使い方だ。だが、別の意味で使っている場合もある。マルクスは資本主義が発展すれば、いずれ資本主義社会の制度の枠組みが崩壊すると信じていたが、実際の崩壊が起きる前に、資本主義のプロセスの摩擦が増え、死に至る病の症状が出始めると考えた。この段階は当然、ある程度長い期間続く時代として描かれるが、マルクスはこの段階のことも *crisis*［危機］と呼び、何度も再発する「恐慌」と資本主義最期の「危機」を結びつけることが少なくなかった。恐慌はある意味では最期の危機の予告とみなせるかもしれないとさえ示唆している。これがマルクスの恐慌論を探る手掛かりになると考える読者も大勢いるかもしれないので、次のことを指摘しておきたい。マルクスの言う最期の危機の原因が恐慌の原因となることは、追加の仮定をかなり加えない限りあり得ない。[*31] 手掛かりになったとしても、好況時よりも恐慌時の方が「収奪してきた者たちが収奪され」やすいかもしれないというつまらないことくらいしか言えない。

（7）そして最後に、資本主義が発展すると資本主義社会の制度が崩壊する（資本主義社会を脱却する）という必然的崩壊説（*Zusammenbruchstheorie*）である。これは無理な推論が深遠なビジョンに結びついて結論が救われる最後の例といえる。

マルクスの「弁証法的推論」の基礎にあるのは、貧困や抑圧が増大し、大衆が反乱を起こ

＊30　エンゲルスはマルクスの先を行っていた。『資本論』第3巻への註を見ると、さらに長い周期があるのではないかと考えていたことがわかる。一八七〇年代、八〇年代の好況が相対的に低調で、不況が相対的に深刻だったことについては、構造変化が原因と解釈し、より長期の波動で見た不況期の影響だという見方を退ける方向に傾いているが（これは、第一次大戦後の経済、特にここ一〇年の経済の動きを研究している今の多くの経済学者にも当てはまる）、コンドラチェフの長期循環論の萌芽をここに見て取ることができるかもしれない。

＊31　この点は（5）の最後で引用したマルクスの文章を読み返せば、すぐにわかるだろう。実際、マルクスは様々な場面でこの考え方を持ち出しているが、詳述は避けている。一般化の機会を逃すのはマルクスらしくなく、これは重大な意味を持つ。

すという考え方だが、これは推論に無理があり、受け入れることはできない。なぜ貧困が必然的に増大するのかという説明に無理があるからだ。また、産業支配の集中で「資本主義の殻」が必然的に崩壊するという言い分には、正統派のマルクス主義者の間でも、かなり前から疑問の声が出ていた。この疑問をきちんと整理した形で最初に提示したのが、ネオマルクス派という重要なグループの中心人物の一人、ルドルフ・ヒルファーディングだ。[*32] ヒルファーディングはマルクスとは逆の見方――つまり集中が進めば資本主義の安定が増すのではないかという見方に傾いていた。[*33] これについては第2部で私見を述べるが、ヒルファーディングの見方は行き過ぎではないかと思う（ただし、後で述べるように、アメリカの現状で大企業が「生産様式を束縛する足枷となる」といえる根拠はないし、マルクスの前提からはマルクスの結論は引き出せない）。

ただ、当時の状況は今以上に、マルクスの言う事実と推論からかけ離れていたが、資本主義が発展すれば資本主義社会の基盤が崩れるときっぱりと断言した限りにおいて、マルクスの結論は正しかった可能性がある。私は正しかったと考えている。そして一八四七年の時点で、そうした真理を間違いなく明かしたビジョンを深遠なビジョンと呼んでも誇張にはならないと思う。これは今ではありふれた見方になっているが、それを初めてありふれた見方にしたのはグスタフ・シュモーラーだ。貴族の称号を持ち、教授、プロイセン枢密顧問官、プロイセン上院議員を歴任したシュモーラーは決して革命を望んだり、扇動的な言動に訴える人ではなかったが、同じ真理を静かに語った。だが、なぜどのようにそうなるかについては、やはり黙して語らなかった。

細かいまとめは不要だろう。このスケッチがどれほど不完全であろうと、以下の点ははっきりしたはずだ。第一に、少しでも純粋な経済理論を求めるのであれば、決して絶賛できないこと。第二に、少しでも大胆な構想を求めるのであれば、決して全否定できないことだ。理論上の手続きを審理する法廷であれば、厳しい判決が出るはずだ。当時でさえ急速に廃

*32　*Das Finanzkapital*, 1910〔岡崎次郎訳『金融資本論』岩波文庫〕)。「マルクスは自分で立証したと考えていた傾向を強調しすぎているのではないか」「社会の発展はマルクスが主張するよりも遥かに複雑で、遥かに一貫性に欠ける」という疑問の声が、様々な副次的な状況証拠を基に以前から度々出ていたことは言うまでもない。E・ベルンシュタインを挙げれば十分だろう(第26章参照)。ただ、ヒルファーディングの分析は、マルクスの結論を原理面から、マルクスの立脚点に立って攻撃しており、致し方ない状況証拠には訴えていない。

*33　この説は景気の変動が時とともに緩やかになるという説と混同されることが少なくない(この説を提唱した本人でさえそうだ)。後者の説は正しい可能性もあるし、間違っている可能性もあるが(一九二九－三二年も反証とはならない)、資本主義のシステムとしての安定度が増したとしても——つまり、価格や量の時系列の変動で不規則な動きが多少減るとしても——必ずしも安定度が高まるとは——つまり、攻撃に耐えるという体制としての資本主義の安定度が高まるとは——限らない。その逆もそうである。両者はもちろん関係しているが、同じではない。

れつつあった問題だらけの分析装置への固執。数々の飛躍した、もしくはどう見ても間違いとしか言いようのない結論。誤りを正せば推論の本質的な部分が変わり、時に反対の結論が出る。理論家としてのマルクスは、当然こうした点をすべて罪に問われることになる。

ただ、この場合でも二つの理由で酌量が必要だ。

マルクスはたびたび誤りを――時には目も当てられない誤りを犯したが、マルクスを批判する側が常に正しかったとは決して言えない。批判した側には著名な経済学者もおり、マルクスの名誉のために、その点を記しておく必要がある。特にマルクス自身はそうした批判の大半に反論する機会がなかった。

第二に、マルクスが実に様々な個別の問題で、批判的かつ前向きな貢献をしたことも忘れてはならない。こうしたスケッチでは、検証は固《もと》より、一つ一つ実例を挙げることもできないが、その一部は景気循環論を論じた際に紹介した。また、有形資本の構造について理論の改善に寄与したことも見た。マルクスがこの分野で考案した図式は欠点がないわけではないが、最近の研究でも貴重な概念になることが改めて証明されており、かなりマルクス色の濃い論文も発表されている。

ところが、控訴審のほうは、たとえ引き続き理論面の問題に的を絞ったとしても、一審判決を全面的に覆したいと感じるかもしれない。理論上の微罪と突き合わせて考えねばならない実に偉大な業績が一つあるためだ。マルクスの分析には誤りや、非科学的な面さえ多々見受けられるが、そうしたものの根底を貫く、誤りでも非科学的でもない発想――理論の発想《アイデア》がある。それは個々の無数のパターンを脈絡なく羅列するという発想でもなく、経済量一般の論理という発想でもない。それは個々の無数のパターンが実際に繋がっているという発想であり、経済のプロセスが独自の力で歴史の中を進み、次の状態を決める状態が刻々と生み出されるという発想だ。したがって、数々の誤りを犯したマルクスは、今なお未来の理論と言える経済理論を最初に思い描いた人物でもある。私たちはそうした未来の理論に向けて、悪戦苦闘しながら一つ一つ石を積み上げ、モルタルで繋ぎ合わせている。統計的な事実を積み上げ、数式で繋ぎ合わせている。

そしてマルクスは、そうしたアイデアを思いついただけでなく、実行に移そうとした。マルクスの業績を汚す欠点は、どれも壮大な目標を遂げようとしたために生じたものであり、たとえ完全には許されないものであったとしても（確かに許されないケースはある）、一審判決とは別の視点で判断を下す必要がある。だが、マルクスは、経済学の方法論の分野で根本的に重要なことを実際に一つ成し遂げた。経済学者はいつの時代も、経済史と関わってきたが（自力で研究するのであれ、他の学者の研究を利用するのであれ）、経済史の史実は理論とは別の箱に入れられていた。史実が理論に投入されることがあっても、単なる例証に使われたり、場合によっては結論の検証に使われるだけだった。つまり史実と理論を機械的に混ぜ合わせただけだった。ところが、マルクスは史実と理論を化学的に融合した。史実を自分の主張そのものに投入し、そこから結論を引き出したのである。マルクスは経済理論をどうすれば歴史分析に変えられるのか、歴史の物語をどうすれば理論化された歴史（*histoire raisonnée*）に変えられるのかを体系的に理解し、私たちに教えてくれた最初の第一級の経済学者だった。[*34] 統計分野の同種の問題に取り組もうとはしなかったが、もし取り組んでいればどのような成果が得られたかは、ある意味で史実の扱いを見れば想像がつく。また、これはマルクスの経済理論がマルクスの社会学的な枠組みをどこまで有効に動かす手立てとなったかという前章の最後で指摘した問題の答えにもなる。マルクスの試みは失敗に終わった。失敗には終わったが、目標と方法を打ち立てたのである。

＊34　したがって、熱心な信徒が「歴史学派経済学の目標を定めたのはマルクスだ」と主張しても一蹴することはできない（無論、シュモーラー派の業績はマルクスの思想とは全く無関係だが）。しかし、マルクス派が「唯一マルクスのみが歴史の理論化の方法を把握しており、歴史学派は史実の意味を理解せずに記述しているにすぎない」と主張するのであれば、自分の立場が悪くなるだけだ。歴史学派も当然、分析の仕方を心得ていた。もし歴史学派の一般化がマルクスほど包括的なものではなく、取捨選択の少ないストーリー展開になっているのであれば、それはそのまま歴史学派の功績となるだろう。

第4章 教育者マルクス

これでマルクスの体系を構成する主なパーツが明らかになった。すべてを一つにまとめあげるこの壮大な統合を読者はどう思われるだろうか。これは意味のない問いかけではない。もし全体が部分の合計以上になることが果たしてあるのであれば、これこそ正しくそのケースだ。また、ほぼ至る所で玉石が混淆しているため、統合で石ばかりが利用されたり、せっかくの玉が台無しになっているなら、個々の部分を取り出してみた場合、全体の方が真理に近かったり、部分の方が真理に近かったりする場合もあるかもしれない。最後に、全体からしか引き出せない「預言」がある。だが、それについてはもう何も言うまい。自分にとってこの預言が一体どんな意味を持つのか、一人一人が自分なりに考えるべきだ。

今の時代は、厳然たる専門化のニーズがあるにもかかわらず、それに反発し、結果的に統合を求める声が後を絶たない。そうした声が最も喧《かまびす》しいのが、非専門家があまりにも幅を利かせている社会科学の分野だ。[*1] しかし、統合が新たな光を放つとしても、それが新たな足枷にもなることも、マルクスの体系はまざまざと示している。

これまで、マルクスの主張の中で社会学と経済学が互いにどう重なり合っているのかを見てきた。この二つを一つにすることがマルクスの意図であり、実際、ある程度まで二つは一つに統合されている。このため、重要な概念や命題はどれも、経済学的であると同時に社会学的であり、どちらの面でも同じ意味が付与されている（この二つの面をまだ分けて考えることができるという立場に立てばの話だが）。このため、経済学の分類としての「労働者」と、社会階級としての「プロレタリアート」は、少なくとも原理の上ではぴったり重なり、実際にも全く同一のものとして扱われている。また、経済学で言う機能的分配——どんな社会階級に属してい

*1　非専門家が特に目立つのがマルクスの信奉者だ。こうした人々は、典型的なマルクス経済学者以上に、マルクスの書いたものなら何でも額面通りに受け取る。これは非常に重要な点だ。どの国でも、専門のマルクス経済学者一人に対し、素人のマルクス主義者が少なくとも三人はいる。この経済学者にしても、大抵は第1部のプロローグで説明したような条件つきの意味でマルクス主義者であるにすぎない。つまり、参拝はするが、自分の研究をする時は神社に背を向けるのである。

ようと、所得は生産的な活動に対する見返りとして発生するという考え方——は、マルクスの体系には社会階級間の分配という形でしか入らず、そのために異なった意味合いを帯びることになる。資本にしても、マルクスでは、画然と区別された資本家階級の所有するものだけが資本であり、同じものを労働者階級が所有していれば、それは資本ではない。

このため、分析に生気が漲るのは間違いない。青ざめた経済学の概念が息をし始める。血の通っていなかった理論が阿鼻叫喚の世界に降りてくる。論理としての性格は失っていないが、それはもう単なる抽象世界の論理的言説にはとどまらない。修羅の巷を描き出す刷毛となる。そのような分析なら、経済分析では到底記述できないような豊かな内容を伝えられるばかりか、遥かに広い世界を取り込むことができる。ごく普通のビジネスの進め方のルールに則っていない階級行動も含め、多種多様な階級行動が画面の中に描き込まれる。戦争、革命、各種法律や政府構造の変化といった、非マルクス経済学では単に外部の攪乱要因とされるものが、設備投資や労使交渉などと同列に並んでいる。一つの説明図式ですべてがカバーできる。

だが、こうした手法には欠点もある。概念上の取り決めをこのような軛《くびき》にかければ、生気が漲る分だけ、使い勝手が途端に悪くなりかねない。やや月並みな例だが、労働者とプロレタリアートという軛につながれた概念がわかりやすいかもしれない。非マルクス経済学では、人のサービスに対する見返りはすべて賃金の性格を帯びる。一流の弁護士でも、映画スターでも、会社の役員でも、道路の清掃人でもそれは同じだ。ここで関わってくる経済現象を考えた場合、そうした見返りには多くの共通点があり、この一般化は無意味でも不毛でもない。それどころか、物事の社会学的な側面さえ見て取れる可能性がある。しかし、労働者とプロレタリアートをイコールで結ぶと、その点が見えづらくなる。実際のところ、そうした側面は画面から完全に消え去るのである。同様に、貴重な経済理論を社会学の理論に変形すれば、意味が深まるどころか、間違いの元になりかねない。その逆も然りだ。したがって、統合は一般に――特にマルクスの線に沿った統合は――往々にして出来の悪い経済学と出来の悪い社会学を生み出しかねない。

一般に統合というものは――つまり、方向性の異なる手法・結論を一つにまとめるのは――たやすい作業ではなく、取り組める人はごく限られている。このため、普通は誰も取り組まず、「木をしっかり見ろ」と教えられる学生は「森を見たい」と不満を漏らす。しかし、そうした学生は、ある意味であり余る豊穣こそ問題であること、統合という森が殊の外、知の強制収容所のような様相を呈しかねないことを見逃している。

無論、マルクスの線に沿った統合は――つまり、すべてを一つの目的に捻じ曲げるための経済・社会分析の調整は——特にそうした様相を呈しかねない。資本主義社会の歴史を理論化するという目標は壮大だが、分析の進め方は偏狭だ。確かに、政治的な事実と経済理論の壮大な結合はあるが、それは強引な結合であり、どちらも苦しくて息ができない。マルクス派は自分たちの理論を使えば非マルクス経済学で対処できない大問題に悉く対処できると言い張るが、実際には肝心な部分を骨抜きにして対処しているにすぎない。この点は多少説明が必要だろう。

私は今、マルクスの統合には様々な史実（戦争、革命、法改正など）と様々な社会制度（所有、契約関係、政府の形態など）が取り込まれていると指摘した。非マルクス経済学では、そうしたものを外部の攪乱要因、つまり所与の条件として扱うことになっている。つまり、そうした外部要因を説明するのではなく、外部要因が経済にどんな作用を及ぼすか、どんな結果をもたらすかを分析するのである。言うまでもないが、そうした外部要因（所与の条件）は、研究対象・研究範囲を絞る上でどんな場合も必要になる。所与の条件を明示しない場合があったとしても、それはあえて指摘するまでもない自明のことだから明示しないだけだ。マルクス体系の特徴は、そうした史実や社会制度を経済分析の説明過程に取り込んでいること——専門用語を使えば、そうした要素を所与の条件ではなく、変数として扱っていることにある。

こうして、ナポレオン戦争、クリミア戦争、南北戦争、第一次世界大戦から、フロンドの乱、フランス革命、七月革命、一八四八年革命、イギリスの自由貿易、個別の労働運動や労働運動全般の流れ、植民地への進出、制度改革、様々な時代、様々な国の国政・政党政治といったものがマルクス経済学の領域に入り込む。そうした物事を階級闘争、搾取の目論見、搾取への抵抗、蓄積、資本構造の質的変化、剰余価値率の変化、利潤率の変化という視点で理論的に説明できると主張するのである。経済学者はもう専門的な問題に専門的に答えるという境遇に甘んじる必要はない。人類の闘争に隠された本当の意味を人々に教えるのだ。「政治」も、根本原理の探究から切り離し得る、もしくは切り離さなければならない外部要因ではなくなる。これまでは、たとえ政治が分析に入り込むことがあっても、研究者の好みに応じて、技師が後ろを向いている隙に機械に悪さをする悪戯坊主のような存在や、突然空から舞い降りる救世主《デウス・エクス・マキナ》のような存在として（この不思議な力を持つ一種怪しげな哺乳類を恭しく「大物政治家」と呼びながら）描いていたが、もうそんな必要はない。今度は、政治自体が経済プロセスの構造と状態で決まるのであり、物の売買と全く同じように、経済理論の枠内で結果を伝えていく媒体になる——。

繰り返すが、今見たような統合の放つ魅力ほどわかりやすいものはない。特に若者や、神が永遠の若さを授けたかにも見える新聞業界に棲息する知識人が、統合に惹かれることは十分理解できる。何とかして活躍したいと焦り、何かから世界を救おうと願い、退屈極まりない教科書に嫌気がさし、感情的にも知的にも満たされず、自分の力では統合ができない。そんな人間が自分の求めていたものをマルクスに見出す。見給え、ここに深遠極まりない真理への鍵がある、大事と小事を束ねる魔法の杖がある――。一瞬ヘーゲル主義に陥ることを許してもらえるなら、この人たちは、最も普遍的であると同時に最も具体的な説明図式に目を瞠っている。――もう人生でどんなことがあっても疎外感など感じる必要はない。僕たちは、わけもわからず政治やビジネスに操られている横柄な操り人形の本質をたちまちにして見抜けるのだ――。他の選択肢を考えれば、この人たちをどうして責めることができようか。

そう、確かにそうなのである。だが、マルクス派の統合がそれ以外の何の役に立つというのか。私は疑問に思う。たとえ謙虚な経済学者であっても、イギリスの自由貿易への移行や工場法の初期の成果を論じる際には、イギリス経済の構造がそうした政策を生み出したと指摘するはずだし、実際にもそう指摘することが多かった。純粋理論の講義や論文でその点に触れないのは、ただ簡潔かつ効率的に分析を進めるためだ。ここで例の原理を押し通せば、マルクス派の主張が出来上がる。とりわけ偏狭で歪んだ説を加えて、例の原理を動かせばよい。そうした説からは間違いなく結論が引き出せる。しかも単純明快な結論だ。だが、この説を個々の事例に作為的に当てはめていけば、有産階級と無産階級の果てのない闘争の繰り返しにほとほと嫌気がさしてくるし、理論の不完全さや、さらに困ったことに、理論の薄っぺらさに苦痛を覚えることになる。基本的な説明図式を信用していない場合は前者が、信用している場合は後者が目につく。

マルクス主義者は、マルクスの理論を使えば、資本主義の発展段階に必然的に現れる経済・社会の傾向を見事に分析できると豪語する癖がある。すでに指摘したように確かにそう言える面はある。マルクスは当時のどの経済学者よりも企業が巨大化する傾向をはっきり見抜いたばかりか、その結果どういうことが起きるのかも一部言い当てていた。この問題ではビジョンが分析上の欠陥を一部補っていること、また分析の個々の要素よりも、統合で得られた全体像の方が真理に近いこともすでに指摘した通りだ。しかし、それだけの話である。そして、この業績と併せて考えねばならないのが、貧困は増大するという誤った予測だ。これは誤ったビジョンと間違った分析が重なった結果だが、マルクスが思い描いた社会の未来像は、大部分がこの予測を基にしている。マルクス派の統合が生み出す全体像を信用して今の社会と問題を理解しようとする人は、往々にして気の毒なほどの誤りに陥る。[*2] 実際、多くのマルクス主義者が今まさにそれを実感しているように思える。

特に、過去一〇年の情勢に関するマルクス派の統合を通じた説明は、決して豪語できるものではない。不況が長引いている局面や、思うように景気が回復しない局面では、マルクスの予測だけでなく、悲観的な予測はどれも的中することになるが、そうした時に「ブルジョアが希望を失い、知識人が色めきだっている」という話が出ると、マルクスの予測だけが正しいように思えてくる。不安や期待から話が自然とマルクス的な色彩を帯びるのである。だが、マルクス派の診断を裏づける事実が現実にあるわけではなく、ましてや、私たちが今目撃しているのがただの不況ではなく、マルクスが予想した資本主義のプロセスの構造変化の症状だと結論する根拠は何もない。というのも、第2部で論じるように、先に経験した異常な高失業率、投資機会の不足、通貨建ての価値の下落、損失の発生といった現象は、一八七〇年代・八〇年代のような有名な大不況期のパターンの範囲内に収まるものなのである。今の熱狂的なマルクス派は、七〇－八〇年代の不況に対するエンゲルスの冷静沈着な分析に学ぶ必要がある。

マルクス派の統合には、物事を説明する上でどんな強みと弱みがあるのか。それを示す絶好の例が二つある。

まず、マルクス派の帝国主義論を取り上げよう。その源流はマルクスの主要著作にすべて辿ることができるが、この論を発展させたのは一九〇〇－二〇年代に興隆したネオマルクス派だ。ウィーンを中心に活動し、カール・カウツキーなど旧世代のマルクス派と関係を断つことなく、マルクスの体系を大きく洗い直した。中心になったのはオットー・バウアー、ルドルフ・ヒルファーディング、マックス・アドラーだ。ネオマルクス派の帝国主義論は、その後多少重点が修正されたものの、ローザ・ルクセンブルクやフリッツ・シュテルンベルクなど、多くの人物に引き継がれた。その主張をまとめてみよう。

資本主義は利潤がなければ存在し得ず、経済システムが機能しなくなる。一方で、システムそのものの働きによって利潤は常に減少していく。このため、利潤を維持しようというたゆまぬ努力が資本家階級の最大の目標となる。すでに見たように、とりあえず個々の資本家は蓄

＊2　一部のマルクス派は「非マルクス経済学は今の時代を理解する上で何の役にも立たないので、その点ではマルクス経済学の方がましだ」と反論するだろう。何も言わないより間違ったことを言った方が良いのかという問題は措くとして、そうした反論は間違っていることを肝に銘じる必要がある。非マルクス経済学・社会学も、個別の問題が中心ではあるが、当然、大きな貢献をしている。マルクスの思想をオーストリア学派やワルラス、マーシャル学派の思想と比べてみれば、到底そんな反論はできないはずだ。こうした学派は、経済理論を専門とする学者が大多数であり、すべての学者が経済理論を中心に研究を進めている。このため、その業績をマルクスの総合理論と同じ基準で測ることはできない。比較するとすれば、マルクスの理論的装置との比較になるが、その場合はオーストリア学派やワルラス、マーシャル学派が断然有利となる。

積でその場をしのげるが、蓄積は資本構成の質的変化を伴うため、最終的な状況はかえって悪化する。思い出して頂きたいが、不変資本が可変資本に対して増加するために――また、賃金上昇と労働時間短縮の流れがあれば剰余価値率が低下するために――利潤率が低下するのである。そうなると、利潤率の低下という重圧に見舞われた資本は、まだ思い通りに搾取できる労働者がいる国、機械化のプロセスがあまり進んでいない国に捌《は》け口を求める。こうして、途上国に資本が輸出される。これは基本的には資本設備の輸出や、労働力の確保に必要な消費財の輸出、もしくは労働力の確保に必要な商品を入手するために必要な消費財の輸出[*3]を意味する。ただ、この資本の輸出は資本の持ち出しでもある。というのも、輸出しても少なくともすぐには対価を（輸入国のモノ、サービス、通貨という形で）得られないからだ。投下資本を現地の反発（搾取への抵抗と呼んで頂いて構わない）や他の資本主義国との競争から守るために、途上国を政治的に支配下に置けば、これが植民地化となる。植民地化は一般に軍事力を通じて実現する。現地に進出する資本家自身が持つ軍事力、もしくは本国政府の軍事力だ。こうして、政府は『共産党宣言』にある「近代国家の行政府は（……）全ブルジョア階級の共通問題に対応する委員会」という定義に違わぬ存在となる。もちろん、軍事力は防衛目的に使われるだけではない。侵略、資本主義国間の衝突、ブルジョア階級同士の血で血を洗う争いが起きる。

これにもう一つの要素を加えれば、現在一般的に論じられている形の帝国主義論が完成する。植民地への進出の背景に資本主義国の利潤率低下があるとすれば、植民地への進出は資本主義の発展段階の後期に起きるはずだ。実際、マルクス派は帝国主義を資本主義の一段階、なるべくなら最終段階として描こうとしている。したがって、植民地への進出は資本の集中が進む時期――中小企業の時代の特徴をなすタイプの競争が減る時期と重なる。その結果、独占企業による生産制限が広がるとか、他の資本主義国の密猟者から自国の禁猟区を守る傾向が強まるという点をマルクス自身はそれほど強調しなかった。極めて優秀な経済学者であったため、そうした論の進め方に一抹の不安を感じていたのかもしれない。ところが、ネオマルクス派は喜んでこの説に飛びついた。こうして、帝国主義的な政策を促す要因、帝国主義の動乱を引き起こす原因がまた一つ見つかっただけでなく、現代の保護主義というそれ自体は必ずしも帝国主義的ではない現象を説明できる理論までおまけで見つかったのである。

*3　奴隷と引き換えに酋長に渡す贅沢品や、現地の労働力を確保するための賃金財と交換する贅沢品。この意味での資本輸出は、今念頭に置いているプロセスとは関係のない商品取引も含む二国間貿易全体の一部として発生するのが普通だが、単純化のため、その点は考慮しない。そうした取引があれば、資本輸出が格段にスムーズになることは言うまでもないが、それで資本輸出の原理が変わるわけではない。別のタイプの資本輸出も無視する。今取り上げている理論は、総合的な国際貿易・金融論ではないし、そうしたことを意図したものでもない。

この論証の過程にはさらにもう一ひねりあって、それがさらなる難題の解決で威力を発揮している。途上国の発展が進むと、ここで念頭に置いている資本の輸出が減ることになる。その後、本国が植民地と貿易取引を行う時期（例えば原材料を輸入して完成品を輸出するなど）があるかもしれないが、いずれ完成品の輸出も減ることは避けられず、本国で植民地を巡る競争が激化する。そうした状況の到来を遅らせようとすれば、摩擦の元がさらに増える。今度は古い資本主義国と植民地の間の摩擦で、これが独立戦争などに発展する。ただ、いずれにしても、植民地への扉は最終的には閉ざされてしまい、国内の資本は行き場を失う。利潤が消えていく本国から脱出し、海外の豊かな草刈り場に救いを求めることはもうできない。捌け口がなくなり、設備が過剰となり、完全に行き詰まり、その果てに国家の破綻といった災難に――そして恐らくは資本家が絶望するという理由だけで、世界大戦に――周期的に見舞われる。場合によっては、そんなことまで自信たっぷりに予想されてしまう。歴史はかくも単純なのである。

この帝国主義論は、マルクス派が統合でどのように問題を解決し、どのように権威を確立しているかを示すフェアな例（恐らく最高の例）といえる。すべての物事が、階級論と蓄積論というマルクス体系の土台にしっかりと埋め込まれた二つの基本前提から、美しく引き出せるように見える。現代史の重大な一連の史実が完璧に説明できるように見える。複雑に入り組んだ国際政治がわずか一刷毛の強烈な分析ですべて解き明かされるように見える。その過程で階級行動はなぜ、またどのように、状況に応じて政治活動の形をとったり、経済活動の形をとったりするのかが見えてくる。階級行動の本質は一貫しており、状況に応じて変わるのは戦術上の手法とフレーズだけだ。資本家階級のその時々の手段と機会を踏まえ、融資交渉が得だと思えば融資交渉が行われ、その時々の手段と機会を踏まえ戦争をした方が得だと思えば、戦争が起きる。戦争という選択肢が融資という選択肢と全く同列の立場で経済理論に入ってくる。単なる保護主義でさえも、資本主義の発展のロジックそのものから見事に引き出せる。

　さらにこの帝国主義論は、通常「応用経済学」と呼ばれる分野で使われている大半のマルクス派の概念と重なる一つの強みを最大限活かしている。史実や社会情勢と密接に繋がっているという強みだ。今の概説に目を通した読者は、節々で裏づけとなる史実が次々と容易に思い浮かぶことにまず例外なく驚かれたのではないか。読者はヨーロッパ人が世界各地で現地の労働者を抑圧したという話を聞いたことはないだろうか。例えば、中南米のインディアンがスペイン人に酷使された話や、奴隷狩り、奴隷貿易、苦力《クーリー》の話を耳にしたことはないだろうか。資本主義国からは現実に絶えず資本が輸出されているのではないか。資本輸出にはほぼ例外なく軍事制圧が伴い、原住民が抑圧されたり、他のヨーロッパ列強との戦争が起きたのではなかったか。植民地というものは、たとえ東インド会社やイギリス南アフリカ会社のような事業会社が完全に運営したとしても、絶えず軍事的な側面が多々目についたのではなかったか。マルクスにとって、セシル・ローズやボーア戦争くらい絶好の史実はなかったのではないか。いずれにしても、植民地建設への野望が、一七〇〇年前後以降のヨーロッパの混乱の少なくとも重大な原因の一つとなったことは誰の目にも明らかではないか。今の社会情勢にしても、「資源確保戦略」の問題や、南国で成長している現地の資本主義がヨーロッパにどんな影響を及ぼすかといった問題は誰もが耳にしているはずだ。数え上げればきりがない。保護主義にしたところで、まあこれほどわかりやすい例もないだろう。

ただ、用心が肝心だ。一見もっともらしい事実で証明できるように見えても、細部を分析すると、とんだ食わせ物である場合がある。また、弁護士や政治家なら誰しも心得ているように、見慣れた事実にとことん訴えれば、自分の押しつけたい考えを陪審や議会にも認めさせる上で大きな助けになる。マルクス派はこのテクニックを最大限利用してきた。このケースではそれがとりわけ効果を上げている。というのも、問題の事実は、表面的には誰もが知っているが、完璧に理解している人はまずいないというメリットを兼ね備えているからだ。ここで深く立ち入るわけにはいかないが、ちょっと考えれば「本当にそうなのか」という疑問が湧き起こる。

ブルジョア階級が帝国主義の側に立つという関係については、第2部で簡単に触れる。ここでは資本輸出、植民地、保護主義に対するマルクス派の解釈が正しいとしても、帝国主義という漠然とした乱暴な言葉で思い浮かぶ様々な現象を説明する理論として、そうした解釈が適切なのかという問題を考えたい。もちろん、マルクス派の解釈にぴったり合うような形で帝国主義を定義することはいくらでもできる。そして「関連する様々な現象をマルクス流に説明できるはずだ」という言い分を認めることも、いくらでもできる。ただ、そうなると、たとえ帝国主義論自体が正しいと仮定しても、帝国主義の問題は、同語反復的にしか「説明」できないことになる。[*4] マルクス主義のアプローチや、この問題を巡る純粋経済学のアプローチで、同語反復に頼らない説明ができるかどうかは検討の余地があるだろうが、ここで考える必要ない。そこまで行く間に足場が崩れてしまうからだ。

この帝国主義論は、一見すると、一部のケースでまずまず当てはまるように思える。特にイギリスとオランダの熱帯地方への進出が重要な裏づけとなるだろう。しかし、ニューイングランドの植民など、他のケースでは全く当てはまらない。しかも、前者のケースでさえ、マルクス派の帝国主義論では満足のゆく説明ができない。利益に目がくらんで植民地に進出したという説明ではどう考えても不十分だろう。[*5] ネオマルクス派にしても、そんなごくありきたりなことを言い立てるつもりはなかった。こうした史実がネオマルクス派にとって重要だったとすれば、植民地への進出は、先ほど指摘した通り、蓄積で利潤率が圧迫された際に起きなければならなかったはずだ。つまり、植民地への進出は資本主義の衰退期――いずれにしても資本主義が完全に成熟した時期の特徴でなければならないはずだ。だが、植民地建設の全盛期は資本主義の揺籃期、資本主義が成熟し切っていない時期と重なる。蓄積は始まったばかりで、利潤率低下の圧力は――特に国内労働者の搾取を妨げる要因は――どうみても存在しなかった。また、当時、独占の要素がなかったわけでもない。むしろ今日よりも遥かに多くの独占がみられた。そうなると、独占と植民地を資本主義後期の特徴とする理論のでたらめさがいよいよ目につくことになる。

さらに、帝国主義論のもう一つの支柱である階級闘争も、形勢は一向に思わしくない。階級闘争は植民地への進出で副次的な役割以上のものを果たしておらず、階級が協力し合うことをはっきり示す格好の例も一部で見受けられる。かなり偏狭な見方をしない限り、階級闘争という視点で植民地建設を論じるのは難しい。植民地への進出は利潤の拡大に向けた動きであったと同時に、賃金上昇に向けた動きでもあった。長い目で見れば、(現地の労働力の搾取もあって) 資本家よりも労働者階級の方が確実に恩恵を受けたのである。ただ、私はそうした結果を強調したいのではない。重要なのは、階級闘争が大きな原因ではなかったということだ。階級構造と何らかの関係があったとしても、せいぜい資本家階級――もしくは植民地事業によって資本家階級に浮上した集団や個人――が中心的な役割を果たしたという程度のことしか言えな

*4　こうした空疎な同語反復に騙されるリスクがあることは、具体例を挙げて説明するのが一番良いだろう。例えば、フランスはアルジェリア、チュニジア、モロッコを、イタリアはアビシニアを軍事制圧したが、資本家の側に制圧を求める強い利害関係があったわけではない。実際、そうした利害関係があったというのはこじつけでしかなく、立証は極めて難しい。その後の展開についても、資本家の利益は、資本家の満足のゆく形ではなく、政府の圧力の下で緩慢に拡大した。「マルクス派の主張とはだいぶ違う」と批判すれば、次のような反論が返ってくる。制圧は資本家に潜在的な利益があったから、もしくは資本家の利益を見越して行われたのだという反論や、突き詰めていけば、根底には資本家の利益や客観的な必然性があったはずだという反論だ。あとは例証を探せば良いだけで、例証などいくらでもある。というのも、資本家層は、他のすべての利益集団と同じく、様々な状況の影響を受けるし、どんな状況をも利用するのである。また、資本主義という有機体の一面には、国家の膨張政策と無理なく結びつけて考えられるような特徴が常に備わっている。前もって用意された主義主張があるからこそ、ここまで必死になってこうした論を展開しているのであり、そうした主義主張がなければ、こんな論を展開すること自体思い浮かばないだろう。真剣に取り合う必要はなく、「確かにそうだね」といって放っておけばよい。私が言う同語反復的な説明とはこういう意味だ。

*5　また、各国が実際に植民地を「搾取」したという事実を強調するだけでは十分とは言えない。というのも、それは一国による一国の搾取（全階級による全階級の搾取）であり、マルクス理論で言う搾取とは何の関係もない。

い。だが、そうした偏狭な見方を排し、植民地への進出や帝国主義は階級闘争の一面にすぎないという主張を捨て去れば、この問題に関してマルクス派独自の主張はほとんど残らない。アダム・スミスの植民地論で十分間に合うし、むしろそちらの方がましだ。

そして「おまけ」とも言うべき、ネオマルクス派の現代保護主義論がまだ残っている。古典派は、保護を要求することで公共の利益に許しがたい罪を犯す「卑しい利益」（これは当時、必ずしも農家だけではないが、主に農家を念頭に置いていた）を至る所で激しく批判している。つまり、古典派は保護主義の結果を論じる理論だけでなく、原因を説明する理論をきちんと構築していた。ここに現代大企業版の保護主義の利益を追加すれば、合理的に行けるところまで行ったことになる。マルクス派寄りの今の経済学者からは「ブルジョア経済学者は（自明なことだから指摘するまでもないと考えているのかもしれないが）保護主義の傾向と管理装置の巨大化の傾向が関係していることを未だに把握していない」といった批判が出ているが、そんな馬鹿な話はない。古典派や古典派の流れを汲む保護主義論が正しいと言っているわけではない。古典派系の解釈はマルクス派の解釈に劣らず一面的だし、保護主義の影響や利害関係について誤解している点が少なくない。ただ、保護主義の一面としての独占については、少なくとも五〇年前からマルクス派の指摘するようなことをすべて把握していた。目新しい発見ではなく、把握は特に難しいことではなかったのである。

しかも、古典派にはマルクス派にはない非常に重要な強みが一つあった。古典派の経済学に価値があるかどうかは別にして（恐らく際立った価値はないだろう）、古典派は基本的に経済学の領域に踏みとどまっている。[*6] この場合、それは強みとなる。多くの保護関税が大企業の圧力で生じたという説は――大企業は国内で高く売るために関税を望んでおり、そうすれば海外で他社より安く売れるのではないかという目論見があるという説は――凡庸だが正しい（もっとも、この理由だけで導入された関税は一つもないし、これは関税導入の最大の理由でもない）。しかし、ここにマルクス派の統合を持ち込むと、物の見方が一面的になったり、間違った結論が出る。今の保護主義の原因と結果を政治・社会・経済的な側面から総合的に理解することだけが目的なら、マルクス派の統合では物の見方が一面的になる。例えば、なぜアメリカ人は保護主義政策を一貫して支持するのか、もし本音を言う機会があれば「自分の世界を築いて守りた

*6　古典派も必ずしも経済学の分野にとどまっていたわけではなかったが、経済学以外の分野では、目も当てられない成果しか残せなかった。このため、ジェームズ・ミルの純粋な経済書は、特に価値があるわけではないが、「どうしようもない代物」と単純に一蹴することはできない。本当にどうしようもない代物――しかも陳腐極まりない代物は、ミルの政府論とその関連の著作だ。

いから、外の世界の荒波から身を守りたいからだ」と答えるはずで、別にアメリカ人が大企業に肩入れしていることや、大企業に支配されていることが理由ではない。こうした面を見落とす統合はプラスになるどころか、マイナスにしかならない。一方、今の保護主義の原因と結果を何から何まで、現代企業の独占という要素に還元し、唯一無二の元凶に仕立て上げることが目的で、それに沿った説を展開するのであれば、それは間違った説となる。確かに大企業は大衆感情を利用してきたし、大衆感情を育んできたが、大企業が大衆感情を生み出したと言うのは無理がある。そうした結論を生み出す統合なら（むしろそうした結論を前提とする統合というべきだが）最初からない方がましだ。

ましてや、事実と常識を無視して、例の資本輸出と植民地化の理論を通じて国際政治の本質を解明しようという大それた真似をすれば、事態は限りなく悪化する。国際政治は市場を独占する資本家集団間の闘争と、各資本家とプロレタリアートの闘争に還元できるといった主張は、政党のパンフレットであれば効果的かもしれないが、そうでないなら、おとぎ話がブルジョア経済学の専売特許ではないことを示す証拠にしかならない。現実には、大企業（もしくはフッガー家からモルガン家に至る巨大金融資本）は外交政策にほとんど影響を及ぼしておらず、たとえ企業として、金融資本として影響力を行使できた場合も、政治を知らない素人であることが災いして大抵は挫折している。資本家集団は国の政策を立案するよりも、政策に適応するという態度をとることが圧倒的に多く、今日ほどそれが顕著な時代もない。また、資本家集団は驚くほど短期的な視点で動いており、考え抜いた計画からも、「個人の感情を排した」明確な階級利益からも、等しく遠いところにいる。こうなると、マルクス主義は迷信・俗信の体系化に過ぎなくなる。*7

似たような例はマルクス体系の様々な面に見て取れる。一例を挙げると、先ほど『共産党宣言』から引用した政府の定義は、確かに一面の真理ではある。階級対立が露骨になってきた際に政府がとる態度は、大抵この真理で説明がつく。ただ、真理である場合も、この定義からは安っぽい説しか引き出せない。本当に頭を悩ませる価値があるのは、なぜ、またどのような事情で、大多数のケースでは、この説が事実と一致しないのか、もしくは一致しても、この「全ブルジョア階級の共通問題に対応する委員会」の実際の行動を正確に描写できないのか、

*7　この迷信と全く同レベルの迷信が頭の弱いお偉方の間に蔓延している。どこかに極めて頭の切れる悪賢いユダヤ人の組織があって国際政治や恐らく一切の政治を裏で操っていると仮定して、現代史を解釈しているのである。マルクス派はこの迷信の被害者ではないが、マルクス派の迷信の方が上だとは言えない。滑稽な話だが、私自身、どちらの説についても、満足のいく反論ができた例《ためし》がない。これは得てして反証が難しいことだけが理由ではない。国際問題や国際問題の現場で働く人々を直接知らない人には、荒唐無稽さを感じる感覚が欠けているという点が大きい。

という点だ。やはり、この説も同語反復に頼れば事実上すべてのケースで正しいと言い張れる。というのも、どんな政策を取ってみても「少なくとも事態の一段の悪化を防ぐという意味で、ブルジョア階級の経済的・非経済的利益に短期的・長期的に貢献しているとは言えないブルジョアを排斥している」といえるのである。しかし、だからといって、それでこの説の価値が増すわけではない。だが、ここでマルクス派の統合の説明能力を示すもう一つの例を挙げよう。

マルクスによれば、「科学的社会主義」は、社会主義が人々の意志や希望とは無関係に必然的に到来することを示したという点で「ユートピア社会主義」と一線を画している。これはすでに見た通り、資本主義が発展すると、資本主義のロジックそのものによって、資本主義体制が滅び、社会主義体制に移行する傾向があるという意味だ。[*8] そうした傾向の存在をマルクスはどこまで明らかにできたのか。

自滅の傾向については、すでに答えを示している。[*9] 資本主義経済が純粋に経済的な理由で必然的に崩壊するという説をマルクスは確立できていない。それはヒルファーディングの反論で明らかだろう。まず、正統派の主張になくてはならない未来の予測が一部受け入れられない。特に、貧困と抑圧が必然的に増大するという予測が受け入れられない。また、たとえそうした予測がすべて正しかったとしても、そこから資本主義体制が崩壊するという結論は必ずしも導き出せない。もっとも、マルクスは資本主義の発展に伴って現れる傾向のある他の要素は正しく見抜いているし、資本主義の最終的な帰結も正しく見抜いている。後者についてはこれから説明していきたいが、マルクスの体系を別の体系に置き換える必要が出てくるかもしれない。その場合、資本主義が「機能不全」を起こすという表現は（特に資本主義の生産を担う動力装置が故障して崩壊に至ると考えている場合は）実態にそぐわないことが判明するかもしれない。ただ、論の組み立て方や一部の意味合いがどれほど変わっても、マルクス主義のエッセンスは揺らがない。

次に、社会主義に移行する傾向がみられるという点だが、まずこれは全く別個の問題であることを認識する必要がある。他のどんな体制もそうだが、資本主義は当然、最終的には崩壊する可能性（もしくは経済・社会発展でそこから脱却する可能性）があるが、灰の中から社会主義という不死鳥が現れるとは限らない。混乱が広がる可能性もあるし、社会主義を「資本主義に代わる混乱のない体制」と定義しない限り、別の体制が生まれる可能性がある。一般的な正

＊8　第2部のプロローグも参照。
＊9　第3章の（7）を参照。

統派のマルクス主義者（少なくともボルシェビズムが登場する前のマルクス主義者）が思い描いていたようなタイプの社会体制は当然、数ある可能性の中の一つでしかない。

マルクス自身は賢明にも、社会主義がどのような社会になるか、細かい点には踏み込んでいないが、社会主義への移行の条件は力説している。第一に、産業を管理する巨大な装置が存在していなければならない。言うまでもないが、これがあれば社会主義化が格段に容易になる。第二に、抑圧され、隷従し、搾取されながらも、統制がとれ、団結し、組織化された労働者の存在が必要となる。最後の闘いがどのようなものになるかは、これで大体想像がつく。二つの階級の宿年の対立が先鋭化し、ついに全面対決が起きるのである。次に何が起きるのかも想像がつく。プロレタリア階級がプロレタリア階級のまま「支配」を確立し、独裁体制を敷いて「人間による人間の搾取」に終止符を打ち、階級のない社会が誕生するのである。マルクスが終末論を唱える一派に属することを証明したいのであれば、もうこれで十分に目的は達せられる。しかし、本書で関心があるのはその点ではなく、科学的な予測を立てることだ。これでは話にならない。シュモーラーの方がずっと無難だ。シュモーラーも細かな点には踏み込んでいないが、官僚化・国有化などが緩やかに進み、国家社会主義に辿りつくというプロセスを間違いなく思い描いていた。好き嫌いは別として、少なくとも確実に筋が通っている。したがって、たとえマルクスの崩壊論を全体として受け入れたとしても、マルクスが社会主義を可能性から必然に変えたと言うことはできない。受け入れないなら、なおさらのことだ。

ただ、マルクスの説を受け入れるにしても、他の説を受け入れるにしても、社会主義の体制が自動的に実現するわけではない。たとえ資本主義が発展し、マルクスの言う条件が考えられる限りすべて整ったとしても、社会主義への移行には、まだ別の行動が必要になる。[*10] 無論、これはマルクスが教える通りだ。マルクスはこの行動に革命という衣を纏わせたいと夢見たにすぎない。思想の形成期に一八四八年の興奮を肌で感じたマルクスが、暴力を重視した気持ちは理解できないでもない。革命というイデオロギーを見下すことは十分にできたが、それでも革命への思いを断ち切れなかった人なのである。聴衆の大部分にしても、神聖な進軍ラッパが鳴り響かなければ、マルクスの預言に耳を傾ける気にはならなかっただろう。また、マルクスは少なくともイギリスについては、平和的な移行の可能性も視野に入れていたが、現実的には難しいと考えていたのかもしれない。当時の状況を踏まえれば、平和的な移行は考えにくく、ましてや二つの階級が臨戦態勢にあるという持論があれば、そうした移行はなおさら想定しづ

＊10 第3部第19章を参照。

らかったはずだ。実際、友人のエンゲルスは具体的な戦術の研究に取り組んでいる。革命など不純物の塊だと切り捨てることもできるが、社会主義への移行に何か別の行動が要ることに変わりはない。

この点を考えていけば、「革命《レボリューション》か発展《エボルーション》か」というマルクス派の内部を揺るがしている問題も解けるはずだ。もし私がマルクスの真意を捉えているとすれば、答えを出すのは難しくない。マルクスにとって社会主義とは発展の産物だった。マルクスは社会が論理的必然で動くという考えに強く染まっており、たとえ一部であっても革命が発展の代役を務めることは考えられなかったはずだ。それでも革命は起きるのだが、それは前提条件がすべて揃った段階で結論を書くために起きるのである。したがって、マルクスの革命は、ブルジョア急進派の革命とも、社会主義の活動家が画策する革命とも、性格も機能も完全に異なる。本質的には期が熟した上での革命なのである。[*11] 確かに、この結論が気に入らないマルクス主義者は――特にロシアの革命はマルクス主義革命だと主張する人々は[*12]――自分たちのバイブルに私の結論と矛盾するように見える箇所をいくつも指摘できるだろう。しかし、そうした箇所ではマルクス自身が、熟慮に熟慮を重ねた自分の深い深遠な思想と矛盾しているのである。『資本論』という分析体系から間違いなく聞こえてくるそうした深遠な思想は、怪しげな宝石の妖しい輝きの底に、紛れもない保守的な意味合いを秘めている。これは物事の論理的必然という考え方から生まれたすべての思想に共通することだ。結局のところ、そうでない理由があるだろうか。真剣に議論する人が無条件で特定の「主義」を掲げることなどあり得ない。[*13] フレーズを剝ぎ取ってしまえば保守的な意味に解釈できるということは、マルクスには真剣に取り合う価値があるということに外ならない。

*11　この点は後ほど触れる。本書では繰り返しこの問題に立ち返る。特に「機が熟した」と判断する基準について論じていく。

*12　カール・カウツキーは『剰余価値学説史』の序文で、一九〇五年の革命もマルクス型の社会主義革命だったと主張している。しかし、この革命が社会主義的だったのは、少数のインテリがマルクスのスローガンを使っていたことに尽きるのは明白だ。

*13　これについては、さらに論を進めることができる。特に、労働価値説に社会主義的な面は全くない。無論、この点は労働価値説の成り立ちに詳しい人なら誰しも認めるだろう。だが、同じことは搾取説にも言える（もちろん、スローガンとしての搾取は別だが）。マルクスが「剰余」と呼んだものは、文明という言葉で一括りにされる様々なものが登場するための必要条件だと（もしくは必要条件だったと）認識すれば良い（実際、この点は否定し難いだろう）。それだけの話だ。言うまでもないが、社会主義者になるために、マルクス主義者になる必要はない。だが、社会主義者になるためには、マルクス主義者になるだけでは不十分だ。社会主義や革命に至るという結論は、どんな科学的な理論にも組み込むことができる。だが、科学的な理論から必ずしもそうした結論を引き出せるわけではない。著者が脇道に逸れて私たちを扇動しない限り、バーナード・ショーがどこかで書いていた「社会学的な怒り」を科学的な理論で煽ることはできない。

2

CAN CAPITALISM SURVIVE?

第2部　資本主義は存続できるか

プロローグ

資本主義は存続できるか。いや、そうは思えない。この私の意見は（私の意見だけではなく、この問いに答えを示した他のあらゆる経済学者の意見もそうだが）それ自体としては何の面白味もない。社会の未来を予測しようという時に大切なのは、事実と論証を重ねて辿りついたイエスかノーではなく、そうした事実と論証そのものだ。最終的な結論にある科学的な要素は、そこにすべて揃っている。それ以外のものはすべて科学ではなく、預言である。分析というものは、経済分析に限らず、ある観察可能なパターンに存在する傾向を論じる以上のものでは決してなく、そうした傾向からそのパターンに将来何が起きるのかは絶対に予測できない。予測できるのは、このパターンが観察対象期間と同じ動きを続け、他に邪魔をする要因がない場合に、何が起きるかということだけだ。「不可避」とか「必然」に断じてそれ以上の意味はない。

これから述べることは、そうした但し書き付きで読んで頂きたい。ただ、本書の結論とその信頼性には別の但し書きもつく。社会生活のプロセスは膨大な変数から成る関数であり、変数の多くは測定のようなものを受けつけない。したがって、ある一定の状態を分析できるかどうかすら怪しく、ましてや未来の予測をするとなれば、たちまちに恐ろしい誤りの元が口を開く。とはいえ、こうした難しさを大げさに言い立てる必要もないだろう。これから見ていくように、全体の見取り図からは明らかにある一定の結論が引き出せる。しかも、あまりに強烈な結論であり、たとえどんな但し書きが追加で要るにしても、ユークリッドの定理のように証明できないからという理由で無視することはできない。

始める前にもう一点。私がここで明らかにしたいのは次の説だ。資本主義システムの実績や今後見込まれる成果を踏まえると、資本主義が経済の失敗で崩壊するとは思えない。資本主義はまさにその成功ゆえに、システムを支える社会制度が揺らぎ、崩壊を迫られる状況が――社会主義への移行を強く示唆する状況が「必然的」に訪れる――。このため、私の最終的な結論は、どれほど論証に違いがあっても、大半の社会主義者、殊にすべてのマルクス主義者の結論と差のないものになる。だが、社会主義者ではなくても本書の結論は受け入れられる。ある事の成り行きを予測しても、それが望ましいと言っているわけではないからだ。医者が患者の死は近いと予測しても、患者の死を望んでいるわけではない。社会主義が嫌いであっても――少なくとも冷めた目で批判的に眺めていても、社会主義への移行を予測することはできる。それは多くの保守的な人々がしてきたことであり、今もしていることだ。

また社会主義者であっても、本書の結論を受け入れる必要はない。社会主義に傾倒し、社会主義の経済・文化・倫理の方が優れていると固く信じていても、資本主義の社会に自ら崩壊に向かう傾向があるとは考えられないというケースもあり得る。実際、社会主義者の中には、資本主義の体制は時とともに揺るぎないものになり、安定度を増していくのであって、崩壊を願うなど妄想に等しいと考える人もいる。

第5章 経済成長率

後ほど説明するように、昨今は反資本主義の風潮が広がっており、資本主義の経済・文化面の業績を理性的に判断することが極めて難しくなっている。今の世論は資本主義を目の敵にしており、資本主義とその一切の成果を批判するのが当たり前のことに――議論の際のエチケットにさえ――なっている。この作法には、政治的な見解を問わず、あらゆる人がそそくさと従い、批判的な姿勢を鮮明にしている。自分は「独りよがり」とは無縁だ、資本主義には問題がある、資本家はけしからん存在で、自分は反資本家の側に立つ――。これ以外の態度をとれば、馬鹿呼ばわりされるばかりか、反社会的な存在と決めつけられ、人の道を外れた資本家の犬とみなされる。無論、これはごく自然なことだ。新しい社会宗教には常にこうした作用がつきまとう。ただ、分析の仕事がやりにくくなるばかりだ。西暦三〇〇年頃の熱狂的なキリスト教徒に古代文明の偉業を説明するのはたやすいことではなかっただろう。明々白々な真理が最初から一顧だにされず[*1]、明々白々な誤謬が黙認されたり、もてはやされたりする。

経済の実力を見る上でまず取り上げられるのが総生産だ。これは一定期間中(一年、四半期、一ヶ月)に生産されたすべての財・サービスの合計である。経済学者は、個々の商品の様々な生産データから総生産の指数を作成し、この量の変化を測定しようとしている。「厳密な論理とは厳格な教師であり、尊重するなら生産指数の作成・利用などもっての外だ[*2]」という意見もあるが、これは元になる統計や指数の作成技術だけでなく、刻々と生産比率が変化する多種多様な商品を総生産という概念で捉えること自体に甚だ心もとない点があるためだ[*3]。とはいえ、経済の全体像を捉える上で、この装置は十分信頼できると思う。

*1 自分に不都合な、明白な真理を否定するには別のやり方もある。たわいもないことだと一笑に付す方法だ。これは反論と同じくらいの効果がある。大抵の場合、普通の人は全く気づかないが、一笑に付すと、それが否定できない事実であるという点が往々にして見えなくなる。社会心理の困った一面だ。

*2 A. F. Burns, *Production Trends in the United States Since 1870*, p. 262

*3 ここではこの問題に立ち入ることはできない。ただ、次章でこの問題を取り上げる際に簡単に触れる。詳細は拙著 *Business Cycles*, ch. ix［金融経済研究所訳『景気循環論』有斐閣］を参照。

アメリカでは、南北戦争以降について、そうした生産指数の算出に必要な個別の統計が質量ともに揃っている。デイ・パーソンズ総生産指数[*4]と呼ばれるものを取り上げてみると、一八七〇年－一九三〇年の平均成長率は年三・七％、製造業だけでは年四・三％だ。ここでは前者に着目し、この数値の意味するところを描き出してみよう。そのためにはデータの修正が必要になる。企業の耐久設備の生産比率は拡大の一途を辿っており、消費者の手元に届くモノの生産が総生産と同じペースで拡大したとは考えられない。その点を踏まえる必要がある。ただ、一・七％を差し引けば十分だと思う。[*5] したがって「手元に届く生産物」は年二％（複利）のペースで増えていたと想定できる。

ここで、一九二八年からあと半世紀、資本主義の動力装置《エンジン》が動き続け、同じペースで生産が増えると仮定しよう。この仮定については様々な異論があるだろうし、それは後ほど取り上げなければならない。ただ、一九二九－三九年の生産ペースが資本主義下で早くもこの水準を割り込んだというのは反論にならない。一九二九年第四・四半期から一九三二年第三・四半期まで不況が続いたが、資本主義の生産を促すメカニズムが壊滅したわけではないからだ。この程度の不況は繰り返し起きており（大体五五年に一度）、年平均二％というペースも、そうした不況の一つである一八七三－七七年の不況の影響を反映した数値だ。アメリカ経済は一九三五年まで回復ペースが標準以下で、その後の好況も標準的な水準に達せず、一九三七年以降は景気が落ち込んだが、それは新しい財政政策、新しい労働法の導入に伴う問題、また民間企業に対する政府の姿勢が大きく変わったことに伴う問題で、容易に説明がつく。こうした要因は、後述する意味で、どれも生産装置自体の機能とは切り離して考えることができる。

この段階で誤解されては大変困るので強調しておきたいが、私はここでニューディール政策を批判するつもりはない。また、その種の政策が長い目で見ると民間企業システムの効率的な働きを妨げると言いたいわけでもない（後者については、まさにその通りだと考えているが、今ここでその主張を持ち出す必要はない）。ここで言いたいのは、社会情勢がこれだけ一気に様変わりすれば、当然、しばらくの間、生産効率への影響は避けられないということだ。それについては、ニューディール政策をどんなに熱烈に支持していても認めなければならないし、認めることもできるはずだ。アメリカ経済は急ピッチで回復できる可能性が十二分にあったのに、

*4　W. M. Persons, *Forecasting Business Cycles*, ch. xi を参照。
*5　この控除は実際には理不尽なほど大きい。F・C・ミル教授が一九〇一－一三年の生産ペースを三・一%、一九二二－二九年を三・八%と推計していることも参照（建設は除く。*Economic Tendencies in the United States*, 1932）。

なぜ全く不本意な回復しか遂げられなかったのか、少なくとも私にはそれ以外の説明は考えられない。唯一これに似たケースを多少経験したフランスについても同じ推察が成り立つ。したがって、一九二九－三九年の事例だけを理由に、本章の論証に耳を傾ける意味はないと考えるのは妥当とはいえない。いずれにしても、これまでの実績の意義を説明する助けにはなるかもしれない。

さて、一九二八年以降も資本主義の下で消費財の生産がこれまで通り増えていけば——つまり長期平均で年二％のペースで拡大を続ければ、五〇年後（一九七八年）の生産高は一九二八年の約二・七倍（二・六九一六倍）になる。ここから人口一人当たりの実質平均所得を割り出してみよう。まず消費財の総生産がこのペースで増えているのであれば、消費[*6]に充てられる民間現金所得の総額（消費者が保有するドルの購買力の変動を調整したベース）もほぼ同じペースで増えているはずだと想定できる。次に人口の増加率をどの程度と想定するかを決めなければならない。ここではスローン氏の予測を使おう。一九七八年時点で一億六〇〇〇万人だ。そうすると、一人当たりの平均所得は五〇年間で二倍強になる。一九二八年時点の約六五〇ドルから一九二八年の購買力で約一三〇〇ドルになるのである。[*7]

恐らく、読者の中にはこの現金総所得の分配について、但し書きが必要だと感じる方もいるだろう。四〇年ほど前までは、マルクス以外の経済学者の間でも、資本主義のプロセスでは総所得の分配比率が変わる傾向があるため、平均値を基にした単純な推論では意味がないのではないかという見方が多かった。少なくとも相対的には、富裕層はより豊かに、貧困層はより貧しくなるとみられていたのである。ところが、そうした傾向は一切見られない。この問題を調べるために考案された統計については様々な見方があるかもしれないが、次の点は確かだ。データが揃っている期間（イギリスの場合は一九世紀を通じて）[*8]所得ピラミッド（金額ベース）の構成に大きな変動はみられない。賃金・給与が国民所得に占める割合も長期にわたって実質的に安定している。したがって、資本主義の動力装置をこのまま動かしていけばどうなるかを

*6　「消費」は車、冷蔵庫、住宅など耐久消費財の購入も含む。ここでは、短期間で消費する消費財と、時に「消費者の資本」と呼ばれる耐久消費財を区別しない。

*7　つまり、一人当たりの実質平均所得は年一・三七五％（複利）のペースで拡大することになる。偶然だが、イギリスの第一次大戦前一〇〇年間の人口一人当たりの実質所得は、これとほぼ全く同じペースで拡大している（Lord Stamp, *Wealth and Taxable Capacity* を参照）。この偶然の一致を有力な根拠とすることはできないが、本書の簡単な計算が全くの的外れではないことはわかるはずだ。ニューヨーク連銀が全米産業審議会（コンファレンスボード）の生計費指数を踏まえて算出した一九二九年の「一人当たり国民実所得」も一八二九年の四倍強で、こちらも同じ結果が出ている。ただ、信頼性の面ではさらに深刻な疑問の余地はあるが（*National Industrial Conference Board Studies*, Number 241, Table I, pp. 6 and 7）。

論じる限り、一九七八年時点の所得の分配、つまり平均値からのばらつきが、一九二八年の状況から大きく変わっていると考える根拠は全くない。

そうなると、先ほどの試算の結果は次のように言い換えられる。一九二八年以降、あと半世紀、資本主義がこれまでと同じ成果を繰り返せば、今の基準で言う貧困は、特異なケースを除いて、最下層の世帯でもなくなる。

それだけではない。この指数は他にどんな難点があろうとも、生産の増加率が実際よりも高く出ることはあり得ない。まず、この指数には「仕事から解放される余暇の時間」という商品が含まれていない。指数は主に必需品や中間財から作成せざるを得ず、新商品が捕捉できなかったり、新商品の比率が不十分になる。同じ理由で、商品の品質向上も事実上全く考慮されていない。これまでの進歩は様々な面で品質の進歩が核をなしていたが、一九〇〇年の自動車と一九四〇年の自動車の違いを適切に表す手段も、効用一単位当たりの自動車の価格がどれほど下がったかを適切に表す手段もない。むしろ、ある一定量の原材料や半製品がどこまで進歩したかの方が推測しやすい。鋼材や石炭一トンは物理的な質は変わらないかもしれないが、経済効率は六〇年前の数倍に上がっている。しかし、こうした点も指数にはほとんど反映されない。このような諸々の要素を調整する手段があれば、この指数に一体どのようなことが起きるのか、想像もつかない。ただ、成長率が上方修正されることだけは確かだ。先ほど示した概算値は下限であり、下方修正は考えられないと断言できる。また、たとえ製品の技術効率を測定する手段があっても、人類が尊厳のある生活を送っているか、充実した快適な生活を送っているか（前の世代の経済学者が「欲求の充足」という言葉で一括りにした一切のこと）を正確に伝えられるわけではない。結局、私たちにとって大切なのはこの点——資本主義の生産の本当の「成果《アウトプット》」だ。だからこそ、生産指数やそこに投入されるポンドやガロンといった数量に目を向けるのであり、数量自体にさしたる意味はない。

だが、先ほどの二%の話を続けよう。この数字の意味を正しく理解するためのポイントがもう一つある。先ほど述べたように、国民所得の分配はおおまかに言って、この一〇〇年間、事実上一定だった。ただ、これはあくまで金額ベースで見た場合であって、実質的には低所得層の方が相対的に所得が大きく増えている。これは資本主義の動力装置が徹頭徹尾、大量生産

＊8　Stamp の前掲書（注7）を参照。十分な統計データがある国では、どこでも同じ現象が観察できる（入手可能なデータで確認できる様々な周期の景気循環の影響を調整する必要はある）。ヴィルフレド・パレートが考案した所得分布（所得格差）の計測には反論の余地があるが、パレートの計測に問題があったとしても、事実関係に変わりはない。

の動力装置である一方で（大量生産とは大衆向けの生産に外ならない）、所得ピラミッドの上に行くほど、大量生産ではない個人向けのサービスや工芸品への出費が増えるためだ。後者の価格は基本的には賃金水準の関数である。

検証は容易だ。確かに、ルイ十四世が望んでも手に入らなかったもので、今の労働者の手の届くようになったものはいくつかある。例えば、現代の歯科技術がそうだ。しかし、全体としてみた場合、資本主義の発展で本当に大きな恩恵を受けたのは、そのレベルの生活費ではなかった。上流階級の上品な紳士から見れば、移動のスピードさえ、たいした成果ではなかったかもしれない。蠟燭を大量に購入でき、召使を雇って管理を任せられる富裕層であれば、電燈もそれほど貴重なものではない。資本主義の生産の典型的な成果は、安価な生地、安価な綿織物、レイヨン、靴、自動車などであり、大抵の場合、富裕層にはあまりありがたみのない改善だった。エリザベス女王は美しい服を身に纏っていたが、資本主義の最大の功績は、女王の着る美しい服の生産を増やしたことではなく、美しい服を女工の手に届くものにしたこと、しかも、それを手に入れるための労力を一貫して減らしたことにある。

この点は、景気の長期波動を見ると、さらにはっきりする。資本主義のプロセスの本質とメカニズムを明らかにする上で、長期波動の分析ほど役に立つものはない。それぞれの長期波動は「産業上の革命」とその影響の消化で成り立っている。例えば、統計的にも歴史的にも観察できるのが、一七八〇年代末にかけて始まった長期波動だ。これは非常に明確な現象で、私たちの乏しいデータでもはっきり見て取れる。この波動は一七八〇年代末にかけて始まり、一八〇〇年前後にピークに達した後、下降線を辿り、その後やや回復して一八四〇年代初めに終了した。これは教科書の執筆者が愛してやまない例の「産業革命」だ。だが、この長期波動の末期には、また別の産業上の革命が起き、一八四〇年代に新たな長期波動が始まっている。この波動は一八五七年直前にピークに達した後、一八九七年まで下降線を辿った。さらにその後、また新しい長期波動が発生し、一九一一年前後にピークをつけた後、現在、下降線を辿っている。[*9]

こうした産業上の革命で、既存の産業構造が定期的に再編される。革命で次のような動きが広がるためだ。（1）新しい生産方式の導入（工場の機械化、工場の電化、化学合成など）、（2）新商品の登場（鉄道サービス、自動車、家電など）、（3）新しい組織形態への移行（合併の動き）、（4）新しい供給地の開拓（アルゼンチン・ラプラタの羊毛、アメリカの綿花、アフリカ・カタンガ

*9　これは景気循環論で主にコンドラチェフの波と呼ばれる「長期波動」だ。

の銅）、（5）新しい貿易ルートと市場の開拓——など。この産業変化の過程では、ビジネス全体の基調を決める大きなうねりが起きる。こうした動きが始まると、支出が活発になり、圧倒的な「好景気」に入る（この好景気は途中で遮られることが多い。これは大きなうねりに重なる周期の短い循環が下降期に入るためだ）。そして、こうした動きが完成に近づき、成果物が氾濫すると、産業構造の古くなった部分がそぎ落とされ、圧倒的な「不況」に突入する。こうして物価、金利、雇用などが上昇・拡大する時期と低下・縮小する時期が長期にわたって続くことになるが、そうした現象は、生産装置を周期的に刷新するこのプロセスのメカニズムの一端といえる。

さて、革命の度に氾濫する成果物とは大量の消費財であり、初めのうちこそ、混乱、損失、失業を引き起こすが、長期的には、この奔流によって、実質所得のフローが絶えず厚みと広がりを増していく。そして、このなだれ込んだ消費財を見ると、やはりどれも大量消費財であり、賃金労働者の購買力がどの層よりもアップしたことがわかる。つまり、資本主義のプロセスでは、偶然ではなく、メカニズム上、大衆の生活水準が段階的に上がる仕組みになっている。荒波が絶えない中での生活向上であり、進歩のスピードが速ければ、それだけ波も荒くなる。それでも、極めて効率的に生活水準が上がる。大量生産を実現する上で次から次に持ち上がる課題は、資本主義の生産方式を持ち込むことでこれまで見事に克服されてきた。[*10] 残る最大の課題である住宅建設についても、プレハブ住宅という形で解決が近づいている。

しかし、話はここで終わらない。ある経済体制を評価する際に、経済というベルトコンベヤーで社会の様々な集団にどんな生産物を届けられたかという話に終始し、それ以外の要素を一切無視するようでは総合的な評価とは言えないだろう（ついでに言えば、非マルクス的でもある）。ベルトコンベヤーで直接運んだものではないが、ある経済体制で生まれた手段や政治的な意志を通じて実現した様々なこと、またそうした体制が育んだ精神を通じて生まれた文化面の様々な業績にも目を向ける必要がある。後者は後ほど考えるとして（第11章）、ここでは前者の一部を取り上げよう。

社会立法を勝ち取ろうという戦術・風潮があるため見落とされがちだが、以下の点は紛れもない事実だ。まず、一部の社会立法は資本主義の過去の成果を前提にしている。言い換えれば、資本主義企業が前もって富を創出していたからこそ実現できた。また、社会立法で実現・普及した物事の多くは、もともと資本家層が自ら先鞭をつけた。どちらの事実も当然、資本主

*10　これはもちろん農産物にも当てはまる。安価な農産物の大量生産が可能になったのは、すべて大規模な資本主義企業（鉄道、海運、農機、肥料）のお陰だ。

義の総合的な実績に数える必要がある。容易にわかることだが、資本主義が一九二八年までの六〇年間と同じような実績を残し、人口一人当たりの所得が本当に一三〇〇ドルに達すれば、どんな社会改良家がこれまで訴えてきたことも、事実上例外なく、突飛な要求の大半も含め、自動的に実現できる。もしくは資本主義のプロセスに大きく介入することなしに実現できる可能性もある。特に失業給付については、致し方ないレベルの負担ではなく、わずかな負担で十分な額を支給できるはずだ。もちろん、無責任な解雇と無責任な給付原資の調達を繰り返せば、制度が立ち行かなくなる恐れは常にあるが、常識的な範囲内で運用する限り、二〇〇〇億ドル台（一九二八年の購買力）の国民所得があれば、平均失業者一六〇〇万人（扶養家族を含む、人口の一割）に対して年平均一六〇〇億ドルの手当を支給しても、それ自体、特に大きな問題にはならないだろう。

　ここで私がなぜ失業をそれほど重く見ないかに注意して頂きたい。失業は資本主義を巡る議論で真っ先に考えなければならない問題の一つとされており、一部の人は専ら失業だけを理由に資本主義を糾弾している。私は貧困などの害悪とは違い、資本主義が発展しても失業自体はなくならないと考えている。また、失業率には長期的に上昇する傾向はないとも考えている。唯一相当な期間をカバーしている統計がイギリスの労組加入者の失業率で、これは第一次大戦前まで約六〇年間のデータがある。これを見ると、失業率は周期的に変動するのが普通で、どちらか一方に傾く傾向は見られない（安定的に推移する傾向も見られない）[*11]。これは理論的にも納得がいくもので、この統計に異議を唱える理論的な根拠はない。このため、私の考えはどちらも、第一次大戦前の一九一三年までについては実証できると思える。戦後は一九二〇年代後半になっても、ほとんどの国で異常な高失業率が続くケースが相次いだ。しかし、この期間中の失業率を説明するために（無論、一九三〇年代の失業率もそうだが）、「失業率は資本主義のメカニズムに内在する原因で長期的に悪化する傾向がある」という説を持ち出す必要は全くない。先ほど、資本主義のプロセスの大きな特徴として産業上の革命が起きると指摘した。そうした革命が起きると、その度に「好況期」が到来するが、その後は適応期が訪れる。この適応期の特徴の一つが異常な高失業率なのである。これは一八二〇年代と一八七〇年代に起きており、一九二〇年以降もそうした適応期の一つにすぎない。この現象は、これまでのところ基本的に一時的なもので、そこから何か将来の方向性を推察することはできない。ただし、事

*11　この統計は度々グラフ化され分析の対象になっている。A. C. Pigou, *Industrial Fluctuations* や拙著 *Business Cycles* を参照。どの国にも、それ以上は減らせない最小限の失業が存在し、その上部で循環的な動きが見られるようだ。最も明確なのは約九–一〇年周期の波である。

態の悪化を招きがちな要因は多数あった。戦争の影響、貿易の混乱、賃金政策、また一部の制度変更で統計上の数字が悪化したケースなどだ。英独では財政政策も一因となった（これは一九三五年以降のアメリカでも大きな要素だ）。一部は間違いなく資本主義の効率悪化を招く「風潮」の現れといえる。ただ、これはまた別の問題で、後ほどまとめて取り上げよう。

もっとも、失業というものは、長期でも短期でも、今後悪化するにしてもしないにしても、常に頭の痛い問題であることに変わりはない。第3部では、社会主義体制のメリットの一つとして失業を撲滅できる可能性があるという主張を取り上げなければならないだろう。ただ、本当の悲劇は失業そのものではなく、失業の存在という現実と、失業者に十分な手当を支給すれば一段の経済発展の条件が損なわれるという現実ではないだろうか。当然の話だが、失業しても日々の生活に困らないのであれば、私たちが失業という言葉で連想する（生産資源の無駄という言葉では連想しないが）苦しみや堕落、人間としての価値の喪失がほとんど感じられなくなり、失業への恐怖が事実上すべて消え去る。過去の資本主義が（大まかに言って一九世紀の終わりまで）失業対策に後ろ向きで、実際にもほとんど手を打てなかったという糾弾は正しい。しかし、資本主義がこれまでの成果をあと半世紀出し続ければ、有効な失業対策が打てる。その場合、そうした糾弾の声は、児童労働、一日一六時間労働、一部屋五人の生活といった痛ましい亡霊とともに、忘却の彼方に葬り去られるだろう。そうした問題は、資本主義の発展の陰で過去に強いられてきた社会的負担を語る際には強調してしかるべきものだが、未来の選択肢を天秤にかけて選ぶ場合には必ずしも重要なポイントにはならない。今の時代は、資本主義がまだ力を発揮できなかった揺籃期から、資本主義が力を発揮できる完熟期へと進む途上のどこかにある。少なくともアメリカでは、今でさえ、資本主義に過度な負担をかけなくても、かなりの失業対策を打てるのではないか。問題は暗澹たる風景を消し去る余裕がないことではないように思える。問題は反資本主義的な政策によって一九三〇年代に失業が必要以上に増えてしまったこと、また世論が失業対策の必要性に目覚めた途端、経済的に非合理な資金調達方法で救済を求めたこと、そして無駄だらけのずさんな運営を求めたことにある。

資本主義の将来性を踏まえれば、高齢者や病人のケア、教育、公衆衛生についても、ほぼ同じようなことが言える。これは現時点でもかなりの程度言えることだ。また、個々の家計から見て、経済財の範疇を超え、事実上「これ以上は要らない」と思える商品が増えていくことも十分考えられる。これは公的機関と生産企業の取り決めか、国有化・公有化によって、現実のものとなる可能性がある。そうなれば、たとえ他の分野で足枷をはめられなくても、そうした流れが緩やかに進んでいくというのが、当然、今後の資本主義の展開の一つの特徴となるだろう。

第6章 資本主義のイメージ

前章の主張は当然、強力な反論にさらされそうだ。一九二八年までの六〇年間にみられた全消費財の平均増加率をそのまま未来に延長しているためだ。過去の実績の意義を実感してもらうための工夫である限りは、統計上、この手続きに何らやましいところはない。ところが、今後五〇年間の平均増加率も、似たようなものになる可能性があると匂わせた途端に、統計上、間違いなく罪を犯したことになる。言うまでもないが、過去の一定期間の生産統計をそのまま延長して未来を予測（外挿推定）するなど——ましてや今後半世紀の動きを予測するなど言語道断だ。[*1] というわけで、将来の実際の生産ペースを予測する意図はないことを改めて強調しておきたい。これまでの成果を実感してもらう以外に意図したのは、資本主義がこのまま同じペースで成果を出し続ければ、一体どんな収穫を期待し得るのか、具体的な数字でイメージすることだけだった。これは未来の予測とは全くの別の問題だ。今後同じ成果を残せるかどうかは、外挿推定などしなくても、十分論じることができる。そのために、これから長く険しい探求の道に踏み出さねばならない。

当然のことだが、資本主義がこれまでの実績を繰り返せるかを論じる前に、過去の生産ペースが、資本主義の実力をどこまで反映しているのかを見極める必要がある。確かに、データが揃っている期間は、資本主義が比較的制約を受けずに機能していた時代ではあるが、だからといって、過去の実績と資本主義の動力装置の間に明確な関係があると断言できるわけではない。たまたまこの時期に生産が拡大したわけではないことを明らかにするためには、（1）資本主義体制とこれまでの生産ペースの間に納得のゆく関係が見いだせること、（2）そうした関係を見いだせた場合も、これまでの生産ペースが実際に資本主義の成果であり、資本主義

*1　これは一般原理として過去の時系列データすべてに言えることだ。過去の流れという概念自体が「経済構造は不可逆的に変化するものであり、それに伴い経済量の法則にも例外なく変化が起きる」という見方を前提としている。このため、過去の統計から少しでも外挿推定する場合には、理論的な裏づけと（多くの場合で）統計上の処理が必要になる。ただ、本書で扱っている生産統計は総合的な合成指数であり、個々の統計の特異性をある程度まで互いに相殺できるという点で、やや有利な面があると言えるかもしれない。

とは全く無関係の極めて良好な条件に恵まれたお蔭ではないこと——の二点を確認する必要がある。

この二点を解決しない限り、「過去の実績を繰り返せるか」という問題自体が成立しない。その後、第三の問題として、（3）資本主義の動力装置が今後四〇年間、これまでと同じ実績を残せない理由はあるかを考える。

この三点を順に検証しよう。

第一の問題は、こんな風に言い換えられるのではないだろうか。まず、「進歩」のペースを物語る統計上のデータは山ほどあり、批判精神が旺盛な人さえそのスピードには目を瞠っている。一方で、この時期の経済システムの構造とメカニズムに関するデータも豊富に存在し、そうしたデータの分析を基に、専門用語で言う「モデル」——現実の資本主義経済の基本的な特徴をまとめた全体像——が抽出されている。そこで、このタイプの経済がこれまでの進歩のペースにプラスに働いたのか、無関係だったのか、マイナスに働いたのか——もしプラスに働いたとすれば、資本主義経済のそうした特徴でこれまでの実績を十分説明できると論理的に言い切れるのかを検証したい。専門的な話はできる限り抜きにして、常識的な視点でこの問題に迫ってみよう。

（1）商工業ブルジョア階級は、封建領主階級とは違い、ビジネスの成功で頭角を現した。ブルジョア社会は純粋に経済という型で出来ている。土台も、骨組みも、目指す目標もすべて経済という素材で出来ており、建物が経済面を向いて建てられている。成功と失敗は金銭で測られ、出世すれば金が入り、身を落とせば金を失う。当然、これは誰も否定できないだろう。ただ、ここで付け加えたいのは、こうした社会の取り決めが、この枠組みの中で劇的な効果を上げている（少なくとも上げていた）ことだ。これほど単純で強力な動機づけの図式もないが、ブルジョア社会はこの図式に訴え、この図式を現実のものとしてきた。「巨万の富」の夢と「どん底の生活」の悪夢を描き、それを容赦ないスピードで現実のものとしてきたのである。ブルジョア的な生き方が幅を利かせ、他の社会の目指す目標が目に入らなくなる場合は、この夢が大きく広がっている。人並み以上の頭脳を持つ人材の大多数がこの夢に魅せられ、「成功＝ビジネスの成功」とみなされる。誰もが夢を見られるわけではないが、そこには運という魅惑的な要素も入り混じっている。このゲームはルーレットよりポーカーに近い。人並み以上の能力とエネルギーで仕事をこなせる人は、夢を見ることが許される。ただし、実際に成功を収めた個人の能力全般や実績を測る手段があったとすれば、実際に手にした報酬は恐らく能力にも実績にも比例していない。ごく一部の勝ち組に、実際の労力を遥かに上回る桁違いの報酬が転がり込む。このため、その他大勢の実業家を駆り立てるという意味では、相対的に公平「公正」な分配システムよりも遥かに望ましい効果が期待できる。大多数の実業家は巨額の報酬など得られず、場合によっては、ただ働きに終わったり、借金を背負うことになるが、それでも目の前に大きな報酬がぶら下がっているので、成功するチャンスを過大に見積もり、最大限努力する。同様に、能力のないものは悪夢に怯えることになる。だが、無能な人間や時代遅れの手法は、時に瞬く間に、時に時間をかけて、淘汰されていくのであるが、有能な人材の多くも失敗に怯えたり、現実に失敗に見舞われる。このため、誰も彼をも鞭打って駆り立てるという意味では、やはり相対的に公平「公正」な罰則システムよりも遥かに望ましい効果を期待できる。最後に、ビジネス上の勝ち負けは、理想的と言えるほど白黒はっきりしている。言い逃れでうやむやにすることはできない。

　これについては、一つの側面を特に強調しておきたい。これは目下の論証でポイントになるほか、後ほどまた取り上げることになる。今見たように——また後ほど論じるように、民間企業制度という形の資本主義の取り決めには、ブルジョア層を効果的に仕事に縛りつける効果がある。だが、それだけではない。ある時点のブルジョア層を構成する個人・家を条件づけて行動を迫るこの装置自体が、次にブルジョア層に浮上する個人・家、またブルジョア層から脱落する個人・家を篩《ふるい》にかける選別装置にもなっている。この条件づけと選別機能の組み合わせは、当たり前のことではない。それどころか、社会の選別手段では、生物学上の淘汰の「手段」とは異なり、選別された個人の実力を保証できないことが大半だ。この点が後ほど論じる社会主義機構の重大極まりない問題の一つになるが、ここでは資本主義システムがこの問題を実に見事に解決していることだけを見ておこう。実業界に這い上がり、その後、実業界の中で出世する人は、大抵、実業家としても有能であり、能力に完全に見合ったところまで出世する可能性が高い。これは、資本主義の図式では普通「出世」＝「実力がある」という関係が成り立つ（もしくは成り立っていた）という単純な理由による。この事実は、出世できない人々が自分を慰めるために否定するので、見落とされがちだが、資本主義の社会・文明を評価する上で重要なポイントになる。資本主義のメカニズムを扱う純粋理論で汲み上げられるどんな事実よりも遥かに重要なポイントだ。

（2）しかし、たとえ「淘汰された理想的な集団が最大限の成果を上げる」としても、そうした集団が社会のために働く（「消費のための生産」と言えるかもしれない）のではなく、金儲けのために働くという事実を考え併せれば——社会の幸せではなく、利潤の最大化を目指すというもう一つの事実を考え併せれば——甘い期待はすべて打ち砕かれるのではないか。もちろん、ブルジョア階級を除けば、これが一貫して一般的な見方となっている。経済学者は時にそうした見方と戦い、時にそうした見方を支持してきた。その過程で経済学者が残したものは、個々の学者が辿りついた結論よりも遥かに貴重な功績といえる。個々の結論は大抵の場合、学者自身の社会的立場、利害関係、同情・反感を反映したものにすぎない。経済学者は時間をかけて事実に基づく知識と分析力を深めてくれたのであり、今の私たちは、そのお蔭で多くの問題について前の世代よりも遥かに正確な答えを——複雑かつ専門的にはなったが——出すことができる。

それほど遠い昔の話ではないが、いわゆる古典派の経済学者[*2]は事実上、意見の一致をみていた。大半の学者は当時の社会制度や制度の運用に様々な点で不満を抱いており、地主層と戦い、必ずしもレッセフェール型とは言えない社会改良（特に工場法の制定）を支持していた。ただ、資本主義については、製造業者や商人が制度の枠内で自己の利益を追求すれば、効率を最大化でき、市場参加者全員の利益につながると信じて疑わなかった。古典派が今ここで論じている問題に取り組めば、総生産が例のペースで拡大したのは、比較的自由な企業活動が認められ、利潤という動機があったからだと、まず何の躊躇もなく答えるはずだ。恐らく、何らかの「救済法」が必要だと指摘しただろうが、それさえあれば資本主義に足枷をはめるべきではなく、特に一九世紀型の保護関税は撤廃・縮小すべきだと言っていただろう。

今の世の中で、こうした見方を公正に評価するのは至難の業だ。これは言うまでもなく、イギリス・ブルジョア階級に典型的な見方であり、古典派の書物を読めば、ほぼどのページをめくってもブルジョア的な視野狭窄が目につく。もう一つ目につく別の視野狭窄もある。ある特定の歴史的状況を無条件で理想化し、そこから無条件で一般化を進める論法だ。加えて、大抵の古典派はイギリスの利益と当時の問題だけを念頭に置いて論を進めているようにみえる。このため、別の国、別の時代の人は、古典派の経済学を毛嫌いし、理解したいとさえ思わないことが少なくない。ただ、そうした理由で古典派の教えを切り捨てるべきではないだろう。物の見方が偏っている人でも真理を語ることがあるかもしれない。特殊なケースから導いた説が普遍性を持つ場合もあるかもしれない。それに、古典派の論敵や後継者にしても、古典派とは別の視野狭窄に陥っているだけで、偏りや先入観が少ないわけではない。古典派とは異なるが、古典派に劣らず特殊なケースを想定している。

＊2　本書では一七七六年―一八四八年に著作をまとめたイギリスの主な経済学者を「古典派の経済学者」と呼ぶ。代表格はアダム・スミス、リカード、マルサス、シーニョア、ジョン・スチュアート・ミルだ。最近は古典派経済学という言葉がかなり広い意味で使われるようになっており、この点に注意して頂きたい。

古典派の経済分析の最大の功績は「資本主義社会の経済活動は利潤を動機としているので、必然的に消費者の利益に反する」という素朴な考え方を、その他数々の荒唐無稽な誤りとともに一蹴した点にある。別の言い方をすれば、「金儲けに走れば、生産活動が社会の目標から必ず逸れていく」とか「私的な利益は経済のプロセスを歪める要因にもなり、私的な利益を得る人以外は、全員必ず差し引きで損をする。そうした利益を社会主義化で没収すべきだ」といった見方を一蹴したのである。この種の主張のロジックを見れば、訓練を積んだ経済学者であれば、弁護する気にもならないだろうし、古典派の反論は大した功績には思えないかもしれないが、こうした見方を意識的もしくは無意識に組み込んだ理論やスローガンを目にするにつけ――また、今になってそうした説が再び蒸し返されていることを思えば、古典派の業績には改めて頭の下がる思いがするはずだ。また、次の点も直ちに言い添えておきたい。古典派は貯蓄と蓄積の役割もはっきり認識している。その点を誇張しすぎた嫌いもあるが、基本的には正しく（近似値ではあるが）貯蓄を現実の「進歩」のペースと関連づけていた。何もまして、古典派の思想には地に足の着いた智慧と、責任ある長期的な視点がある。今のヒステリックな論調と対極をなす男性的な威厳が感じられる。

しかし、利潤の最大化と生産効率の最大化という目標が必ずしも矛盾しないと認識したところで、そこから「利潤の最大化は必ず、もしくは圧倒的大多数のケースで、生産効率の最大化につながる」と証明するには、古典派が考えていた以上の深い溝を乗り越えなければならない。結局のところ、古典派はその溝にうまく橋を架けることができなかった。今、古典派の思想を研究すると、なぜ古典派が自らの主張に疑問を差し挟むことがなかったのか、なぜ主張しただけで立証したような気になっていたのか、不思議でならない。その後の分析を踏まえると、古典派の理論は砂上の楼閣だったと思える。古典派のビジョンにどれほどの真理があったとしてもだ。[*3]

(3)古典派以降の分析については、二段階に分けて説明したい。つまり、問題の本質を明らかにする上で二段階に分けて考える必要があるということだ。時代的には、第一段階では二〇世紀初頭の一〇年間に舞い戻り、第二段階では第一次大戦後の科学的経済学の流れを一部振り返る。率直なところ、これがどこまで専門外の読者の役に立つのかわからない。他の学問

*3　マルクスを論じた際、理論とビジョンの違いを力説したことを読者は思い出されるだろうが、以下の点も確認しておきたい。たとえ正しい視点で物事を見ることができても、正しく論証できるとは限らない。実際にそうしたケースは少なくない。また逆のケースもあり得る。理論家としては極めて優秀かもしれないが、具体的な歴史のパターンを総合的に分析する段になると、全く的外れなことを言う人がいるのはこのためだ。

もすべてそうだが、経済学も分析装置が発達し、教養のある人なら特別な訓練を受けなくても、すべての問題・手法・結論を理解できるという幸福な段階を過ぎていく運命にある。だが、できる限りのことはやってみよう。

第一段階は、今も無数の信徒が敬意を表する二人の大経済学者（少なくとも手当たり次第に敬意を表するのが失礼だと考えていない人間は敬意を表している。そうした信徒が少なくないことは間違いない）の名前と結びつけることができるかもしれない。アルフレッド・マーシャルとクヌート・ヴィクセルだ。[*4] マーシャル、ヴィクセルの理論構造は、古典派の理論構造とほとんど共通点がないが（もっともマーシャルは極力その点を隠そうとしている）、「完全競争が成立している場合、生産者の利潤追求で生産が最大化される傾向がある」という古典派の説は継承している。ほぼ満足のゆく証明さえできている。ただ、より正確な記述・証明を進める過程で、この説は中身の多くを失ってしまった。確かに演算からそうした説が引き出せるのだが、肉がそぎ落とされ、ほとんど息をしていないのである。[*5] ただ、それでもマーシャル＝ヴィクセル分析の一般的な仮定の下では以下の点を示すことができる。生産する商品や生産に使う生産要素の価格に自ら影響を及ぼせない企業は、生産を増やせば前者の価格が下がり、後者の価格が上がるという事実をいかんともしがたいため、追加の一単位の商品を生産するためのコスト（限界

費用）が、追加の生産で得られる利益と一致するまで生産を増やす——つまり、損が出ない範

*4　ここではマーシャルの*Principles*（初版一八九〇年）［馬場啓之助訳『経済学原理』東洋経済新報社］、ヴィクセルの*Lectures*（スウェーデン語版初版一九〇一年、英訳一九三四年）［橋本比登志訳『経済学講義』日本経済評論社］が傑出していると言っておきたい。思想の形成期にあった多くの人々に影響を与えたことに加え、極めて実践的な精神で理論を構築したからだ。純粋科学としては、レオン・ワルラスの業績の方が優れているというべきだろう。アメリカではJ・B・クラーク、アーヴィング・フィッシャー、F・W・タウシッグの名前を挙げる必要がある。

*5　後ほど論じる内容（第8章第6節）を先取りする形で、簡単に補足しておく。営利経済のメカニズムを分析していくと、競争のある産業では生産が最大化される傾向があるという原理が当てはまらない事例が見つかるばかりか、そうした原理の証明に必要な前提を加えていくと、結局は当たり前のことを言っているにすぎないことがわかる。ただ、この原理は特に以下の二つの点で実用的な価値が揺らぐ。

（1）この原理を証明するのであれば、静的な均衡状態に当てはめなければならない。現実の資本主義は徹頭徹尾、変化のプロセスだ。したがって、競争の渦中にある企業の行動を考察する場合、「経済プロセスが完全に均衡し、静態的になった状態で生産が最大化されている傾向があるかどうか」という問題は、全く無意味とは言わないが、ほとんど意味がない。

（2）ヴィクセルが指摘した通り、この原理は「競争のある産業では欲求が最大限充足できる傾向がある」という、さらに野心的な定理の残骸といえる（この定理は薄められた形ではあるが、マーシャルにもまだ残っている）。ただ、この定理は、観察できない精神的な量をどう論じるのかという重大な反論を措くとしても、煎じ詰めれば「合理的な人間なら、所与の条件（特に社会の制度上の取り決め）がどうであれ、与えられた状況を常に最大限活用しようとする」というつまらない説にすぐに辿りつく。この説を煎じ詰めれば、合理的な行動の定義に辿りつくのであり、したがって、例えば社会主義に関する類似の定理と同列に論じられる。だが、生産最大化の原理についても同じことが言える。どちらも、競争する民間企業に特有のメリットを説明したものではない。そうしたメリットがないという意味ではなく、ただ単に、そうしたメリットは競争のロジックに内在するものではないという意味だ。

囲内で最大限生産を増やす。そして、この生産量が普通「社会的に望ましい」生産量となる。多少専門的な用語を使えば、このケースでは個々の企業から見ると、価格は変数ではなく媒介変数（パラメーター）となる。その場合、すべてが最大限生産され、すべての生産要素が完全に利用されるある種の均衡状態が成立する。このケースを普通、完全競争と呼ぶ。先ほど論じた選抜のプロセスにすべての企業・経営者が巻き込まれることを思い起こせば、厳しい淘汰を潜り抜けてきた営利集団が、このパターンの下で生産の最大化とコストの最小化にしのぎを削ることになるため、実際、薔薇色のシナリオを思い描く人もいるかもしれない。特に、このパターンに従うシステムでは、一見すると、社会の無駄を引き起こす主原因の一部を見事に解消できるようにみえる。少し考えればわかることだが、この二つの文は実は同じことを言い換えただけだ。

（4）第二段階に移ろう。無論、マーシャル、ヴィクセルはこのモデルに当てはまらないケースが多数あることを見逃していたわけではない。それは古典派にしても同じだ。古典派も「独占」のケースを認識しており、アダム・スミスは競争を制限する装置が広く存在すること[*6]や、それによって価格の弾力性に差が生じることに目敏く気づいている。しかし、古典派はそうしたケースを例外とみなしたばかりか、そのような例外的なケースは時とともになくなる可能性があり、また、なくなるだろうと考えていた。マーシャルについても似たようなことが言える。マーシャルはクールノーの独占理論[*7]を発展させ、その後の理論を先取りする形で、大抵の企業は独自の特殊な市場を持ち、価格を受け入れるだけでなく自ら価格を設定できると分析していた。[*8]しかし、マーシャルもヴィクセルも、一般的な結論は完全競争のパターンに基づいて下しており、古典派同様、完全競争が基本だと考えていたことが窺える。古典派にしても、マーシャル、ヴィクセルにしても、完全競争が例外的なケースであること、また、たとえ完全競争が基本形だったとしても、それを喜べる理由は決して思うほど多くないことを見抜いていなかった。

　完全競争の成立に必要な条件を詳しく検証すれば（マーシャルもヴィクセルも、すべての条件を明示していたわけではなく、はっきり見抜いてさえいなかった）、大量生産の農産物以外、完

*6　現在の風潮を髣髴とさせるが、スミスは商売上の利益が公共の利益に一致することはないと力説さえしており、実業家の夕食会で公益に反する陰謀が生まれるのではないかと考えていた。

*7　Augustin Cournot, 1838

*8　このため、その後登場した不完全競争理論はマーシャルまで遡れると言って差し支えないかもしれない。詳述はしなかったが、詳述した学者の大半よりも正確にこの現象を見抜いていた。特に、不完全競争の重要性を大げさに言い立てるようなことはしなかった。

全競争の例は多くないことがすぐにわかるはずだ。綿花や小麦を栽培する農家は、現実にこの条件の下で農作物を出荷している。農家から見ると、綿花や小麦の実勢価格は所与の条件であり(非常に大きく変動はするが)、個人の行動ではどうにもならず、生産量を調整するしかない。すべての農家が同じ行動に出るため、最終的には完全競争の理論通りに価格と生産量が調整される。しかし、同じ農産物でも、鴨、ソーセージ、野菜、多くの乳製品など他の多くの商品はそうではない。商工業の完成品・サービスに至っては、明らかに事実上すべてが——どの八百屋も、どのガソリンスタンドも、どの手袋、のこぎり、シェービングクリームのメーカーも——独自の小さな不安定な市場を持っており、価格戦略と品質戦略という「製品の差別化」や広告を通じて、市場の拡大と維持を狙っている(狙わざるを得ない)。したがって、ここでは全く違うパターンが成立しており、完全競争と同じ結果を予想する根拠は全くないと思える。独占の図式の方がずっとしっくりくるだろう。こうしたケースを「独占的競争」と呼んでいる。これは戦後経済学の大きな成果の一つだ。[*9]

あとは品質に概ね差のない多種多様な商品が残されている。鋼材、セメント、未漂泊の綿製品など、工業の原材料や半製品などだ。こうした商品は、独占的競争の起きる条件が十分満たされていないように思える。確かにそうなのだが、この分野も総じて似たような結果となる。というのも、そうした商品は大抵、大企業が生産しており、製品の差別化を図らなくても、単独もしくは他社と連携して、価格を操作できる。これが「寡占」だ。この種の行動も、やはり完全競争の図式よりは、独占の図式に適切な修正を加えた方が、ずっとしっくりしそうだ。

独占的競争、寡占、もしくはその二つの組み合わせが一般に広く見られると認識すると、マーシャル＝ヴィクセル世代の経済学者が自信たっぷりに教えていた説は、途端に使えなくなるか、証明が格段に難しくなる。第一に、均衡という基本概念に依存する説──有機体としての経済がどんな状態にあっても、常にある一定の確定した状態、シンプルな属性を持つ状態に向かって収束していくという説──が揺らぐことになる。一般的な寡占のケースでは、実際には確定した均衡状態などあり得ない。ある企業が動き、別の企業が対抗するという連鎖が限りなく続く可能性、企業と企業が火花を散らす不安定な状態に陥る可能性が現実のものとなる。確かに理論的に均衡が成立する特殊なケースは多々あるが、第二の点として、そうした場

＊9　特にE・S・チェンバリンの *Theory of Monopolistic Competition*〔青山秀夫訳『独占的競争の理論』至誠堂〕とジョーン・ロビンソンの *The Economics of Imperfect Competition*〔加藤泰男訳『不完全競争の経済学』文雅堂書店〕を参照。

合も、完全競争下に比べれば遥かに均衡の実現は難しく、均衡状態の維持はさらに困難を極める。それだけではない。古典派タイプの「有益な」競争は、「略奪的」な競争や「血で血を洗う」競争、もしくは単なる資本力の争いに姿を変える可能性が高いように見える。そうなると実に様々な形で社会の資源が無駄になり、広告費の膨張や、新しい生産方式の抑圧（特許の買い占めによる利用の差し止め）といった様々な問題を引き起こす。そして最も重大な点だが、この状態では、たとえ莫大なコストがかかる方法でどうにか均衡状態を実現しても、完全競争理論で言う完全雇用や生産の最大化はもはや保証できない。完全雇用が実現しなくても均衡が成立する可能性があり、生産の最大化が実現する前に均衡が成立するはずだと思える。完全競争下では不可能だった「利潤を温存する」戦略が可能になり、それが蔓延するためだ。

　そうなると、実業家以外の世間一般の人々が日頃抱いている民間企業のイメージは、実は正しいのではないだろうか。現代理論では古典派の教えが完全に否定され、世間の見方に軍配が上がるのではないだろうか。利潤のための生産と消費者のための生産は別物であり、民間企業は生産を制限して利潤を強奪する装置に外ならない——したがって利潤とは徴収されるものであり、消費者は恐喝されている——この見方は、結局のところ全くもって正しいのではないだろうか。

第7章 創造的破壊のプロセス

独占的・寡占的競争の理論や世間一般の通説からは、「現実の資本主義は生産効率の最大化にマイナスに働く」という説を二つの形で引き出せるかもしれない。第一の仮説は、それが資本主義の現実であり、生産を管理する側のブルジョア階級が昔から妨害行為を働いてきたにもかかわらず、生産は拡大してきたという説だ。この説を主張する場合は、民間企業のメカニズムとは無関係の好条件が重なって――ブルジョア階級の妨害を相殺して余りある好条件が重なって――過去の生産ペースが実現したことを立証する必要があるだろう。これはまさに第9章で取り上げる問題だ。もっとも、この説を採れば、少なくとも次の第二の説が陥る史実との矛盾は避けられる。第二の説とは、かつての資本主義は実際に生産効率の最大化にプラスに働く傾向があったが――もしくは最大化ではないにしても、かなりの程度まで生産効率にプラスに働き、しっかり分析すれば、生産効率は資本主義の大きな柱だと言えたが――その後、独占体制が広がって競争がなくなったために、そうした傾向が逆転してしまったという説だ。

まず、この第二の説は、想像の産物に外ならない完全競争の黄金期を捏造し、それがある時点で何かをきっかけに独占の時代に一変したと主張するものだが、完全競争が今の現実の姿ではないように、過去のどの時点でも現実の姿でなかったことは極めて明白だ。第二に、少なくとも製造業では、大企業が一八九〇年代以降、力を持ち始めたと思われるが、生産のペースは同年代以降も落ちていないという点を指摘しておく必要があるだろう。総生産の時系列データを見る限り、それまでの「傾向が途切れた」形跡などどこにもない。また最も重要な点だが、現代の大衆の生活水準が形成されたのは「独占資本」が比較的制約を受けずに活動していた時期と重なる。今の労働者の家計簿にある品目をリストにして、一八九九年以降の価格の推移を、金額ではなく、購入に必要な労働時間で示してみれば（つまり各年の購入価格を各年の時給水準で割ってみれば）、進歩のペースに目を奪われるはずだ。品質の著しい向上を踏まえれば、これほど長足の進歩を遂げた例は過去になかったと思われる。進歩のペースが鈍ったとは思えないのである。もし私たち経済学者が自分に都合の良い理論を振りかざすのをやめて、もう少し事実に目を向けるのであれば、事実とは全く違う結論しか出ないような学説に現実的にどんなメリットがあるのか、直ちに疑問を感じるはずだ。それだけではない。すぐにわかることだが、細部に立ち入り、特に進歩が目覚ましい個々の品目を調べていくと、辿りつくのは比較的自由な競争の中で活動している企業の軒先ではなく、まさしく大企業のエントランスなのである。大企業は、農機など競争の激しい分野でも進歩の牽引役となってきた。そうなると、困ったことに、独占資本は生活水準の悪化ではなく、向上に関係しているのではないかという疑念が湧き起こる。

前章の最後で仄めかした結論は、実はほぼ完全な誤りだ。しかし、そうした結論は、ほぼ完全に正しい観察と定理[*1]から導かれている。経済学者も人気評論家もたまたま捉えた現実の断片から、またしても早合点したのである。断片自体は概ね正しく観察できているし、断片の

*1　こうした観察と定理は、実際には完璧に満足のゆくものとはいえない。特に通常の不完全競争理論の説明では、静態理論の場合でさえ、不完全競争が完全競争に近い結果をもたらす多くの重要なケースにしかるべき注意が払われていない。また完全競争に近い結果は得られないが、代償が得られるケースもある。こうした代償は生産指数に反映されるものではないが、生産指数を通じて最終的に測定を目指すものに寄与することになる。例えば、品質やサービスで評価を確立すれば、企業が市場を維持できるというケースだ。ただ、ここでは単純化のため、こうした不完全競争理論そのものの問題点は取り上げない。

形式上の特性についても概ね正しく説明できている。しかし、そうした断片的な分析から資本主義の全貌について結論を下すことはできない。それでも、くじでも引くように断片を掬い上げるのであれば、まぐれ当たりに期待するしかない。くじは引いたが、まぐれ当たりなど起きなかったのである。

本当に捉えなければならない本質的なポイントは、資本主義を論じている時は発展のプロセスを論じているという点にある。これほど明白な事実を、しかもカール・マルクスがとうの昔に力説していた事実を見逃す人がいるのは不思議に思えるかもしれないが、今の資本主義論の大多数は、こうした断片的な分析を基にしており、この点を一貫して見落としている。ここで改めてこの点を取り上げ、目下の問題にどう関わってくるか考えてみよう。

つまり、資本主義とは本来、経済がどのように変化していくかという変化の形態・方法であり、決して静態的なものではないし、静態的ではあり得ない。資本主義のプロセスにこの発展という特徴が表れるのは、経済活動を取り巻く社会・自然環境が変化し、それに伴って経済活動の所与の条件が変わることだけが理由ではない。確かにそれも重要な要素で、そうした変化(戦争や革命など)で産業が変わることも少なくないが、それは変化の主因とは言えない。また、人口・資本のほぼ自動的な増加や貨幣制度の変転が主因なわけでもない。これについても全く同じことが言える。資本主義の動力装置を起動し、動かしている大本の推進力は、資本主義企業が生み出す新しい消費財、新しい生産・輸送方式、新しい市場、新しい産業組織形態から来ている。

前章でみたように、大まかに言って一七六〇年－一九四〇年の労働者世帯の家計簿の中身は、単に同一線上で増えてきたのではなく、質的な変化の過程を経てきた。同様に、一般的な農場の生産装置も、輪作・耕作・施肥の合理化から今日の機械化に至り、昇降機や鉄道と結びついたという革命の歴史を歩んできた。木炭高炉から近代的な高炉へと発展を遂げた製鉄産業の生産装置の歴史も、上掛け水車で発電する方式から近代的な発電所に移行した発電設備の歴史も、郵便馬車から航空便へと飛躍を遂げた輸送の歴史も同様だ。国内外の新たな市場の誕生や、組織の発展（工芸品の売店・工房からUSスチールのような企業への発展）も同じ過程を物語っている。生物学の用語を借りるなら、産業上の突然変異で経済構造に絶えず内部から革命が起き[*2]、古い構造が絶えず破壊され、新しい構造が絶えず生み出されている。この「創造的

*2　こうした革命は、厳密に言えば絶えず起きているわけではない。革命は突発的に孤立して起きる。革命と革命の間には相対的に無風の状態がある。しかし、革命もしくは革命の結果を消化する動きが常に存在するという意味では、このプロセス全体は絶えず進行している。この二つが合わさって、いわゆる景気循環を形成することになる。

破壊」の過程《プロセス》こそ資本主義の本質を示す事実だ。これが資本主義の姿であり、すべての資本主義企業はこの中で生きていかねばならない。この事実は目下の問題に二つの面で関わってくる。

第一に、こうしたプロセスでは各要素の本当の機能と最終的な結果が明らかになるまで、かなりの時間がかかる。したがって、このプロセスのある特定の時点を切り出して、成果を判断しても仕方がない。このプロセスは数十年、数百年かけて展開していくのであり、長い目で実績を評価する必要がある。経済システムだけでなく、あらゆるシステムに言えることだが、持てる力を常に限界ぎりぎりまで発揮するシステムよりも、どの時点でも持てる力を完全には発揮しないシステムの方が、長期的に見て優れた結果を残す場合がある。余力を残すことが、長期にわたって一定水準、一定ペースの成果を出す条件になることがあるためだ。

第二に、ここで論じているのは、物事が有機的に結びついているプロセスであり、特定の部分（例えば、個別の企業、個別の産業）だけを切り出して分析しても、メカニズムの細部は明らかになるかもしれないが、それ以上の全体像は見えてこない。個々の企業戦略は、そうしたプロセスの一環として捉えなければ、またそうしたプロセスが生み出す状況の中で捉えなければ、本当の意味は摑めない。創造的破壊という嵐が絶えず吹き荒れる中で個々の戦略がどんな役割を果たしているのかを見極めるべきであり、この点を無視して、つまり常に無風の状態を仮定して分析を進めても何も見えてこない。

だが、特定の時点だけを切り出して、例えば寡占産業（少数の大企業からなる産業）を眺める経済学者から見れば、その範囲内で起きる例の企業の動きと対抗措置は、価格の吊り上げと生産制限を狙った行為としか映らない。そうした学者は、まさにこの無風状態を仮定している。ある瞬間のデータを、まるで過去も未来もないかのように切り出し、それを基に利潤の最大化という原理で寡占企業の行動を分析すれば、すべてがわかると思い込んでいる。通常の論文や通常の政府委員会の報告書は、そうした企業行動がこれまでの流れを踏まえた結果であること、またそうした企業がやがて確実に変化する状況に対応しようとしていること——足場が崩れる中で踏ん張ろうとしていることを事実上全く見て取ろうとしない。つまり、通常解き明かされるのは、今現在の資本主義の構造がどうなっているのかという問題だが、本当に考えなければいけないのは、資本主義がどのようにそうした構造を生み出し、破壊するのかという問題なのである。この点を認識しない限り、意味のない分析をしていることになり、この点を認識すれば、資本主義の手法と社会への影響について、これまでの見方が大きく変わることになる。[*3]

まず、競争の仕組みに関する従来の概念を改める必要がある。経済学は価格競争しか見ていなかった段階からようやく抜け出しつつあり、品質競争と販売努力が神聖な学門の領域に入ることを許されれば、価格という変数はたちまち主役の座を追われるはずだ。それでも、学者の関心を事実上独占するのは、やはり硬直的なパターンの中での競争——特に生産方式や産業組織の形態が変化しないという条件の下での競争だ。しかし、教科書の中ではともかく、現実の資本主義で重要になるのは、そうした類いの競争ではない。鍵を握るのは新製品、新技術、また新しい供給地や新しい組織形態（巨大な管理装置など）が仕掛ける競争だ。これはコスト・品質面で圧倒的に優位に立つことが求められる競争であり、従来型企業の利益・生産の限界部分ではなく、企業の基盤・生命そのものを攻撃する競争だ。こうした競争は先ほどの競争とは比べ物にならない威力を発揮する。ドアをこじ開けるのではなく爆破するくらいの威力がある。そこまで重大な競争であるため、普通の意味での競争とどちらが即座に作用するかは、さほど大きな問題ではなくなる。生産の拡大と価格の引き下げを長期的に促す強力な梃《てこ》入れ手段であり、そもそもの成り立ちが違う。

　言うまでもないが、今ここで想定している競争は、実際に起きている場合だけでなく、脅威として絶えず存在しているだけでも威力を発揮する。実際の攻撃が始まる前から緊張が漲っている。実業家はたとえ自分の市場にライバルがいなくても、競争にさらされていると感じる。また、ライバルはいるが、政府の調査官が「この市場や隣接市場には実質的に競争がない。尋問で競争が厳しいと嘆く実業家は嘘をついている」と判断する場合でも、競争にさらされていると感じている。こうなると、長期的には、すべてとは言わないが多くのケースで、完全競争のパターンに酷似した行動を求められることになる。

多くの理論家はこれとは逆のことを考えている。次の例が一番わかりやすいだろう。ある地区に一定数の店があり、サービスと「雰囲気」で競っているが、価格競争は避け、古くからの地元のやり方を頑なに守っているとする。活気のない昔ながらの商店街の光景だ。他の店がこの地区に参入すると、確かにこの準均衡状態が崩れるが、それで買い物客が得をするわけではない。どの店も縄張りが狭まり、店主の生計が成り立たなくなるため、暗黙の了解で事を値上げで解決しようとする。そうなると、さらに売り上げが落ち、値上げが繰り返される。この場合、供給が潜在的に増えれば、価格は下がるのではなく上がり、売り上げは増えるのではな

*3 大きく変わるのはあくまで経済の実績に対する評価であって、道徳上の判断ではないことを理解する必要がある。道徳上の判断には独自の基準があり、社会（もしくは社会以外のもの）にどのような結果をもたらすかは道徳上の判断に影響しない。定義上、社会に良いか悪いかで物事の善悪を判断する功利主義のような道徳基準を採っている人なら話は別だが。

く減ることになる。

こうしたケースは確かに起きる。その仕組みを解明しようというのは全くもって適切だ。しかし、多くの実例を見ればわかる通り、これは主に資本主義の最前線から最も遠い業種に見られる周縁的な現象だ。[*4] しかも、固《もと》より過渡的な現象である。小売業で重要になる競争は、同じタイプの新規参入店が仕掛ける競争ではなく、デパート、チェーン店、通信販売、スーパーが仕掛ける競争であり、これが遅かれ早かれ、値上げで積み上げた楼閣を破壊することになる。[*5] この本質的な面を見落とす理論は、資本主義の最も資本主義的な面を悉く見落としている。たとえ事実としてロジックとして正しいとしても、デンマーク王子の登場しない『ハムレット』のようなものだ。

*4 これは不完全競争理論の解説で度々目にする説――「不完全競争の下では、メーカーや流通業者の規模が不合理なほど小さくなる傾向がある」という説――にも言えることだ。その一方で、不完全競争は現代産業の際立った特徴とも言われているのだから、こうした理論家は（右で述べたような周縁的なケースだけを想定しているのでなければ）一体どんな世界に住んでいるのだろうか。

*5 個人商店という特殊な条件（環境面の条件、人的な条件）の下では、競争の脅威が存在するだけで緊張感が漲るという通常の効果は得られない。個人商店は自らのコスト構造の制約があまりにも大きく、どうにもならない限界内でどんなにうまく切り盛りしても、仕入れ値で販売する余裕がある競争相手の手法に順応することは到底できないためだ。

第8章 独占的行為

これまでの点を踏まえれば、現実に目にする可能性の高い大多数のケースに申し分なく対応でき、完全競争の不在を直接・間接の理由に営利経済を批判する大抵の論調に問題があることがわかるはずだ。ただ、先ほどの論証がそうした批判の一部にどう関わってくるのか、一見してわかりづらいところもあるかもしれない。二、三の点をもう少しはっきりさせるため、多少詳しく論じる意味はあるだろう。

（1）先ほど見た通り、新しいもの（新技術など）が現実として、もしくは脅威として存在する場合、これまでの産業構造が揺らぐことになる。このため、すでに確立した地位を生産制限で守り、そこから得られる利潤を最大化しようという行為は、長期的には立ち行かなくなり、問題としての重要性は大きく低下する。ここでもう一つの事実を認める必要がある。この種の取引制限は、まだ威力を保っている場合、創造的破壊の絶えざる嵐の中で新たな意義を帯びる。静態的な状態、もしくはバランスのとれた緩やかな成長が続いている状態では持ち得ない意義を帯びる。静態的もしくはバランスのとれた状態で取引制限という戦略を取ると、どちらのケースでも必ず消費者を犠牲にする形で企業の利潤が増える（もっとも、バランスのとれた成長が続いている場合は、それが依然として追加投資の資金を確保する一番手っ取り早い効果的な手段であることが判明する可能性はある）[*1]。ところが、創造的破壊のプロセスで取引制限を行うと、経済の安定度が格段に高まり、一時的な問題を大きく和らげる効果が期待できる。実際、これは不況になると必ず耳にするごくありふれた主張であり、周知の通り、昨今、政府や政府の経済顧問の間で頗る評判が良い。全国復興庁（ＮＲＡ）を見給え。こうした政策は運用や対応にかなりの問題があり、大抵の経済学者が心底嫌っているが、政策を導入した当の経済顧問は、ここに非常に普遍的な原理が働いていることを一貫して見落としている[*2]。

現実の投資には、起業活動を補完する上で、保険やヘッジといった一定の安全装置が必ず必要になる。状況が目まぐるしく変わる中で長期の投資をするのは——特に新商品や新技術の影響で状況が変化している、もしくはいつ変化するかわからない中で長期の投資をするのは

――はっきり見えない、動いている的《まと》を、しかも急激に動きを変える的を射抜こうとするようなものだ。このため、特許を取得する、とりあえず工程を秘密にする、また一部のケースでは前もって長期契約を締結するといった保護装置の助けを借りる必要が出てくる。大抵の経済学者が合理的な経営では正常な手段と認める[*3]こうした保護装置は、実は大抵の経済学者が槍玉に上げるその他諸々の広い意味での保護装置の特殊な例にすぎない。経済学者は自分が認めたものと根本的に同じものを批判している。

例えば、戦争のリスクは保険の対象になる。この保険のコストを消費者から回収しても誰も文句は言わないだろう。しかし、そうしたリスクは、保険を掛ける手段がない場合も、長期

*1　この可能性を認める人間は大きな過ちを犯していると考える理論家は多い。銀行や民間の貯蓄者から資金を借りた方が（公営企業なら、所得税収入から資金を調達した方が）、取引制限で得た余剰利益を利用するより遥かに合理的だと直ちに指摘するのである。確かに、一部の行動パターンについては全くその通りだが、それが全くの間違いである行動パターンもある。私は資本主義もロシア型の共産主義も後者に分類するのが相応しいと思う。ただ、ポイントは、理論的に考えても――特に短期的な視点で理論的に考えても――この問題は解決できないという点にある（解決の役には立つが）。これについては第3部でまた取り上げる。

*2　特に、「価格パリティ」の維持を目指す政策が百害あって一利ないことはたやすく証明できる。

*3　ただ、こうした装置でさえ進歩を妨げる要因になると考える経済学者もいる。資本主義社会では恐らく必要だが、社会主義では不要になるというのである。確かに一理あるが、特許などによる保護は、営利経済では、差し引きで考えれば進歩を妨げる要因ではなく、進歩を促す要因になるという説が揺らぐわけではない。

的なコストの一つであることに変わりはない。その場合に企業が同じ目的で価格戦略をとると、不要な取引制限や過剰な利益を伴っているように見える。同様に、特許が取得できない場合、もしくは取得できても事実上効果が期待できない場合、投資の正当性を示すには特許以外の手段に頼らざるを得ない場合がある。例えば、価格戦略を通じて通常合理的と思える以上のペースで償却を進める、攻撃もしくは防衛のためだけに追加投資をして余剰生産能力を確保するといった手段だ。また投資前に長期契約を締結できない場合は、顧客を囲い込むために別の手段を編み出す必要が出てくる場合もある。

ある特定の時点だけを切り出して、こうした企業戦略を分析する経済学者や政府の調査官から見れば、このような価格戦略は略奪的と映り、取引制限で生産の機会が奪われたと映る。長期的な発展プロセスにはこの種の制限がつきものであること、絶えず吹き荒れる嵐の中ではこの種の取引制限が往々にして避けられないこと——取引制限は長期的な発展を助けているのであり、阻んでいるのではないこと——が見えないのだ。これは矛盾でも何でもない。自動車はブレーキがあるからこそ、ブレーキのない場合より早く走れる。

(2) こうした点は特に、新しいものや新しい手段の登場で既存の産業構造が揺らいだ時期の産業にはっきり見て取れる。実際、ありのままの生きた企業戦略の姿を知るには、新しい商品や工程を導入する新興企業・産業の動き（アルミ産業など）や、業界再編の火付け役となる新興企業・産業の動き（旧スタンダード・オイル社など）を見るのが一番良い。

先に指摘した通り、こうした企業は固《もと》より攻撃的な性格を持っており、競争という実に強力な武器を振り回す。このような企業が乱入すると、極めて稀なケースを除いて総生産の質や量がアップする。これは新しい方法が（たとえ限界ぎりぎりまで利用されることがなくても）威力を発揮するためであり、また、そうした新しい方法が従来の企業に圧力をかけるためだ。ところが、乱入した企業は、商品の価格と質だけでは勝負できず、攻撃や防御のために別の鎧《よろい》が必要になる状況――しかも、そうした鎧を絶えず戦略的に使い分けなければならない状況に追い込まれる。このため、ある時点だけを取り出してみると、生産制限と価格の吊り上げしかしていないように映る。

第一に、壮大なプロジェクトは「巨額の資本や経験が要るので競争が起きにくい」とか「競争を抑えたり封じ込める手段があるので、開発をさらに進めるための時間と余地を確保できる」といった目算が初めからなければ、実現しない場合が多い。本来なら太刀打ちできない企業を資本の力で支配するケースや、一般的なフェアプレーの感覚に反する行為で優位な立場を得るケース（鉄道運賃のリベートなど）でさえ、総生産への長期的な影響という点だけを考えれば、従来とは異なる見方ができる。[*4] つまり、そうした行為は私有財産制度の下で立ちはだかる経済発展の障害を取り除く手段であるかもしれないのである。社会主義社会でも時間と余地は必要になる。中央権力の指令でそうしたものを確保することになるのだろう。

　第二に、事業というものは「目の前に素晴らしいチャンスがあり、価格・品質・量をうまく操作すれば利益が得られる。状況が極端に悪化した場合も、そうした操作で乗り切れる」という目算が初めからなければ、成立しない場合がほとんどだ。ここでも短期的には往々にして取引制限につながる戦略が必要になる。この戦略では、成功した場合も大多数が不測の事態を乗り切れる程度の利益しか得られないが、一部のケースでは投資の誘発に必要な水準を遥かに超える利益が上がる。これが未踏の領域に資本を呼び込む餌となる。そうした際立った成功例のあることが一因となって、資本主義の世界ではこれだけ多くの利益の上がらない企業が存在していられる。アメリカでは好況期の一九二〇年代でさえ、約半数の企業が赤字か収支トントン、もしくは、あらかじめわかっていれば販売努力や投資はしなかったというレベルの利益しか上げていない。

　ただ、こうしたことは新しい企業・手法・産業だけに言えることではない。古い企業、すでに実績のある産業も、直接攻撃を受けようと受けまいと、絶えず吹き荒れる嵐の中で活動している。創造的破壊のプロセスでは、一時的に嵐を乗り切ればまだまだ活躍できる企業も、数多く退場を迫られる場合がある。そうした恐慌や不況に至らなくても、業界内で所与の条件が急激に変わり（これは創造的破壊のプロセスの特徴だ）、一時的な混乱で不要な損失や不要な失業が発生する場合もある。そして、衰退産業をいつまでも守り続ける意味は確かにないが、そうした産業が一気に崩壊するのを防ごうという努力には――ドミノ不況の震源になりかねない混乱を秩序ある退却に変えようとする努力には意味がある。したがって、駆け出しの頃のような無茶はしないが、まだまだ健在で衰えていないという産業には、秩序ある発展というものが存在する。[*5]

*4　この但し書きをつけておけば、この説が引き起こすのではないかと思われる反論に、正当な根拠はなくなると思う。この但し書きの意味が不明瞭だという人には、このケースでは（このケースだけでなくすべてのケースでそうであるべきだが）、道徳的な側面は経済面の主張に全く左右されないという点を改めて指摘させてほしい。あとは次の点を考えて頂きたい。疑問の余地がない明らかな犯罪行為であっても、教養のある判事、教養のある陪審員なら「犯罪に至った隠れた動機は何か」を考えるだろうし、「そうした犯罪行為に社会的に望ましいと思える効果があるかどうかで事情は変わってくる」と考えるはずだ。

別の反論の方が重要なポイントをついているかもしれない。企業がそのような手段でしか成功を収められないのであれば、企業には社会的なメリットがないのではないかという反論だ。こうした反論は極めて簡単に支持できるが、「他の条件が等しければ」という厳しい制約条件が必要だ。つまり、事実上、創造的破壊の過程――資本主義の現実――を締め出すことになる。考えればわかるが、特許との類推でその点がはっきりする。

無論、これはどれもごくありふれた常識的な話にすぎない。しかし、時に誠意を疑いたくなるほど、徹頭徹尾無視されている。また、理論家はこのプロセスで起きる一切の現象を景気循環論として片づけてしまいがちだが、創造的破壊のプロセスの下では、産業の自己調節に理論家の考えている以上の側面があることになる。カルテル型にしても、価格競争上、暗黙の了解で行う単純な形にしても、取引制限――「取引の抑制」――は、不況時の効果的な対策になり得る。スピードを制限せず一気に全速力で突き進めば惨事は免れないが、取引制限にそうした効果がある限り、結果的には、全速力で突き進んだ場合よりも相対的に安定した高い経済成長を実現できる可能性がある。また、そうした惨事はいずれにしても避けられないと断言することもできない。私たちは過去の惨事で何が起きたかを把握しているが、創造的破壊の凄まじいペースを考えると、そうした歯止めが全くなかった場合、一体何が起きていたのか、非常に不完全な形でしかイメージできない。

ただ、これで取引制限や取引を調整する戦略について論じ尽くしたわけではない。確かにこうした戦略は、多くのケースで長期的な生産動向に悪影響を及ぼす。問題は、それが十把一絡げにすべてのケースで悪影響を及ぼすとされている点にある。ここで取り上げたケースにしても、差し引きでどのような結果になるかは、個々の状況――それぞれのケースで産業がどのように、またどの程度自らブレーキをかけるかで変わってくる。カルテルの仕組みが蔓延した場合、進歩が完全にストップする可能性は十分考えられるが、一方で、完全競争で実現できるとされるすべてのことを、完全競争より少ない社会的・私的コストで実現できる可能性も十分考えられる。したがって、本書の主張は国家の規制に反対するものではない。だが、「トラストは無差別に解体すべきだ」とか「取引制限に該当するものはすべて立件すべきだ」とは一概

＊5　この点を示す好例が、第一次大戦後の自動車産業とレーヨン産業の歩みだ（この点だけではなく、ここで論じている説全体の多く点を例証している）。前者は競争の本質と意義があたかも「編集」されたかのように非常にきれいにまとまっている。絶頂期は一九一六年頃には終わっていた。にもかかわらず、多数の企業がこぞって参入し、そのうちの大半が一九二五年までに消滅している。激しい生存競争を勝ち抜いた三社は、現在では市場の八割以上を握っている。すでに確立した優位な地位や巧妙な販売・サービス組織などがあるものの、品質維持や品質アップを少しでも怠ったり、独占につながるような連携があれば、新しい競争相手の参入を招く、という意味で競争にさらされている。三社の間では競争よりは共存を目指す傾向が見られる。一部の強引な戦略は控え（ついでに言えば、こうした戦略は完全競争でも見られないはずだ）、互いに後れを取るまいと、まだ開拓されていない分野でポイントを上げようとしている。こうした状況がこれまで一五年以上続いてきたが、この期間中に理論通りの完全競争が幅を利かせていれば、今より品質の良い車や安い車が販売されていたとは断言できないし、今よりも高い賃金や安定した雇用が実現していたとも断言できない。レーヨン産業は一九二〇年代に絶頂期を迎えた。すでに完全に占有されている分野に商品を投入するとどうなるか、またそうした状況でどのような戦略が幅を利かせるかを、自動車産業の場合よりもさらにはっきりと物語っている。その他にも様々な違いはあるが、根本的なところは同じだ。レーヨンの生産量や品質が上がったことは周知の事実だが、そうした発展期にはいつの時点を取っても取引制限が行われていた。

には言えないことになる。感情を排した合理的な規制の導入は極めてデリケートな問題であり、特に大企業が集中砲火を浴びている時には、どんな政府機関にも安心して規制の導入を任せられるとは言い難い。[*6] しかし、本書で批判しているのは、あくまで従来の理論とそこから引き出せる結論であり、ここでは、現代資本主義と総生産の関係について、別の理論を提示するにとどめる——つまり、事実に対する別の見方と、事実を解釈する別の原理を提示するにとどめる。ここでの目的はそれで十分に達せられる。あとは事実そのものが物語っている。

（3）次に最近何かと注目を集めている「価格硬直性」の問題を少し取り上げよう。実はこれはこれまで論じてきた問題の特殊な側面にすぎない。ここでは価格硬直性をこう定義する。完全競争が成立している場合に比べて、価格が需給動向に敏感に反応しない場合、価格は硬直している[*7]——。

　この意味で価格がどの程度硬直しているかは、どのようなデータと測定方法を選ぶかで変わってくるため、定量的にはっきりとしたことは言えない。ただ、どのようなデータや測定方法を採用するにせよ、価格が決して見た目ほど硬直的ではないことは確かだ。実際には価格が変動しているのに、それが統計に現れない理由がいくつもある。つまり、偽の硬直性が存在する理由がいくつもある。ここでは、本書の分析で強調してきた事実に直結する理由だけを挙げよう。

すでに触れたように、資本主義のプロセス全般、特に競争のメカニズムでは、新商品の乱入が重要なポイントになる。さて、新商品が登場すれば、従来の構造が見事に打ち壊され、従来よりもずっと安いサービス単価で特定の欲望を満たせる可能性がある（例えば輸送サービス）。ただ、その際に統計上の価格は何一つ変わらないというケースもあり得る。これは実際には弾力的に動いているが、表向きは硬直しているというケースだ。このタイプとは別のケースもある。値下げするためだけに新ブランドを立ち上げ、従来のブランドは価格を据え置くという場合だ。この場合も、値下げは表に現れない。また、消費財（特に現代的な最新機器）の場合は、新商品の大多数がまず実験的な未完成の形で投入されるため、潜在的な市場を完全に掘り起こ

*6　残念ながら、こう言ったところで何か政策がまとまるわけではなく、政府の規制にどれだけ完璧に反論したところで、やはりほとんど効果はないだろう。逆に対立が激化する恐れがある。政治家、官僚、経済学者は、私が良い意味で「経済王国の加担者《エコノミック・ロイヤリスト》」からの徹底抗戦と呼ぶものには耐えられるが、自分たちの能力が疑われることには（特に今の法的判断を見ていると、そうした疑問は沸々と湧き起こる）遥かに耐えがたいものを感じるようだ。

*7　本書の目的上はこの定義で十分だが、不満を感じる人もいるだろう。ハンフリーやメイソンの論文を参照（D.D.Humphrey's article in the *Journal of Political Economy,* October 1937, E.S.Mason's article in the *Review of Economic Statistics,* May 1938）。メイソン教授は、定説に反し、価格硬直性が高まっていないこと、少なくとも四〇年前から変わっていないことなどを示した。この成果だけで十分に今の価格硬直性説の含意を一部否定できる。

すことができない。このため、各企業・各業界が事実上こぞって品質の改善に取り組むことになる。たとえ品質改良に追加費用がかかっていない場合であっても、品質が改善しているのであれば、商品の一単位当たりの価格が一定だからといって、単純に価格が硬直的だとは言えないはずだ。

もちろん、本当に価格が硬直的なケースも数多く残されている。営業戦略上、価格を据え置くケースや、価格の改定が難しいので据え置いているケースだ（激論の末、決まったカルテル価格など）。この種の価格硬直性は長期的な生産動向にどんな影響を及ぼすのだろうか。この点を考える上では、まず何よりも、この種の硬直性が本質的に短期の現象だという点を認識する必要がある。価格が長期にわたって硬直した際立った事例は見当たらない。どの製造業、どの製品群を取ってみても、一定期間の動向を調べれば、少しでも重要なものは、長期的に、価格が必ず技術の進歩に適応している――往々にして技術の進歩に合わせて驚くほど値下がりしているこ[8]とが、事実上すべてのケースで明らかになる。もっとも、貨幣的な現象や金融政策の影響で価格が下落しない場合、また一部のケースでは賃金が独自の動きを見せるために価格が下がらない場合もあるが、こうした点は商品の品質変化と同様、当然しかるべき修正を施して考慮に入れる必要がある。[9]資本主義の発展過程でなぜ価格が下落するかは、これまでの分析で十分明らかなはずだ。

この種の企業戦略の本当の狙いは、価格の季節的、周期的な変動やランダムな変動を回避し、そうした変動の底流にある、より根本的な条件の変化だけに対応して動くことにある（いずれにしてもそれ以上のことはできない）。そうしたより根本的な変化は、時間が経たないとはっきりしないため、企業の対応は不連続で緩やかなものになる。つまり、相対的に長続きする傾向が見えてくるまでは価格を据え置くことになる。専門用語で言えば、この戦略はトレンドライン（趨勢線）に接近していく階段関数（グラフが階段状になる関数）のような動きを目指す。意図的な理由で本当に価格が硬直している場合は、大抵がこのケースに該当する。実際、この点はほとんどの経済学者が、少なくとも暗黙の裡に認めている。というのも、価格硬直性説に

*8　普通は完全競争が成立している場合の方が、下落率が大きくなる。ただ、これは「他の条件が等しい」と仮定した場合にのみ言えることで、この但し書きをつけると、実際上は何の意味もない。これは以前に指摘した点であり、次の（5）でも改めて取り上げる。
*9　幸福度を考えるのであれば、別の定義を採用する方がよいだろう。一定の商品を購入するためにその時点で必要とされる労働時間で価格の変化を測定し、品質の変化も考慮に入れるという方法だ。これはすでに取り上げた。長い目で見ると、価格が下落方向に目覚ましい弾力性を示していることがわかる。価格水準の変化には別の問題もある。貨幣的な現象を反映している価格水準の変化は、基本的に硬直性の分析の対象外とすべきだが、すべての生産ラインの効率が増した相乗効果で価格水準が変化しているのであれば、分析の対象とする必要がある。

は、価格硬直が長期にわたる場合にしか当てはまらないものもあるが（例えば「価格硬直性のために消費者が技術発展の恩恵を受けられない」と断言する説のほとんど）、経済学者が実際に測定し議論しているのは、主に周期的な硬直性（特に景気後退時や不況時に価格が下がらない、もしくは直ちに下がらない例が多いという現象）なのである。したがって、本当の問題は、この短期的な価格硬直性[*10]が総生産の長期的な動向にどう影響し得るかだ。この問題の中で唯一本当に重要になるのは以下の論点である。「景気後退期や不況期に価格が高止まりした場合、間違いなく景気循環のその局面のビジネスに影響が出る。影響が甚大なケースでは、価格が完全に弾力的であった場合よりも事態が大きく悪化し、景気後退や不況の度にダメージを受けることになり、その後の景気回復期や好況期の生産にも影響が及びかねない。そうなると、価格が弾力的な場合に比べて総生産の成長ペースが恒常的に落ちることになる」――。この見方を支持する説は二つある。

第一の説の本質を最大限明らかにするため、景気後退期も値下げを拒んでいるが、値下げしてもしなくても売れる分量は全く同じという業界があると仮定しよう。したがって、この業界が硬直的な価格体系で得をする分だけ、買い手が損をし、手持ち資金が減る。もし買い手が使えるお金をすべて使う人々であり、なおかつ、この業界もしくは最終的に得をする人々が追加の収益を支出に回さず、そのまま手元に置くか、銀行融資の返済に当てれば、結果的に国内の総支出が減る恐れがある。この場合、他の業界や企業にも影響が及び、それに応じて取引制限の動きが広がれば、景気抑制効果が累積しかねない。つまり、価格硬直性が国民所得の水準や分配に大きな影響を及ぼし、残高の減少、遊休残高の増加——今はやりの俗説で言う「貯蓄」の増加——につながり得るという説だ。確かにこうしたケースを想像することはできる。だが、これが現実的に大きな問題とならないことはすぐにわかるはずだ。[*11]

第二の説は、価格硬直性の攪乱効果に着目している。不況時に一定の生産制限が起きるのは仕方ないにしても、個々の業界が必要以上の生産制限に踏み切ったり、それが他の業界にも

*10 短期と言っても、普通の意味での「短期」よりも長く続く可能性(時に一〇年以上に及ぶ可能性)を指摘しておく。景気循環は一つではなく、期間の異なる多数の循環が同時に進行している。特に重要な景気循環の一つは、平均して九年半の周期を持つ。価格の調整を伴う構造変化も、重要なものは大体この周期で起きている。目覚ましい変化の全体像を捉えるには、これよりもかなり長いスパンで物を見る必要がある。アルミ、レーヨン、自動車の価格は、四五年程度の期間を調査しなければ、正当に判断することはできない。

*11 この点を理解するには、すべての仮定を慎重に分析するのが一番良い。ここで想像した極端なケースだけではなく、もう少し条件の緩い現実的な仮定を想定してみるのである。また、価格下支えによる利潤が、経営破綻を回避する手段、少なくとも事業撤退を回避する手段になり得る点も忘れてはならない。経営破綻や事業撤退は、潜在的な総支出の減少以上に、遥かに景気悪化の「悪循環」の起点になりやすい。第二の説の説明を参照。

波及した場合、混乱が増幅しかねないという見方だ。最も重大な波及経路は、混乱に伴い失業が拡大し（実際、硬直価格は雇用不安につながるという理由で糾弾されるケースが最も多い）、結果的に総支出が落ち込むというもので、その後は第一の説と同じ道を辿ることになる。しかし、現実には決してそこまで大きな問題にはならない（どこまで大きな問題になるかは、経済学者によって見解にかなり差はあるが）。というのも、最も多く目につくのは、現実的に可能な範囲内で短期的に価格を動かしても需要が敏感に反応しないからこそ価格が硬直的になるというケースなのである。不況で将来に不安を感じている人は、たとえ二五％値引きされても新しい車は買わないのではないか。購入を先延ばししても何の問題もなく、今後さらに値下げがあると予想する場合は特にそうだろう。

ただ、この点はさておき、この説は説得力に欠ける。というのも、ここでもやはり「他の条件が等しければ」という、創造的破壊のプロセスを論じる際には許されない但し書きがついているからだ。「他の条件が等しい場合、価格が弾力的なら販売量が増える」という事実があったとしても（それが事実であったとしても）、それでその商品の生産が実際に増えるとは限らないし、ましてや総生産が増え、結果的に雇用も増えるとは言い切れない。値下げを拒めば、その産業の立場が強まることが予想できる場合（値下げを拒めば売り上げが増えるとか、市場の混乱を回避できると見込める場合）——つまり、値下げの拒否が企業側の単なる判断ミスでない限り、本来なら破壊の震源地になっていたかもしれない場所に要塞を築けるかもしれない。すでに見たように、より広い視点に立てば、不況で価格体系が破壊されるよりは、そうした価格戦略に伴う取引制限がある方が、相対的に総生産と雇用を高い水準に保てる可能性が十分考えられる。[*12]つまり、あらゆる市場で価格が完全に弾力的な場合、一般的な理論で想定する条件の下では間違いなくシステムが安定するが、資本主義の発展が生み出す条件の下では、不況時にシステムがさらに不安定になりかねない。やはりこの点も、経済学者が直接の利害関係者に同情的な分野については（例えば労働者や農業）、概ね認知されている。「硬直しているように見えるが、これはブレーキを掛けながら適応しているだけではないか」と進んで認めるのである。

近年これほど重宝されている学説がいかに内容に乏しいか、読者は恐らく驚かれるだろう。価格硬直性は、一部の人々の間で資本主義の動力装置の紛れもない欠陥とされており、事実上、不況の元凶のような扱いさえ受けている。しかし、首を傾げる理由は何一つない。個人

*12　理論家の言葉で言い換えれば、様々な価格を下支えしている歯止めをすべて取り払えば、不況時に需要曲線が一気に下方にシフトする可能性がある。

や集団は、その時々の政治的な風潮に都合の良い発見であれば、何でも飛びつく。価格硬直性という学説には、曲がりなりにも一抹の真理があり、決して最悪のケースとは言えない。

（4）もう一つの説は以下のスローガンに集約されている。大企業の時代は、投下資本の価値を維持すること（資本の保全）が起業活動の大きな目的となっており、コストの削減につながる様々な改良が阻まれる可能性が高い。したがって、資本主義の体制と進歩は両立できなくなる――。

これまで見てきたように、進歩の過程では、新しい商品・生産手段と競合する階層の資本の価値が破壊される。完全競争の世界では、古い資本財は泣く泣く改造するか、廃棄しなければならない。しかし、完全競争が存在せず、少数の大企業が各産業を支配している場合、自社の資本構造を脅かす攻撃に対抗し、資本の目減りを防ぐ様々な手段を講じることができる、つまり、大企業が進歩そのものと戦える、いや進歩そのものと戦う――というのである。

この説が取引制限という企業戦略の一面を論じたものにすぎないのであれば、すでに本章で大筋を示した考え方に何ら付け加えることはない。こうした戦略の限界と創造的破壊の過程で果たす役割について、これまで述べてきたことをただ繰り返すばかりだ。これについては、資本価値の保全は、利潤の保全と同じだと考えれば、一層はっきりするだろう。実際、現代理論では「利潤」という概念の代わりに「資産の正味現在価値」（＝資本の価値）という概念を使う傾向がある。資産の価値も利潤も単に保全されるだけでなく、最大化されることは言うまでもない。

ただ、事のついでに、コスト削減につながる改良が阻まれるという点について、もう少し説明しておきたい。これは少し考えればわかることだが、今使っている工場・設備の一部もしくはすべてが不要になってしまうような技術上のアイデア（特許など）を持つ企業が、どんな行動に出るかを考えればよいのである。資本家の利害関係に捕われていない経営（例えば社会主義型の経営）であればそうしたアイデアを社会全体の利益のために活用できる、活用するというケースであっても、この企業は資本価値を保全するために新しいアイデアの活用を見送るのだろうか。

ここでも、実際のところはどうかという点を指摘してみたくなる。まず、現代企業は資金の余裕があると思えば、すぐさま研究部門を立ち上げる。この部門の社員は改良策を編み出せるかどうかに生活がかかっていることを知っている。それを考えれば、企業が技術発展を嫌悪しているとは思えない。また、企業の取得した特許が直ちに活用されないケースや全く活用されないケースがあるではないか、というのも反論にはならない。これには実にまっとうな理由があるかもしれない。例えば、特許を取った工程が実際には使えないことが判明したとか、少なくとも商業ベースに乗らないことがわかったという場合だ。考案者自身にしても、この問題を調査する経済学者や政府の調査官にしても、これについては公正な判断を下せない。こうした人々の抗議や報告に耳を傾ければ、得てして非常に偏ったイメージをつくりあげることになりかねない。[*13]

ただ、ここで関心があるのは理論の問題だ。新しい生産方式の製品一単位当たりの総コストが、今使っている生産方式の製品一単位当たりのプライムコスト（直接材料費と直接労務費）を下回ると予想できるなら、民間経営にしても、社会主義経営にしても、改良を受け入れるという見方に異論はないだろう。この条件が満たされない場合については、民間経営では既存の工場・設備の償却が完全に終わるまでコスト削減につながる方式の採用が見送られるが、社会主義経営では、コスト削減につながる新方式があるなら、社会の利益のために直ちに――資本の価値は無視して――新方式に切り替えるといった主張が展開されている。だが、これは正しくない。[*14]

もし民間経営が利潤を動機としているのであれば、建物や機械の価値を維持することに、社会主義経営以上に関心を寄せることはない。民間企業が目指すのは、総資産の正味現在価値の最大化、つまり予想純収益の割引価値の最大化だ。言い換えれば、将来の支出フロー一単位当たりで得られる将来の所得フロー（ともに現在価値に割り引いた値）が今の生産方式よりも増えると見込めれば、必ず新しい生産方式を導入する。たとえ借金の返済が終わっていなくても、投下資本の価値は、社会主義経営でも計算に入れる必要があるもの以外、全く計算に入らない。そうしたケースで計算に入れる場合も、社会主義経営以上に計算に入れることはない。新方式を直ちに導入するよりも、古い機械を使った方が将来のコストを節約できる場合は、民間経営でも社会主義経営でも、当然、古い機械の残りの利用価値が判断材料の一つとなるが、それ以外の場合は、民間経営でも社会主義経営でも、過ぎたことは過ぎたことであり、投下資本を保全しようという行為は、社会主義経営の行動規範に反するのと同じく、利潤の追求から導き出せるルールにも反することになるだろう。

*13　ちなみに、こうした取引制限が広く存在する場合、社会福祉にプラスの影響がないと言い切れないことを指摘しておく。実際、進歩の妨害を批判する人が、資本主義の急激な進歩で社会的な損失が出ると訴えている。特に、進歩のペースが急激だと失業者が出るので、進歩のペースを抑えれば失業をある程度抑制できるのではないかと言うのである。となると、この人たちにとって技術の進歩は速すぎるのか、遅すぎるのか。はっきり決めた方がいい。

*14　たとえそうした主張が正しいとしても、今論じている条件の下で資本主義と「技術の進歩が両立しない」という説を裏づけるには不十分だろう。裏づけられるのは「一部のケースでは、新方式が概ね多少の時間差を伴って導入される」という説にとどまるだろう。

ただ、民間企業が新方式を利用できる状態にあるが、新方式を採用すれば、今所有している設備の価値がなくなるという場合（この企業が新方式を利用できない場合は何の問題もなく、糾弾されることもない）、新方式が導入されるのは「新方式の一単位当たりの総コストが旧設備の一単位当たりのプライムコストより少ない場合」か「旧設備の償却が新方式の登場前に決まったスケジュールに従って終わっている場合」に限られるという見方があるが、これは正しくない。というのも、新設備の耐用期間が、事前に想定していた旧設備の残存耐用期間を上回ると想定される場合、新設備の導入時点の残存価値の現在価値も資産の一つとして考慮されるからだ。また同じような理由で、合理的な社会主義経営では、単位当たりの総コスト低下が見込まれる場合、必ず直ちに新方式が採用されるという見方や、それが社会の利益になるという見方も正しくない。

しかし、新方式の導入を大きく左右する要素でありながら、一貫して見過ごされているもう一つの要素[*15]がある。これは、一段の改良を見越して前もって資本を保全しておく行為と言えるかもしれない。画期的な新しい生産方式が開発され、それが今現在手に入る最良のものであり、今後しばらくはそれを上回るものがすぐ利用できる形では登場しないと考えられる場合でも、企業が採用を迷うケースが、大多数と言わないまでも頻繁にある。一般に新しい機械は次々と改良されていくものであり、すぐに廃れる恐れがある。このような場合、新しい機械が出る度に毎回資本を減らして購入するのはどうみても合理的とは言えない。となると、どの時点で購入するかが大きな問題になる。基本的には主に憶測を基に色々考えて妥協するという形にならざるを得ないが、その際には今後の動向を見極めるため静観するという行為が大抵伴うはずだ。これは外部の人間には、既存の資本価値を守るために進歩を妨げようとしていると映る可能性が十分にある。しかし、社会主義経営の下で理論家のアドバイスを受け入れ、毎年のように工場や設備を廃棄処分にするといった馬鹿な真似をすれば、いくら我慢強い同志でも怒り出すだろう。

（5）この章題をつけたのは、主に世間一般で独占や独占的行為と結びつけられている事実や問題を取り上げているためだ。これまで極力「独占」という言葉を使わないようにしてきたが、それは独占と特に関係の深い一部の問題をこの節でまとめて論じたかったからである。といっても、ここで論じるのはこれまで何らかの形で触れてきたことばかりだ。

（a）まず、用語自体の問題がある。「独占事業者」とは「他に売り手がいない（*Single*

*15　もちろん、他にも数多くの要素がある。原理上の一部の問題を論じる際に、関連するトピックをすべて論じ尽くすことはできないという点をご理解頂きたい。

Seller 唯一の売り手）」いう意味だ。このため、文字通りに取れば、ラッピングや場所・サービスを含む一切の点で他と少しでも違うものを売っている事業者は独占事業者といえる。どの八百屋も、どの洋品店も独占事業者であり、路上で並んでアイスクリームを売っていても、他とは違うブランドのアイスクリーム（例えばグット・ヒューマー社のアイス）を売っている人は独占事業者だ。ただ、一般に言う独占事業者はそのようなものではない。普通、独占事業者と言う場合、その企業の他に売り手がなく、同一商品を売りたいと考える生産者も、類似の商品を売っている生産者も、市場に参入できない。もう少し専門的な言い方をすれば、自社の動きやそれに対する他社の対抗措置から厳密に独立した所与の需要曲線と向き合う唯一の売り手だけを指して、独占事業者と呼んでいる。こう定義しなければ、後に拡張・修正された形の伝統的なクールノー＝マーシャルの独占理論は成り立たず、この理論に合わない事業者を独占事業者と呼ぶ意味はないと思える。

　しかし、独占事業者をこう定義すればすぐにわかることだが、純粋な意味での独占が長期にわたって続くことは極めて稀なはずだし、この定義にある程度まで近いと言えるケースでさえ、完全競争の例よりもさらに稀なはずだ。一定の需要のパターン――独占事業者の行動やそれが巻き起こす対抗措置には左右されない需要のパターン――を思いのままに利用できる力を総生産の分析に影響するほど長期にわたって保てるケースは、公権力の助けがない限り（専売公社など）、純粋な資本主義ではまず考えられない。たとえ輸入関税や輸入制限で保護されていても、そうした保護を受けていない企業が、そのような力を長期にわたって振りかざしている例を今の時代に探し出すのは容易なことではないし、想像することさえ難しい。鉄道会社や電力・照明会社でさえ、まず需要を掘り起こさなければならなかったし、需要を掘り起こした後も自ら開拓した市場を競争相手から守らなければならなかった。独占事業者のように振る舞う限り、公益事業以外で唯一の売り手の座を勝ち取り、何十年にもわたってその座にとどまることなど普通考えられない。短期の独占については後ほど取り上げる。

ならばなぜ、これほど独占が騒がれるのだろうか。これは政治的な議論が人々の心理にどう影響するかという問題と無関係ではないだろう。無論、独占という概念はかなりいい加減に使われている（これは独占の概念に限った話ではないが）。ある国が何かを独占しているといっても、その業界内では激しい競争が起きているといったケースもある。[*16] しかし、それだけではない。アメリカの経済学者、政府機関、マスコミ、政治家は独占という言葉が大好きだが、それはこの言葉が誹謗中傷の言葉になっており、独占というレッテルを張れば、どんな組織に対しても世論の怒りを確実に煽ることができるからだ。英米では、一六－一七世紀のイギリスで独占を多数認める行政手法が広がって以降、いつの時代も独占は罵られ、無意味な搾取と思われてきた。当時の独占企業の行動はかなりの程度まで独占理論のパターンに一致するもので、ごく当然のこととして、非難の嵐を巻き起こし、エリザベス女王でさえ対応を迫られた。

国の記憶ほど消し去り難いものはない。今のアメリカは、数世紀前に起こったことに国を挙げて反発するという、いささか重要な事例をまたしても提供している。例の行政手法以降、英語圏では世論が独占に敏感になり、ビジネスで気に食わないことは、事実上何であれ、あの卑劣な力のせいにする習慣が身についてしまった。特に典型的な自由主義ブルジョア層は独占を諸悪の根源と考え、実際にも目の敵にした。アダム・スミス[*17]は、主にチューダー朝、スチュアート朝型の独占を念頭に、有無を言わさぬ目つきで独占を睨みつけた。大抵の保守派の例に漏れず、時としてデマゴーグの武器を借りる術を心得ていたサー・ロバート・ピールも、舞台の去り際に残した最後の言葉で――身内から強烈な非難を招いたあの有名な演説で――パンの独占、穀物の独占について語った。イギリスの穀物生産は保護されてはいたが、無論、完全な競争が成立していた[*18]。そして今のアメリカでは、事実上すべての大企業が独占企業とされている。

(b) 単純独占・差別独占の理論によると、特殊なケースを除けば、独占価格は競争価格よりも高くなり、独占企業の生産量は競争企業の生産量よりも少なくなる。これが正しいのは、生産方式・組織など諸々の条件が独占企業と競争企業で完全に同じだと仮定した場合だ。だが実際には、独占企業には利用できるが、その他大勢の競争企業には利用できない、もしくはそう簡単には利用できない優れた方式が存在する。というのも、事実上、独占事業者のレベルでしか得られない強み（厳密に言えば競争企業のレベルでも不可能ではないが）があるからだ。

*16　こうした「独占」は最近、侵略国家に対する禁輸措置案に関連して、注目を集めている。禁輸措置を巡る議論の教訓は、類推を働かせれば、本書の問題にもある程度まで関係してくる。まず、禁輸措置を武器として活用できるという見方が広がった。次に、よくよく検討してみると、侵略国で生産できないもの、代替できないものがほとんどないことが次々に判明し、対象品目の候補がどんどん減っていくことがわかった。そして最後には、短期的には一定のプレッシャーをかけられるかもしれないが、長期的には対象品目の候補が事実上なくなってしまうのではないかとの疑念が浮上し始めた。

*17　アダム・スミスなどの古典派が、総じて頭ごなしに独占を批判したのは、古典派の後継者に比べれば、致し方ない面もある。今でいう大企業が当時なかったためだ。ただ、それにしても古典派の批判は行き過ぎた。これは適切な独占理論がなく、独占という用語をかなり手当たりしだいに当てはめたことに加え（例えば、アダム・スミスは、またシーニョアでさえ、地代を独占利益と見なした）、独占事業者が事実上、無制限に搾取できる力を持つと考えたことが一因だ（これは当然、最も極端なケースでも誤りである）。

*18　この例は、独占という言葉が知らず知らずのうちに誤用されていることを浮き彫りにしている。農業の保護と農産物の独占は全く別の問題だ。当時の争点は保護であり、ありもしない地主や農家のカルテルではなかった。にもかかわらず、保護主義との戦いで、独占という言葉が威力を発揮した。拍手喝采を浴びるには、保護主義者に独占のレッテルを張るのが一番手っ取り早いのは言うまでもない。

それは例えば、独占が進めば頭脳が物を言う領域が増え、物を言わない領域が減る可能性があるからであり[19]、また、独占で圧倒的な資本力を確保できるからだ。この場合、先ほどの理論は通用しなくなる。つまり、価格や生産量を考えれば競争はあった方が良いという説は完全に根拠を失う可能性がある。というのも、競争理論で想定するような企業で達成できる生産効率・組織効率では、価格が独占価格より低くなるとは限らないし、生産量も独占企業より多くなるとは限らないのである。

普通に考えれば、今の時代、現実としてそうした強みを持っているのが、典型的な巨大管理装置の際立った特徴であることを疑う理由はない（無論、規模の大きいことがそうした強みを持つ必要条件でも十分条件でもないが）。そうした装置は創造的破壊のプロセスで登場し、静態理論の図式と全く異なる役割を果たすだけではない。決定的に重要な多くのケースでは、そのような形態がなければ事業が成り立たない。基本的には自ら利用するものを生み出していると言え、たとえ学術的な意味で完全な独占に該当するケースであったとしても、長期の生産に及ぼす影響について通常言われていることは当てはまらない。

動機は全く関係ない。たとえ独占価格を設定することが唯一の目的であったとしても、手段の改良や巨大な装置の導入を迫られ、それに伴い独占価格の最適水準が、先ほど述べた意味での競争原価に近づいたり、それ以下に下がることが多い。したがって、たとえ取引制限が習慣的に行われていたり、余剰生産能力が絶えず存在している場合でも、競争メカニズムと同じ機能が——部分的に、もしくは完全に、または競争メカニズム以上に——働いている。[*20] もちろん、独占によって（もしくは独占の影響で）生産方式や組織などが改善されない場合は（通常のカルテルのような場合）、古典的な独占価格・生産量の理論が再び本領を発揮することになる。[*21]

*19　読者は以下の点を認識すべきだ。一般にある種の秀才が存在することは疑う余地がないが、頭脳で劣る人々は（特に自分が完全にふるい落とされた側の人間である場合）、その点を認めないことが多い。また世論や、事実関係を伝える経済学者は、秀才よりも頭脳で劣る側に同情する。これは以下の点と何か関係があるのかもしれない。独占的な要素のある合併では、かつて、目論見書や後援者の発表でコスト・品質面のメリットを誇張する例が目立ったが、最近はそうしたメリットを控えめに言う傾向が同じくらい目立つ。

*20　アルミナム・カンパニー・オブ・アメリカ（アルコア）は、先の定義に従えば、厳密な意味では独占企業ではない。特に同社は自ら需要曲線を作り上げなければならなかった。それだけでもクールノー＝マーシャル型の図式には当てはまらない行為と言える。ただ、大抵の経済学者はアルコアを独占企業とみなしており、本当の独占の例が乏しいこともあり、この脚注の目的上、アルコアを独占企業として扱うことにする。この「唯一の売り手」の基本商品の価格は一九二九年には一八九〇年の約一二％に下がった。物価水準（労働統計局の卸売物価指数）の変動を調整したベースでは約八・八％だ。生産は三〇トンから一〇万三四〇〇トンに増加した。特許による保護は一九〇九年に切れている。こうした「独占」をコストや利潤の面から批判する場合は、当然、多くの企業が競合していた場合も、これと同じレベルのコスト削減方法の開発、生産装置の経済効率化、製品の新たな利用方法の提言、無駄な倒産の回避が実現できていたと言えなければならないが、この種の批判では実際にそうしたことが想定されている。つまり、現代資本主義を動かしている推進力が当然視され、横取りされている。

独占が進めば覇気がなくなるというもう一つの通説も同様だ。これも実例を探すことは難しくないが、そうした通説を基に一般的な理論を構築すべきではない。というのも、特に製造業では普通、独占という地位に安穏と胡坐をかいていることなどできない。独占的な地位を勝ち取る場合と同様、その座を維持する場合も、警戒とエネルギーが要る。現代企業の覇気のなさには、後述する別の原因がある。

（c）完全な独占や独占に近い状態は、短期的には遥かに頻繁に起きる。オハイオ川流域の村の食料雑貨店は、洪水が起きれば数時間、場合によっては数日間、完全な独占事業者となり得る。買い占めがうまくいけば、どんなケースでも一時的に市場を独占できる可能性がある。ビール瓶に紙のラベルを張る専門業者は、制約はあるものの、ある一定範囲内では需要曲線上を自由に動けるような状況――他社が参入すれば、結構な利潤に見えるものがたちまち消滅することが潜在的なライバルにはわかっている状況――にあるかもしれない。少なくとも金属ラベルの登場でそうした需要曲線が粉々に破壊されるまでは、そのような状態を維持できる可能性がある。

たとえ他社には真似できない新しい生産方式や新しい商品を導入しても、特に新商品の場合、それだけで市場を独占できるわけではない。新方式で生産した商品も、旧方式で生産された商品と競争しなければならないし、新商品の場合は市場を開拓しなければ、つまり需要曲線を一から作り上げなければならない。基本的には特許も独占的行為も役には立たない。ただ、他の追随を許さない優れた新方式を開発した場合や（特に靴の製造機のようにリースできる場合）、特許が切れる前に新商品の安定した需要曲線を確立できる場合は、そうしたものが威力を発揮する可能性がある。

このため、イノベーションに成功した起業家が資本主義社会から報酬として受け取る利潤には、確かに、紛れもない独占利益の要素が含まれている（もしくはその可能性がある）。だが、そうした要素は、量的な重要性、一過性、またそうした利益が現れる過程で果たす役割を考えると、貴重な存在といえる。特許や独占的行為を通じて唯一の売り手の座を確保した企業にとっては、一時的に独占の図式に従って行動できることよりも、市場の一時的な混乱から身を守り、長期の計画を立てる余裕が得られることの方が大きなメリットといえる。だが、この節の論証は、ここでこれまでの分析に合流することになる。

（6）振り返れば、この章で触れた事実と主張の大半は、かつて威光を放っていた完全競

*21 ただ、第1節を参照。

争を貶《おとし》める類のものであり、それに代わる選択肢について従来よりも肯定的な見方を示すものだった。この角度からこれまで論じてきた内容を改めて簡単にまとめてみよう。

伝統的な完全競争理論については、自ら選んだ前提条件（静態的な経済、もしくは安定的に成長する経済）の下でさえ、従来の説に当てはまらない事例が、マーシャル、エッジワースの時代以降、次々に見つかっており（ついでながら、これは従来の自由貿易論についても言えることだ）、リカード後・マーシャル以前に活躍した世代（イギリスでは概ねJ・S・ミル、大陸ではフランチェスコ・フェッラーラの同世代）が抱いていた完全競争のメリットに対する無条件な信頼が揺らいでいる。特に、完全競争のシステムは理想的なほど資源の無駄がなく、所与の所得の分配に応じて最適な資源の配分ができるという説――生産活動の問題に大きく関わってくる説――は、かつてのように自信をもって主張することができなくなった。[22]

それ以上に深刻なのが、比較的最近発表された動態理論研究からの切り込みである（フリッシュ、ティンバーゲン、ルース、ヒックスなど）。動態分析とは時間の流れの分析だ。ある一定の経済量（例えば価格）が特定の瞬間になぜこの水準になっているのかを説明する際に、静態理論のようにその時点の他の経済量に目を向けるだけでなく、それ以前の時点の経済量と、将来の経済量の予測も考慮に入れる。さて、こうした異なる時点の経済量を関連づける理論[23]を構築していくと、まず次のことが明らかになる。何らかの混乱が起き、均衡が崩れた場合、新たな均衡を確立するプロセスは、従来の完全競争理論で想定されていたほど確実・迅速に進むわけでも、経済的なわけでもない。また、何とか調整しようと踠《もが》くことで新たな均衡に近づくのではなく、均衡から遠ざかる可能性も出てくる。そうしたことは、ささいな混乱でない限り、大多数のケースで起きる。調整が遅れれば、往々にしてそれだけで、そうした結果を招く。

私には、使い古された、シンプル極まりない、ありきたりの例でしか説明することができない。小麦の完全競争市場で需要と予定供給量が均衡していたとしよう。ところが、天候不順で実際の供給量が予定供給量を下回ったとする。それに伴い小麦の価格が上がり、農家がこれを新たな均衡価格と考え、それに基づいて採算の取れる量だけ小麦を生産すれば、翌年の小麦価格は落ち込むことになる。それに応じて今度は農家が生産を制限し、結果的に小麦価格が最初の年よりもさらに値上がりすれば、翌年の生産量は二年目の水準をさらに上回る可能性があ

*22　ここでこの問題に立ち入ることはできないので、参考文献として R.F. Kahn, "Some Notes on Ideal Output" (*Economic Journal* for March 1935) を挙げておく。この問題の多くの側面が論じられている。

*23　動態的という言葉は定義が曖昧で、様々な意味で使われている。ここではラグナル・フリッシュの定義を使った。

る。このプロセスは（純粋に論理を追う限り）無限に続く。このまま行けば、価格の上昇と生産の拡大が交互に続き、いずれ破綻するのではないかと本気で気を揉む必要がないことは、この論理の前提条件を検証すればすぐにわかることだが、しかし、たとえ現実的な前提条件に置き換えてみたところで、完全競争メカニズムの紛れもない弱点が浮き彫りになるはずだ。この点を認識した途端に、これまで完全競争理論の実用的意義を粉飾していた希望的観測の多くが夢幻《ゆめまぼろし》と消えていく。

しかし、本書の観点からはさらに先に進まねばならない。[*24] 完全競争が創造的破壊のプロセスでどう機能するのか、どう機能し得るのかを描こうとすると、さらに困ったことになる。これは伝統的な完全競争理論を生み出した一般的な経済図式に、創造的破壊のプロセスにまつわる本質的な事実が一切盛り込まれていないことを考えれば、驚くべきことではない。繰り返しになるかもしれないが、この点を改めて説明したい。

完全競争の世界では、どんな産業にも自由に参入できる。あらゆる産業への自由な参入が最適な資源配分の条件であり、結果的に生産最大化の条件であるという主張は、そうした一般理論の範囲内では全く正しい。もし現実の経済が多数の既成産業で成り立っており、事実上横並びの昔ながらの製法で昔ながらの商品を生産しているのであれば——新たな人員と新たな貯蓄を組み合わせて今あるタイプの新会社を設立する以外に何も起きないというのが、私たちの経済の姿であるのなら、進出したい産業への参入を妨げる障壁は社会の損失になる。しかし、新たな分野に誰もが完全に自由に参入できるのであれば、新分野への参入自体が起きない恐れがある。完全競争が最初から時をおかずしてすぐさま始まる場合、新しい生産方式や新しい商品が登場することはまず考えられない。つまり、私たちが経済上の進歩と呼ぶものの大半は、完全競争とは両立しないということだ。実際、新しいものが登場する時は、完全競争は例外なく一時的にストップしている。たとえ従来の製品の間では完全競争が成立している場合であっても、自動的に、もしくは意図的な手段でストップしている。

同様に、伝統理論の下では、例の価格硬直性に対する糾弾は正しいといえる。硬直性は適

*24 動態理論ならではの特徴と、分析対象の実体経済の性格の間には、何の関係もないことを指摘しておく。動態理論はある特定の経済プロセスを分析する手法ではなく、一般的な分析手法だ。静態理論で経済発展を分析できるように（「比較静態」）、動態理論で静止した経済を分析することもできる。したがって、動態理論は必ずしも、私たちが資本主義の本質と考える創造的破壊のプロセスを特に認知しているわけではなく、実際、認知していない。創造的破壊のプロセスを分析する際に現れるメカニズムについて、静態理論より多くの問題に対処できることは間違いないが、創造的破壊のプロセスそのものを分析した理論ではなく、そうしたプロセスの結果として生じるある状態・構造の個々の混乱と、それ以外の混乱を全く同等に扱っている。したがって、資本主義の発展という視点から完全競争の機能を判断するのと、動態理論の視点から完全競争の機能を判断するのは、別の作業だといえる。

応への抵抗の一形態であり、完全かつ迅速な競争の下ではあり得ない。そうした適応という視点に立てば——伝統的な理論で論じられてきた条件を受け入れるのであれば——適応への抵抗が損失と生産の減少につながるという主張は、やはり妥当極まりない。しかし、これまで見てきた通り、創造的破壊のプロセスという猛烈な荒波の中では、逆のことがいえる可能性もある。つまり、価格が完全に弾力的で、瞬時に変動するのであれば、場合によっては無意味な惨事さえ招きかねない。これはもちろん、一般的な動態理論でも説明できる。先ほど指摘したように、適応しようとすることで不均衡が増幅するケースだ。

また、各企業が一定量の生産手段（起業家としての能力も含め）を確保してそれぞれ均衡水準を保つ上で必要とされる以上の利潤を上げれば、差し引きで社会の損失となる——社会の損失なしにはそうした利益は上げられないという説、また、そうした利潤を維持しようとする企業の戦略は総生産の拡大を阻害するという説も、やはり伝統理論の仮定の下では正しい。完全競争が成立していれば、そうした超過利潤は未然に防げるか、発生しても直ちに消滅するはずで、そのような戦略を立てる余地はない。しかし、資本主義の発展プロセスでは、そうした利潤は新たな、有機的な役割を果たすため（どんな役割かは改めて繰り返さない）、長期的な総生産の拡大ペースを考える限り、この点が完全競争モデルのメリットだと無条件で主張することはできない。

最後に、こうした従来の前提条件の下では――現実の資本主義の最大の特徴を無視するような前提条件の下では――確かに、完全競争型の経済の方が相対的に無駄がないと主張できる。特にもう一方のパターンですぐさま連想するタイプの無駄とは無縁だと主張できるだろう。だが、創造的破壊のプロセスで想定する条件の下で、完全競争モデルが差し引きでどのような姿に映るかは全く別の問題だ。

第一に、そのような条件を踏まえなければどうしようもない無駄に思えることも、そうした条件と適切に結びつけて考えてみれば、無駄には見えなくなるケースが少なくない。ある種の余剰生産能力――例えば「需要を見越して生産する」といった手法や、需要の周期的なピークに対応できる体制を整えるといった手法をとるために生じる余剰能力――は、完全競争の体制では大きく減るだろう。しかし、このケースにまつわるすべての事実を踏まえれば、無駄がないという理由だけで完全競争に軍配を上げることはできなくなる。確かに、自ら価格を設定できず、市場価格を受け入れるしかない企業の場合は、実勢価格で限界費用を賄える限り、持てる生産能力をフル活用するだろう。ただ、それで大企業並みの生産能力を質・量ともに確保できるわけではない。大企業は生産能力を「戦略的」に使える立場にあったからこそ、そうした生産能力を確保できたのである。このタイプの余剰生産能力は、社会主義経済の優位性を主張する根拠になるかもしれない（場合によってはなるし、場合によってはならない）。ただ、いずれにしても、この点だけを取り上げて、完全競争型の資本主義は「独占型」の資本主義より優れていると主張することはできない。

第二に、完全競争は資本主義の発展に必要な条件の下では、独特の無駄が生じる。完全競争の原理で動いている企業は内部効率、特に技術効率が劣っている場合が多い。その場合、チャンスを無駄にしていることになる。また、新たな可能性を引き出したり、見極めたりする上で相対的に不利な立場にあるため、生産方式の改良を目指す際に資本を無駄にする可能性もある。そして、すでに見たように、完全競争産業は進歩や外部の混乱というショックに見舞われた場合、大企業に比べ遥かに壊滅的な打撃を受けやすく、不況という病原菌をまき散らす元になりかねない。アメリカの農業、イギリスの炭鉱業、イギリスの繊維産業は消費者に負担をかけ、総生産にもダメージを与えているが、結局のところ、それぞれ数十人程度の優秀な頭脳集団が指揮を取れば、消費者の負担も総生産へのダメージも大幅に減らせるはずだ。

したがって「今の産業構造では完全競争は不可能だから――もしくは、完全競争はこれまで実現した例《ためし》はないから――巨大機構（巨大管理装置）を、経済発展に避けられない必要悪として受け入れる必要がある。巨大機構の生産装置に備わる力があるからこそ、巨大機構による進歩の妨害を防げるのだ」という論じ方では不十分だ。私たちが認めなければならないのは、巨大装置が経済発展、特に総生産の長期的な拡大を促す最大の動力装置になってきたということ――この戦略は個々のケースで見た場合、また個々の時点だけを取りだしてみた場合、取引を大きく制限するものに見えるが、そうした戦略があったにもかかわらず、いやかなりの程度までそうした戦略があったからこそ、経済発展の最大の動力装置になってきたということだ。この意味では、完全競争は不可能なものであるばかりか劣った体制であり、効率面で理想のモデルとして持ち上げられる資格は何一つない。したがって「それぞれの産業で完全競争が実現するように大企業を規制すべき」という原理に基づく産業規制論は間違っている。そして、社会主義者は完全競争モデルのメリットではなく、社会主義経済のメリットを基に批判を展開する必要がある。

第9章

禁猟期

これまでの分析でどこまで目標が達せられたかは、読者が判断することだ。経済学は観察し解釈する科学にすぎず、本書で論じるような問題では、意見の差を縮めることはできても、なくすことはできない。同じ理由で、これまで論じてきた第一の問題が解決しても、第二の問題が浮上するだけだ。実験科学ではこのようなことはあり得ない。

第一の問題とは、第6章の冒頭で述べたように、様々な分析「モデル」で描き出した資本主義構造の特徴と、総生産の指数で描き出した資本主義がありのままの姿を保っていた時代、もしくは比較的足枷の少なかった時代の経済実績の間に「納得のゆく」関係が見いだせるかという問題だった。私はこの問題にイエスと答えたが、その根拠になる分析は、いわゆる「独占支配に向かう現代の傾向」を取り上げる時点までは大抵の経済学者が同意する通説に沿ったものだった。それ以後は通説から離れ、完全競争型の資本主義（理論上の概念であれ、過去のある時点に存在した形であれ）について事実上誰もが認めることを、大企業型の資本主義についても、むしろそれ以上に認める必要があることを示そうとした。だが、資本主義の推進力や動力装置を実験室に入れて慎重に条件を管理した上で動かしてみることができないため、推進力やエンジンが本当にそれだけの結果（観察された生産動向）を出せたと疑問の余地なく立証することはできない。ここで言えるのは、かなり目覚ましい成果があったということ、そして資本主義の取り決めがそうした成果にプラスに働いたということだけだ。こうした事情があるからこそ、この結論で立ち止まらず、次の問題と向き合う必要がある。

アプリオリに考えれば、制度とは無関係の特殊な要因でこれまでの実績を説明できる可能性がまだ残されている。そうした可能性に対処するには、問題の時期の経済史・政治史を調べ、そのような特殊要因が見つかるかを議論するしかない。資本主義のビジネスプロセスとは無関係の特殊要因については、経済学者や歴史家がすでに候補を挙げており、それを検証することでこの問題を攻略したい。候補は五つある。

第一の候補は政府の活動が寄与したという説だ。政治や政策は今分析している社会プロセスから独立した要素ではなく、社会のプロセスの構成要素であるというマルクスの主張は全くその通りだと思うが、この説を論じるため、政府の活動をビジネスの世界の外部要因と考えても差し支えないだろう。一八七〇年前後－一九一四年は、ほぼ理想的な事例といえる。社会のプロセスの政治部門からの刺激や抑圧がこの時期ほどなかった時代を探すのも難しい。起業や商工業全般の活動を妨げる足枷は概ね外されていた。従来とは異なる新しい足枷や負担（社会立法など）が導入されつつあったが、それが一九一四年以前の経済情勢を大きく左右する要因になったと主張する人はいないだろう。戦争も起きたが、何らかの形で経済に大きな弾みをつけたものはなかった。ドイツ帝国の成立につながった普仏戦争はどうか、という指摘があるかもしれないが、経済的に重要だったのは、結局のところ関税同盟の創設のほうだった。軍事支出もあったが、それが本当に重大な要素となったのは一九一四年であり、それに先立つ一〇年間は刺激ではなく、ハンデだった。

第二の候補は金《きん》だ。一八九〇年前後からは再び夥しい量の金が産出されたが、何ともありがたいことに、それがどんな影響を及ぼしたかという複雑な問題に立ち入る必要はない。というのも、第一に、この時期の最初の二〇年間は実際には金が不足していた、第二に、その間の総生産の拡大ペースはその後と比較して低くなかった。このため、金の産出はたとえ好況や不況と関係があったとしても、資本主義の生産実績を大きく左右したとは考えられない。通貨管理にしても同様で、当時の通貨管理は積極的なものではなく、状況追随型だった。

第三の候補は人口の増加だ。人口の増加が経済発展の原因だったのか結果だったかは別にして、これが経済情勢を大きく左右する要素の一つだったことは間違いない。人口の増加は一〇〇%経済発展の結果であり、生産量が変化すれば必ずそれに応じて人口も変化する、その逆はあり得ないと想定する用意がない限り（無論、こんな想定は論外だ）、人口の増加は検討に値する候補とする必要がある。とりあえず、次の簡単な説明で問題点がはっきりするだろう。

一般に、どんな社会制度でも収入のある就業者が多ければ、就業者が少ない場合に比べて生産量が多くなる。したがって、この時代の資本主義制度の下で起きた人口増加の一部は、資本主義の成果とは無関係に起きた——つまり他の制度でも起きていた——と想定できるのであれば（もちろん想定できる）、人口の増加はその分だけ、資本主義とは無関係の外部要因と考えなければならない。そうなると、観察された総生産の拡大についても、その分だけ資本主義の成果ではなかった、つまりその分だけ資本主義の成果が底上げされていたということになる。

しかし、他の条件が等しければ、一般にどんな社会制度でも収入のある就業者が多ければ、就業者が幾分少ない場合に比べて、就業者一人当たりの（もしくは人口一人当たりの）生産量が少なくなる。なぜかといえば、労働者が多ければ、個々の労働者が使う他の生産要素の量が減るからだ。[*1] このため、人口一人当たりの生産量で資本主義の成果を測定した場合は、拡大ペースが実際の成果よりも低く出る傾向が出てくる。資本主義がなくても起きていた人口一人当たりの生産量低下を相殺するために、資本主義の成果の一部が絶えず吸い取られていた形になるからだ。人口増加の他の側面については後述する。

第四、第五の候補については、経済学者の間で支持されるケースがさらに多いものの、過去の実績を論じる上では簡単に切り捨てられる。第四の候補は新しい土地だ。この時期の欧米諸国に経済的な意味で編入された広大な土地、そこから産出された大量の食料や農産物系・非農産物系の原材料、そうしたものの上に至る所で築かれた様々な都市、産業――。これは経済発展に極めて有利に働いた完全な特殊要因ではなかったか。こうした好条件に恵まれれば、どんな経済制度でも繁栄への道が大きく開けていたのではないか。社会主義思想にはこのような考え方があり、実際、貧困が絶えず増大するというマルクスの予測が外れたのはこのためだと説明されている。処女地の搾取がなければ労働者はもっと搾取されていた、それがあったからこそプロレタリアートは禁猟期を謳歌できたという説だ。

植民地の存在が大きなチャンスをもたらしたことは間違いない。言うまでもなく、これは特殊な要因だ。しかし、社会制度とは無関係に存在するチャンス——いわば「外界のチャンス」は進歩の前提条件として必ず必要なものであり、歴史的に見れば、そのどれもが特殊要因だったといえる。イギリスに石炭や鉄鉱石があったのも、アメリカなどに石油資源が存在したのも、等しく重要な要素であり、等しく特殊な要因だといえる。これは発展を遂げていくどんな経済プロセスにもいえることだが、そもそも資本主義のプロセスとは実業家の視野に入るそうしたチャンスを活用していくことに外ならない。土地の問題だけを取り上げて、これは外部要因だと分析しても仕方がないのである。さらにいえば、植民地の開拓は事業会社を通じて少しずつ進められ、事業会社が開拓のための一切の環境を整備した（道路・発電所の建設、海運、農機など）。したがって、植民地の開拓というプロセスは資本主義の重要な成果であり、資本主義の他のプロセスと何ら変わるところはない。当然、二%という資本主義の成果に名を連ねる権利がある。ここでも『共産党宣言』に援護を頼んでもよいかもしれない。

最後の候補は技術の進歩だ。過去の実績は実業家の利潤追求ではなく、生産技術に革命を起こした一連の発明のおかげではなかったか。答えはノーだ。そうした新技術の活用こそ利潤

*1　これは到底満足のゆく記述ではないが、ここでの目的には十分だと思われる。資本主義の世界は全体で見れば、明らかにこの時期までに、反対の傾向が現れる限界を超えて発展していた。

追求の本質だった。後ほど詳述するが、発明自体も資本主義のプロセスの賜物であり、資本主義自体が発明を生み出す思考習慣を生んだ。したがって、実に多くの経済学者が主張している「過去の経済発展では資本主義企業と技術の進歩がそれぞれ別個の役割を果たした」という説は全くの誤りだ（多分に非マルクス的でもある）。資本主義企業と技術の進歩は本質的には同じものだ。あるいは前者が後者の推進力になったともいえるかもしれない。

ただ、領土の拡大も技術の進歩も、過去の成果を延長して未来を予測するとなると、たちまち厄介な問題になる恐れがある。両方とも資本主義の成果だが、繰り返せない成果と考えることも可能だ。これまでの論証では、資本主義の全盛期に見られた人口一人当たりの生産動向は偶然の産物ではなく、概ね資本主義の成果といえるのではないかという根拠をかなりの程度まで示せたが、まだ別の問題が残っている。資本主義の動力装置が今後しばらく（例えばあと四〇年間）動き続けた場合――もしくは、動き続けることが許された場合――これまでと同じような輝かしい実績を残せると考えるのは、どこまで理にかなっているのだろうか。

第10章 投資機会の消滅

この問題の本質は、特に昨今の議論と併せて考えればはっきりするだろう。今の世代の経済学者は異例の規模・期間の世界同時不況を目撃したばかりか、その後も景気の回復がもたつき、不本意な回復しか遂げられない現実を目にしている。この現象については、すでに私なりの見解を示しており、[*1]必ずしも資本主義の発展傾向が途切れたとは思えない理由を説明した。しかし、同僚の経済学者の間では、別の見方をする人が（大半とは言わないまでも）当然少なくなく、実際、一八七三－九六年頃の一部の経済学者と全く同じように――つまり、資本主義のプ

*1 第5章178ページを参照。

ロセスに根本的な変化が起きていると――感じている（当時、こうした見方は主にヨーロッパに限られていたが）。この説によると、私たちが目にしているのは、単なる不況や回復の遅れではない。恐らく反資本主義的な政策でそれが助長されている面もあるが、私たちが本当に目にしているのは、活力の枯渇の徴候であり、今後もこの状況が続くことを覚悟しなければならない、それが交響曲「資本主義」の残る楽章の最大のテーマになる。このため、資本主義の動力装置の働きや、過去の実績を基に将来の予測をすることなど断じてできない――。

このような見方は「そう考えたいからそう考える」といった類いの思考法とは無縁の人々にも広がっている。ただ、そう考えたいからそう考える社会主義者が、この「棚ぼた」をここぞとばかりに利用していることも明らかなはずだ。社会主義者の中には、資本主義に反対する根拠を完全にこちらに移す人まで出てきた。それによって、マルクスの伝統――先に指摘した通り、社会主義系の経済学者が次から次に放棄せざるを得ないと感じているマルクスの伝統――に立ち返る根拠が増えたのである。というのも、第1章で説明した意味で、マルクスはこのような事態の到来を予言していた。マルクスによれば、資本主義は実際の崩壊に至る前に、絶えず危機に見舞われる時代――一時的な回復や何かの幸運で短期間中断することはあっても絶えず危機に見舞われる時代――に突入する。それだけではない。資本の蓄積と集中が利潤率に影響を及ぼし、利潤率を通じて投資機会にも影響が出るという側面を強調するのがマルクスの論法の一つだった。資本主義のプロセスは常に継続的な大量投資という歯車で動いているため、「たとえ一部の投資がストップしただけでも、プロセスが破綻する」という予測がもっともらしく聞こえることになる。確かに、この線に沿ったマルクス派の主張は、ここ一〇年の際立った特徴（失業、超過準備、市場の資金余剰感、利潤率の低迷、民間投資の停滞）と整合性が取れるように見えるばかりか、一部の非マルクス的な解釈とも整合性が取れるように見える。マルクスとケインズの間に、マルクスとマーシャル＝ヴィクセルほどの大きな溝がないことは確かだ。マルクス経済学も非マルクス的なケインズ経済学も、ここで使う説明不要のフレーズ――「投資機会消滅論」というフレーズでうまく説明できる。[*2]

この投資機会消滅論には、実は三つの異なる論点がある。第一は本書第2部のタイトルと似たような問題だ。ラテン語で言うように世の中には青銅より永遠なるものはない。加えて、資本主義制度は本質的に経済だけでなく、社会が変化するプロセスの枠組みだ。このため、答えに大きな差が出る余地はない。第二に、この投資機会消滅論が取り上げている力とメカニズ

*2　詳細は拙著 *Business Cycles*, ch. xv を参照。

ムは取り立てて重視すべきものなのかという問題がある。本書では資本主義がいずれ消滅する理由について別の説を示していくが、この投資機会消滅論と重なる部分は多々あるだろう。しかし、第三の問題がある。たとえこの説が重視する力とメカニズムで、資本主義のプロセスにはいずれ行き詰まる長期的な傾向があると立証できたとしても、過去一〇年の荒波の原因がそこにあるとか、（またここでの目的上この点を付記する必要があるが）したがって今後四〇年間も同じような荒波が続くとは、必ずしも言い切れない。

とりあえずは、この第三の問題を中心に論じよう。ただし、これから論じることの多くは、第二の問題とも関連してくる。資本主義の近い将来のパフォーマンスを悲観する根拠、過去の実績は繰り返せないと主張する根拠は、次の三つに分類できる。

第一は、環境が悪化するという見方だ。すでに指摘し、またこれから明らかにしていくように、資本主義のプロセスでは政治権力の分散が進み、資本主義に敵対的な社会心理が生まれる。そうした心理は政策に反映され、いずれは資本主義の動力装置を止めるほどの広がりを見せる可能性がある。この現象は後ほど論じる。本章で述べることには、適切な但し書きが必要になる。ただ、資本主義に敵対的な社会心理やそれと似たような要素は、ブルジョア営利経済の原動力自体にも影を落とす。したがって、この但し書きは一見して思われるよりも広い現象を指す。少なくとも「政治」だけにとどまらないことを指摘しておく。

第二は、資本主義の動力装置自体に問題が起きるという見方だ。投資機会消滅論は「大企業の登場で資本主義が硬直的になる」という別の説――取引制限、価格硬直性、資本価値保全への執着といった傾向が避けられないという説――を必ずしも取り込んでいるわけではないが、実際にはそうした説と結びつくことが多い。この点はすでに論じた。

そして第三が、資本主義の動力装置が糧にする「原料」とでも言えるもの――新しい企業に開かれたチャンス、投資機会に問題が起きるという見方だ。本章で取り上げる説は殊更この点を強調しており、「投資機会消滅論」と呼んで差し支えない。民間企業のチャンスと投資機会が消滅に向かう主な根拠として挙げられているのが、飽和、人口、新しい土地、技術的な可能性、また投資機会が民間ではなく公共投資の領域に偏っているという環境だ。

（1）ある一定の状態にある欲望、技術（最大限、可能な限り広い意味での技術）は、固定・流動資本が特定の量に達すれば、当然、飽和状態となる（具体的な量は実質賃金の水準によって異なる）。人々の欲望や生産手段が一八〇〇年の状態で凍結されていれば、ずっと以前にそのような飽和点に達していたはずだ。ただ、人々の欲望がいつの日か完全に満たされ、それ以降は新しい欲望が生まれないという状況は考えられないだろうか。このケースの含意については後ほど取り上げるが、今後四〇年間の動きを予測する上ではそうした可能性を排除しても構わないだろう。

確かに、万が一そのような状態になれば、今の出生率低下は（人口が実際に減少に転じれば、なおさらのことだが）、買い替え需要を除く投資機会を減らす大きな原因となる。というのも、もしすべての人の欲求が（ほぼ）満たされれば、この仮定の下では、消費者の増加が唯一最大の需要拡大要因となるからだ。しかし、この可能性を別にすれば、人口が伸び悩んでも、それだけで投資機会が減ったり、一人当たりの総生産が伸び悩むことはない。[*3] これは反対のことを主張する通説を少し検証してみればすぐにわかることだ。

第一に、総人口が伸び悩めば、需要が伸び悩むため、結果的に生産が伸び悩み、投資も伸び悩むと言われているが、そうした結論にはならない。欲望と有効需要は別物だ。もし欲望＝有効需要であれば、最貧国の需要が最も旺盛なはずだ。現実には、出生率の低下で自由に使えるようになった所得が他のルートに振り向けられる可能性がある。子供にお金をかけたくないという理由で子供を持たない人は、特にその傾向が強いだろう。確かに「人口が増加すれば、それに伴う一連の需要が間違いなく見込めるため、人口の増加は特に確実な投資機会になる」という点を強調することで、それなりの論を展開できるが、ある特定の欲求が満たされた場合も、やはり別の投資機会を生み出す欲求がまず間違いなく生まれる。もちろん、一部の生産部門、特に農業については、確かに明るい予測はできない。ただ、これを総生産の予測と混同すべきではない。*4

第二に、人口が伸び悩めば、供給サイドの理由で生産が減る傾向が出てくるとは考えられないだろうか。歴史上、人口の急増が生産拡大の条件の一つになったケースが頻繁にあるため、裏を返せば、労働力が不足すれば生産を圧迫する要因になるとは言えないだろうか。だが、こうした主張を耳にすることはあまりないし、それにはもっともな理由がある。一九四〇年初めのアメリカの製造業生産は、一九二三－二五年の平均の約一二〇%に達していたが、工

*3　これは人口の絶対数が多少減ったとしてもそうだ。イギリスでは近い将来そうなるかもしれない（E.Charles, *London and Cambridge Economic Service*, Memo. No. 40を参照）。人口の絶対数が大幅に減少すれば別の問題が起きるが、これは今考えている時間軸で起きるとは思えないので無視して構わないだろう。ただ、高齢化が進めば、別の問題が起きる（政治、社会心理、経済面の問題）。すでにそうした問題が広がり始めているが（実際、「高齢者のロビー団体」といったものも存在する）、この問題にも立ち入れない。ただ、退職年齢が変わらない限り、一五歳未満の人口の比率が減っても、被扶養者の比率に必ずしも悪影響はない。

*4　多くの経済学者は、人口が増加すればそれだけで追加の投資需要が生じると感じているようだ。新しく生まれた労働者には道具と、そうした労働者が加工する原材料が必要だからだというのがその理由だが、これは決して自明の理ではない。労働者の増加で賃金が下がるなら別だが、そうでない限り、投資の機会があっても投資する動機がないはずだ。たとえ追加の投資需要が発生する場合も、労働者一人当たりの投資については、減少を予想すべきだろう。

場の従業員はほぼ同水準だった。これは予測可能な将来にわたって言えることだろう。今の失業者の規模。出生率の低下で生産的な仕事に就ける女性が増え、死亡率の低下で働ける期間が延びているという事実。次々に登場する省力化装置。人口が急増している場合に比べて、質の劣る補足的な生産要素を避けられる可能性が高まる（収穫逓減の法則が働く余地が狭まる）という点――。こうした諸々の要素を考えれば、次世代の労働者一人当たりの生産効率が上がるというコリン・クラーク氏の予測[*5]は十分支持できる。

もちろん、高賃金・時短政策や、労働者の規律への政治干渉といった要因で労働力が人為的に稀少な存在にされる可能性はある。一九三三‐四〇年の米仏と日独の経済生産性を比べると、現実としてすでにそのようなことが起きていることが窺える。ただ、これは環境面の問題に該当する。

人口の減少という問題を軽視するつもりは毛頭ない。それは本書を読み進めて頂ければ十分わかってもらえるはずだ。出生率の低下は現代の最も重要な現象の一つだと思える。純粋に経済学的な視点から見ても、出生率の低下は、動機の変化を浮き彫りにしているという意味でも、動機を変える原因になるという意味でも、重要極まりない。しかし、これはもっと複雑な問題だ。ここで考えているのは、あくまで人口の伸び悩みが機械的に及ぼす影響であり、その点を考える限り、今後四〇年の一人当たりの生産動向の行方を悲観する根拠は全くない。そうである限り、人口の減少で経済が「破綻」すると予測している経済学者は、残念ながら経済学者が得てして陥りがちな状況に陥っていることになる。かつて、たいした根拠もなく「過剰人口に伴う食糧不足で経済危機が起きる」と世論を不安にさせた経済学者は[*6]、今度はやはりたいした根拠もなく「人口の不足で経済危機が起きる」と世論を不安にさせている。

（2）次は新しい土地の開拓――例の二度と得られない特殊な投資機会だ。議論を進めるため、地理上のフロンティアはもう存在しないと仮定しても（これは、かつて農地や大都市だった砂漠が存在することを思えば、決して自明ではないが）、またさらに、そうした新しい土地から調達した食料や原材料以上に、人類の繁栄に貢献できるものは今後現れないと仮定するにして

＊5　*National Income and Outlay*, p. 21

＊6　将来の人口の予測は一七世紀以降、事実上一貫して間違っていた。ただ、それには致し方ない面もあった。マルサスの学説についても、そう言えるかもしれない。ただ、同じ過ちを繰り返すことは許されない。マルサスの人口法則で唯一貴重だったのは、その但し書きだけだったということは、一九世紀後半の時点で誰の目にも明らかだったはずだ。人口法則が杞憂であることは二〇世紀最初の一〇年間で完全に明らかになった。しかし、ケインズ氏ほどの権威が戦後、それを蒸し返そうとしたのである！　また、H・ライト氏は一九二五年にもなって、人口に関する著書で「人口が増加するだけで文明の果実が無駄になる」と述べている。経済学者はいつまで経っても成長しないのだろうか。

も（こちらの方がもっともらしく思える）、それを理由に今後半世紀で一人当たりの総生産が減るとか、増加ペースが鈍るとは言えない。一九世紀に資本主義の世界に編入された土地が収穫逓減に襲われる時期に来ており、その意味で土地を利用し尽くしてしまったというなら、確かに生産の鈍化を予想する必要がある。しかし、現実にそのようなことは起きておらず、「人間が努力してもかつてのような自然の恵みを受けられなくなった、もしくは近い将来に受けられなくなる」という見方は、先ほど指摘した通り、人口の伸び悩みがあるため、実際上の考慮から外して構わない。技術の進歩で事実上、そうした傾向はすべて反転した。人類は予測可能な将来、持てる力を駆使して総生産の拡大を図り、食料と原材料があり余る中で暮らしていくというのは、最も無難な予測の一つだ。鉱物資源についても同じことが言える。

もう一つの可能性が残されている。今の一人当たりの食料・原材料の生産が今後必ずしも減らず、増える可能性さえあるとしても、植民地を開発するという事業で企業に転がり込んだ膨大なチャンス、つまり投資機会は、開発の終了に伴い消滅したとみられ、その結果、貯蓄の捌け口が減ることで、ありとあらゆる問題が持ち上がるという指摘だ。ここでも、やはり議論のため（1）植民地の開発が完全に終了した（2）貯蓄が捌け口の減少に適応できず、新しい捌け口が登場しない限り、問題や無駄を引き起こし得る――と仮定してみよう。どちらの仮定も非現実的としか言いようがないが、今後の生産動向の予測は「他に捌け口がない」という全く根拠のない第三の仮定に基づいているため、この二つの仮定を検証する必要はない。

この第三の仮定は単なる想像力の欠如であって、こうした過ちがあるから、非常に往々にして、歴史の解釈が歪むのである。歴史を分析する人が特定の史実に心を奪われると、それが根拠もなく物事の根本原因に格上げされてしまうことが少なくない。例えば、いわゆる「資本主義の勃興期」は、ポトシ銀山からの銀の流入や、諸侯が慢性的な財政難に陥り、絶えず借入れを迫られていた政治的状況と概ね時期が重なっている。この二つの史実が当時の経済動向と様々な点で関係していることは明らかで、農民の一揆や宗教上の混乱でさえ無理なく結びつけられる可能性がある。このため、歴史を分析する人は、資本主義の勃興とこの二つの史実の間に因果関係があり、そうした史実（とそれに類する一部の史実）がなければ封建社会が資本主義社会に移行することはなかったと結論することが少なくない。しかし、これは全く別の仮説であり、見たところ全く何の根拠もない。ここで断言できるのは、物事がそのような道筋を辿ったということだけであり、別の道筋がなかったということにはならない。ついでながら、このケースについて言えば、この二つの史実が資本主義の発展にプラスに働いたと言うことさえできない。確かにそうした面もあるが、どうみてもマイナスに作用した面もあるためだ。

同様に、前章で指摘した通り、植民地への進出で企業に転がり込んだチャンスは確かに特殊なものだが、それはどのチャンスも特殊なものだという意味で特殊であるにすぎない。「フロンティアの消滅」で空白が生じると考える必要はないし、「何もない所に進出したところで、どう考えてもそれほど重要なことはできない」と考える必要もない。空の征服がインドの征服より重要な出来事になることは十分考えられる。地理上のフロンティアと経済上のフロンティアを混同してはならない。

あるタイプの投資機会が消滅し、別のタイプの投資機会が登場すると、国や地域の相対的地位が激変する可能性があるという指摘は正しい。国や地域の規模が小さければ小さいほど、また、生産プロセスのある特定の要素との結びつきが強ければ強いだけ、そうした要素が廃れた場合に、その国・地域の将来に自信が持てなくなる。このため、農業国・農産地は、競争力のある合成製品（レイヨン、合成染料、合成ゴムなど）の登場で、衰退の一途を辿る可能性があり、生産プロセス全体で見れば総生産は差し引きで増えると言っても、そうした国や地域には何の慰めにもならない場合があり得る。また、そうなった場合に、経済界が分裂し、国内に敵意が広がれば、事態がさらに悪化しかねないという指摘も正しい。そして私たちに言えるのは次のことだけだという指摘も正しいはずだ。植民地の発展に伴い投資機会が消滅するとしても

——すでに消滅が始まっているとしても——必ずしもそれで空白が生じ、総生産の成長率に悪影響が出るとは限らない。少なくとも同等の投資機会が現れる、とは断言できないが、そうした国や、また別の国でも、そのような動きを受けて別の動きが自然と広がる可能性を指摘できるのではないだろうか。資本主義の動力装置がまた新たな機会を必ず探し出し、生み出してくれるとある程度まで信じることができるのではないだろうか。というのも、まさにそのための仕組みが資本主義なのである。そう考えてみたところで、悲観的な見方は払拭できない。ただ、この問題を考え始めた理由を思い起こせば、これでもう十分だろう。

（3）「技術はすでに大きく進歩し、これ以上の大きな飛躍は望めない」という通説についても、同じことが言える。ただ単に、世界恐慌や恐慌の後遺症でそうした心理が広がっているだけなら話は別だが（当時は、過去の大不況時と同様、第一級の斬新な発想が影を潜めていたように思える）、そうでない限り、これは経済学者が得てして陥りがちな過ちを「人類のフロンティア消滅」説以上によく示している。今現在、発電所、電機産業、電化農場、電化住宅、自動車を生み出した進取の精神に陰りが見られる。いずれも驚嘆に値する産業であり、この先これに匹敵する大きなチャンスがどこから生まれるのか想像さえつかない。ただ実際には、化学産業一つとってみても、例えば一八八〇年の時点では想像さえできなかった莫大な可能性を秘めている。そうでなくても「電気の時代」の成果を活用したり、大衆向けの現代住宅を生産するだけでも、今後かなりの期間、十分な投資機会が得られることは言うまでもない。

技術は未知の可能性を秘めている。土地を調査して、一定の農業生産技術だけを前提に個々の土地の肥沃度を比べることはできるかもしれない。農業技術が一定で将来の技術発展の可能性を無視できるのであれば、肥沃度の最も高い土地がまず耕作され、次いで二番目に肥沃度の高い土地が耕作されるといったプロセスが続くことは想像できる（史実とは異なるだろうが）。このプロセスではいつの時点でも、相対的に肥沃度の劣る土地しか残されていない。しかし、将来の技術発展の可能性について、そうした考え方は通用しない。先に利用されていた技術だから生産性が高いとは結論できない。私たちがこれまで目にしてきたどの技術よりも、神の膝元にある未知の技術の方が多少なりとも生産性が高い可能性は残されている。やはりここでも悲観的な見方は払拭できず、研究・管理のシステム化、合理化を通じて技術の「進歩」が効率的で確実なものになる傾向があるとは言っても、薔薇色の未来を描けるわけではない。しかし、楽観視が許されなくても問題はない。技術の可能性が尽きたとしても、生産ペースが鈍ると予測する根拠は全くない。

（4）この投資機会消滅論の技術という要素については、まだ二つのバリエーションを指摘しておく必要がある。一部の経済学者はこんなことを主張している。ある時点であらゆる国の労働者に、必要な機材を割り当てる必要があるが、この作業は一九世紀中にほぼ完了した。機材の割り当てがまだ済んでいない間は、絶えず資本財の需要が生まれるが、いったん割り当てが済めば、労働者が増えない限り、買い替え需要しか発生しない。結局、資本主義の武装化の局面は一度きりの間奏曲にすぎなかった。資本主義経済はこれまで全力を挙げて必要な道具や機械を生産してきたのであり、さらなる生産のために生産するという目的で機材を整えてきた。今後はこれまでの生産ペースを維持できない——。この経済観は驚き以外の何物でもない。一八世紀に機材は全く存在しなかったのだろうか。その当時の私たちの祖先は洞穴にも住んでいたのだろうか。もしそうでないとすれば、なぜ一九世紀の増産で機材が飽和し、それ以前の増産では飽和しなかったのか。また、資本主義の装備を追加すれば、基本的には従来型の装備との競争が起き、後者の経済的な実用価値が破壊される。そうなれば、一度機材を導入すればそれで終わりということにはならない。技術が変化しない場合は、普通、買い替え費用を積み立てておけば良いが、そうしたケースは例外的だ。特に新興産業で新たな生産方式が登場する場合を考えれば、その点は明らかだろう。鉄道施設の減価償却費で自動車工場の建設費を賄えるはずがない。

たとえ機材の割り当てが終わったという説の前提を受け入れたとしても、必ずしも将来の総生産のペースを悲観する必要がないことは読者の目にも明らかだろう。むしろ、読者は逆の結論——買い替え需要の絶えない膨大な資本財のストックが存在すれば、総生産のペースはむしろ上がるのではないかという結論を引き出すかもしれない。もしそうだとすれば、それは完全に正しい。この説は資本財の生産に軸足を置いた経済が、資本財の需要鈍化で混乱に陥るという見方を唯一の拠り所にしている。そうした混乱は、いくらでも誇張はできるが、一気に広がるものではない。例えば、かつてほぼ一〇〇％資本財の生産に依存していた鉄鋼産業は、耐久消費財や耐久消費財生産用の半完成品を中心とする生産体制に移行したが、移行の際に大きな混乱は起きなかった。今のすべての資本財産業が消費財に活路を見いだせるとは限らないが、この原理はあらゆるケースに当てはまる。

もう一つのバリエーションはこうだ。これまでは経済活動が突発的に増加することで経済の隅々にまで繁栄が行き渡っていたが、それは当然、生産者の投資拡大、したがって工場・設備の増設と常に結びついていた。ここで一部の経済学者はこんなことを発見した（と考えた）。新技術の発展で、こうした固定資本の必要性は、昔（特に鉄道建設期）に比べ減る傾向がみられる。このため、今後は資本設備の建設支出の重要性が相対的に低下する。そうなると、実際の総生産の成長ペースを間違いなく左右する突発的・断続的な経済活動の拡大にも悪影響が出るため、結果的に（特に貯蓄のペースが変わらなければ）成長ペースは鈍る運命にある――。

技術の進歩で以前に比べ資本を節約できるようになったという傾向は、これまでのところ十分に立証されていない。一九二九年までの統計を見る限り、逆のことが言える（それ以降の統計はこの目的にそぐわない）。この説を提唱する学者が指摘しているのは個別の事例ばかりで、別の事例を挙げて反論することも可能だ。ただ、そうした傾向があると仮定しよう。すると、労働を節約できる装置（省力化装置）について過去にあれほど多くの経済学者を悩ませた例の形式上の問題が浮上する。労働節約装置は労働者にとってプラスにもマイナスにもなる可能性があるが、全体で見れば生産の拡大にプラスに働くことは、疑問の余地がない。これは、貯蓄・投資のプロセスに混乱が起きない限り（この点を誇張するのが目下、流行になっているが）、最終製品一単位当たりの資本財支出を節約できる装置も全く同じだ。それどころか、経済効率の良い新しいプロセスは、ほぼ例外なく労働と資本の双方を節約していると言ってもあながち間違いではない。今鉄道で輸送している旅客や貨物と同じ人数、同じ分量を馬車で運ぶとすれば、恐らく鉄道輸送の方が資本が少なくて済む。同様に、桑の葉と蚕を使って絹を生産するのと、同量のレイヨンを生産するのとでは、よくわからないが、前者の方がより多くの資本を必要とするのではないか。前者に資本を投下してしまった人は悲しい思いをするかもしれないが、それで投資の機会が必ずしも減るわけではない。ましてや生産のペースが必ず鈍るわけでもない。資本一単位当たりの生産効率が上がっていくことだけを理由に資本主義の崩壊を期待する人は、かなり長い間待たされることになるかもしれない。

（5）最後となったが、このテーマは赤字財政の必要性を世間に訴える経済学者に取り上げられることが多いため、必ず次の点――「残された投資機会は民間企業よりも、公営企業に向いている」という点――が取り沙汰される。これはある程度まで正しい。第一に経済が豊かになるにつれ、街の美化、公共医療など、普通では採算の取れない支出に支持が集まりやすくなる。第二に通信、港湾、発電、保険といった産業は、公的管理の手法で運営しやすくなったという理由だけで、次々に公的管理の領域に入る傾向がみられる。このため、たとえ完全な資本主義社会であっても、国や地方自治体の投資は、他の形の公共計画同様、絶対的・相対的に増えていくと予想できる可能性はある。

だが、それだけのことだ。そうした傾向があるからといって、民間企業活動の方向性について何らかの仮説を立てる必要はない。それに、ここでの目的から言えば、今後公的機関の出資・運用する事業の比率が増えていくのか、それに付随して民間企業の生産の比率が減っていくのかは、重要なポイントではない。もっとも、今後の投資はすべて採算がとれず、民間企業では対応できないため、公共事業が増えると言うなら話は別だが、これについてはすでに論じた。

第11章 資本主義文明

ここで純粋な経済問題の領域から離れ、資本主義経済の完成に欠かせない文化的側面――マルクスの用語を使うなら社会心理的な上部構造――と、資本主義社会（特にブルジョア階級）に特徴的な精神構造に目を向けてみよう。極端に簡略化すれば、際立った特徴は次のようにまとめられるかもしれない。

一部の「先史学者」、社会科学者、人類学者によると、五万年前の人類は現代の未開人とほぼ同じ姿勢で身の回りの危険やチャンスと向き合っていた。[*1] ここでは、特にこの姿勢の二つの要素が重要になる。一つは未開人の精神過程の「集団的」「情緒的」な側面。もう一つは、これと多少重なる部分もあるが、私がここで呪術《マジック》（あまり正確な表現とは言えないが）と呼ぶものが果たす役割だ。第一の要素で指摘したいのは、未分化の（もしくはあまり分化していない）小さな社会集団では、大規模で複雑な集団に比べて、個人の思考が遥かに強く集団の思考に縛られるという点、また、ここでの目的からすれば「何々してはならない」という規準を特徴とするような方法で、私たちが言う論理《ロジック》（特に矛盾を排除するルール）を無視して、結論や決定が下されるという点だ。第二の要素で指摘したいのは、ある一連の信仰――経験から完全に切り離された信仰ではないが（どんな呪術的装置も立て続けに失敗すれば見放される）、観察できる一連の現象に、経験からは引き出せない存在や影響力を織り交ぜる信仰――が利用されるという点だ。[*2] この種の精神過程が神経症患者の精神過程と似ていることは、G・ドロマール（一九一一年。「解釈妄想病」というドロマールの用語は特に示唆に富む）やフロイト（『トーテムとタブー』

*1　この種の研究は古くから行われているが、リュシアン・レヴィ＝ブリュールの研究から新たな段階が始まったと考えるべきだろう。特に *Fonctions mentales dans les sociétés inférieurs* (1909)［山田吉彦訳『未開社会の思惟』岩波文庫］と *Le Surnaturel et la nature dans la mentalité primitive* (1931) を参照。前者の立場から後者の立場に至る道のりは長く、その間の重要な段階は *Mentalité primitive* (1921) と *L'ame primitive* (1927) に認められる。レヴィ＝ブリュールは、思考がどのように「実行」に移されるか、また人間がどのような精神構造になるかという問題について、少なくとも一部は、社会の構造によって決まり、社会の中で育まれるという本書と完全に同じ立場を取っており（むしろ、それを出発点にしている）、本書にとっては特にありがたい権威となる。レヴィ＝ブリュールがそうした原理をマルクスではなくコントから受け入れたという事実は重要ではない。

一九一三年）が指摘している。だが、そうした精神過程が正常な現代人の精神過程と無縁だとは言えない。それどころか、政治問題を巡る議論を少しでも思い起せば、私たち自身の精神過程が多くの面で全く同じ性格のものであること――行動に際してはそれが特に重要な根拠になっていることがわかるのではないだろうか。

したがって、合理的な思考・行動や合理主義的な文明に、先ほどの規準が存在しないわけではなく、ただ個人や集団が一定の状況に何とか次のように対応しようとする社会生活の領域をゆっくりと（途切れなくではあるが）増やしてきただけである。（1）多少なりとも（決して全面的ではない）自分自身の考えに基づいて、最善を尽くす（2）私たちが「論理」と呼ぶ一貫性の法則に基づいて、最善を尽くす（3）「一貫性の法則の数は最小限」であり、「各法則は潜在的な経験[*3]という形で表現できる」という二つの条件を満たす仮定の下で最善を尽くす。

もちろん、これだけでは不十分極まりないが、本書の目的上は十分だ。ただ、ここで後々の考察のために合理主義的な文明という概念についてもう一点指摘しておきたい。日常生活の問題を合理的に分析する習慣や、日常生活の問題で合理的に行動する習慣が定着すると、なぜ国王や法王が必要なのか、なぜ隷属や十分の一税や財産が必要なのかといった具合に、様々な集団思考を批判的な目で見つめ直し、ある程度まで「合理化」する動きが出る。これに付随して以下の点に注意が必要だ。そうした姿勢については、精神が一段「高い段階」に達したという見方が一般的だろうが、この価値判断は必ずしも、あらゆる意味で事実の裏づけがあるわけではない。合理主義的な姿勢は情報や技術が不十分であっても現れる場合があり、そこから生まれる行動は——特に一般的に見られる外科手術的な傾向は——後世から見れば、純粋に知性という点から見ても劣った行動に見えることがある。むしろ、その当時「知能指数が低いからああなんだ」と思われがちだった姿勢と結びつけられた行動や、反外科手術的な傾向の方が優れているように見えるケースがある。この常に見落とされがちな真理を浮き彫りにしているのが、一七－一八世紀の大半の政治思想だ。こんなことを言っても、当時の啓蒙思想家は一笑に付しただろうが、後の「保守的な」反論の方が、社会のビジョンの深さだけでなく、論理的な分析という点でも間違いなく優れていた。

さて、人類は恐らく経済上の必要性から合理的な姿勢を取らざるを得なかったと思われ

*2　これについては「そんなことを言えば物理学者の言う『エネルギー』も呪術的装置になる」という親切な指摘を受けたが、私が言いたかったのはまさにその点だ（「エネルギー」とは、単に変位の二次導関数の定数倍を指す言葉にすぎないと言うなら話は別だが）。次の次の文章を参照。

*3　このカント的なフレーズを選んだのはわかりきった反論を封じるためだ。

る。私たち人類は日々の経済上の課題を通じて合理的な物の考え方・行動の手ほどきを受けた。すべての論理は経済上の決定パターンから生まれたと断言することに私は何のためらいも感じない。私が好きなフレーズを使えば、経済パターンは論理の生みの親だ。これは次の理由で妥当ではないだろうか。「未開」人が、人類の縁戚であるゴリラも価値を認めていたすべての機械の原型――棒を使っていたが、その棒が折れてしまったとしよう。呪文を唱えて折れた棒を直そうとすれば(例えば「ジュヨー・キョーキュー」とか「ケイカク・トーセー」などと唱えて、ちょうど九回繰り返せば二つに折れた棒が元通りになると考えているなら)合理的思考以前の段階にあるといえる。もし、折れた棒をつなぐには(もしくは別の棒を調達にするには)どうすれば一番良いかを手探りで考えるなら、私たちが言う意味で合理的だということになる。もちろん、どちらの姿勢もあり得るが、こうした経済活動では大抵の場合、呪文の効き目がなかったことがはっきり認識できる。「戦いに勝つ呪文」「恋愛がうまくいく呪文」「心が軽くなる呪文」に効き目がなかったことよりも、ずっとはっきり認識できるはずだ。これは経済の領域では他の人間活動の領域とは違って、白黒はっきりした結果が容赦なく出るから、しかも大抵の場合、数字で結果が出るからだ。また、経済上の欲求と充足というリズムが冷徹かつ淡々と繰り返されるという点も恐らく関係している。合理的な習慣がいったん叩き込まれると、好ましい結果が得られたという経験を基に学習が進み、他の領域にもそうした習慣が広がる。そして、あの驚くべきこと――「事実」にも目覚めることになる。

このプロセスは経済活動がどんな衣を纏っていても――したがって、資本主義という衣を纏っていなくても起きる。利潤という動機、私利私欲も同様だ。実際、資本主義以前の人間も、資本主義社会の人間に負けず劣らず強欲だった。例えば、農奴も封建領主もそれぞれなりふり構わず私利私欲を追求している。ただ、資本主義は互いに絡み合う二つの方法で、合理性に磨きをかけ、合理性に新たな側面をつけ加えた。

第一に、資本主義は通貨という単位を（これ自体は資本主義の成果ではないが）記述の単位に引き上げた。つまり、通貨単位は資本主義の手順を通して合理的な損益計算の道具となった。この損益計算の金字塔が複式簿記だ。[*4] この点に立ち入らずとも、次の点に気づくはずだ。基本的には経済合理性の発展の産物である損益計算が、今度はそうした合理性自体にも影響を及ぼす。物事を数字で明確化・具体化する損益計算が、企業の論理を動かす強力な推進力となる。そのように経済分野向けに明確化・数量化されたこのタイプの論理・姿勢・方式が、今度は侵略者としての道を歩み始め、人類の道具と哲学を、治療法・宇宙観・人生観を、実際ありとあらゆるものを、美や正義の概念、心に思い描く願いまでをも配下に置いて合理化する。

その意味で一五、一六、一七世紀の近代的な数学・経験科学が、通常「資本主義の勃興」と呼ばれる社会プロセスと同時に発展しただけでなく、スコラ学という要塞の外で、スコラ学から侮蔑・敵視されながら発展を遂げたことは極めて暗示的だ。一五世紀、数学は主に商業計算や建築の問題に利用されていた。職人タイプの人々が発明した実用的な計算器具は近代物理学の礎となった。ガリレオの過酷な個人主義は、勃興する資本家階級の個人主義だった。外科医が産婆や理髪師を凌ぐ存在になっていく。芸術家兼エンジニア兼起業家。ダ・ヴィンチ、アルベルティ、チェリーニといった人物によって永遠に記憶にとどめられることになったタイプの人材——デューラーでさえ要塞の設計に関する論文を書いていた——そうした人材が私の言いたいことを何よりも体現している。このような風潮を苦々しく思っていたイタリアの大学のスコラ学者は、私たちが考える以上に敏感だったといえる。問題は伝統に反する個々の主張ではなかった。優れたスコラ学者なら、聖書の解釈を捻じ曲げて、そうしたコペルニクス的な体系を取り入れることもできたはずだ。だが、スコラ学者は実に敏感にそうした偉業の背後にある精神——合理主義的個人主義の精神、勃興する資本主義が育む精神——を嗅ぎ取っていた。

第二に、勃興期の資本主義が生み出したのは、近代科学の精神態度——一定の問題を問い、一定の方法で何とか解決しようとする姿勢——だけではない。例の人間、例の生活手段も生み出した。封建的な環境を打ち壊し、荘園や村落の知の平和をかき乱すことで（無論、修道院の中でも議論や対立の種はいくらでもあったが）――しかし特に、個人の経済実績を土台とする新たな階級に社会の場を提供することで――結果的に経済界に強い意志を持つ有能な人材を引き寄せた。資本主義以前は、経済界で実績を残しても階級の壁は越えられず、当時の支配階級に匹敵する社会的地位は得られなかった。立身出世の道がなかったわけではないが[*5]、大まかに言って、事業活動は基本的に地位が低く、職人のギルドで頂点に上り詰めても、職人の世界から抜け出すことはまず不可能だった。出世の王道、多大な利益を得る道は教会だった（これは中世を通じて、今とほぼ同じくらい入りやすい世界だった）。これに地主貴族の秘書や封建領主

＊4　この点を強調したのが（独特の流儀で強調し過ぎたのが）ゾンバルトだ。複式簿記は紆余曲折を経てようやく辿りついたもので、その一つ前の段階では、時々在庫目録をつくり損益を計算していた。A. Sapori, *Biblioteca Storica Toscana*, VII (1932) を参照。ルカ・パチョーリの簿記に関する論文 (1494) は時代が古いため貴重な道しるべとなっている。国家の歴史・社会学という視点で重要なのは、一八世紀まで合理的な簿記が公的資金の管理に導入されていなかったこと、また一八世紀になっても簿記が極めて不完全で、「官房学（カメラリズム）」型の原始的なものだったことだ。

＊5　私たちは中世の社会構造を静的・固定的に捉える傾向が強すぎる。パレートの言葉を借りれば、実際には絶えず「貴族の循環」が起きていた。西暦九〇〇年頃に最上層に君臨していた集団は一五〇〇年頃には事実上姿を消している。

の階層構造を付け加えてもよいかもしれない（後者は一二世紀半ばまでは肉体的・精神的に適性のある男性ならかなり入りやすい世界で、それ以降もそれほど入りにくい世界ではなかった）。人並み以上の能力と野心のある人材が第三の道としてビジネスに目を向けるようになったのは、資本主義企業（最初は商業・金融、次いで鉱業、最後に製造業）の可能性が徐々に明らかになってからだ。出世は早く、人目を引くものだったが、当初得られた社会的影響力についてはかなりオーバーなことが言われている。例えばヤコブ・フッガーやアゴスティーノ・キージの生涯をつぶさに追ってみれば、カール五世やローマ教皇レオ一〇世の政策にはほとんど影響を及ぼせず、特権を得るために多大な代償を払っていたことがすぐにわかる。[*6] それでも、起業家の成功は、封建社会の最上層を除けば、誰の目にも輝かしいものであり、優秀な人材の大多数がビジネスの世界に引き寄せられ、結果的にさらなる成功例が生まれ、合理主義の動力装置に一段と弾みがついた。したがって、この意味で、資本主義は（単なる経済活動全般ではない）、結果的に人間の行動を合理化する推進力となってきた。

これまで不十分ながらも複雑な論証を続けてきたが、これでようやく当面の目標[*7]と向き合うことができる。機械化された今の工場、そこから洪水のように溢れる大量の商品。今の技術、経済機構。それだけではない。現代文明の様々な特徴、様々な実績は、直接・間接に資本主義のプロセスの産物だ。資本主義のバランスシートを作成する際には、そして資本主義の功罪を論じる際には、こうしたものをすべて踏まえる必要がある。

合理的な科学が発達し、様々なものに応用された。飛行機、冷蔵庫、テレビといったものが、営利経済の成果であることはすぐにわかるが、今の医療機関も（一般に営利目的で運営されてはいないが）資本主義の成果だ。繰り返しになるが、資本主義のプロセスが生活手段と意志を生み出したことばかりが寄与したわけではない。それよりも遥かに根本的な要素として、医療機関で利用されるメソッドの発展を促すような思考習慣が、資本主義の合理主義で身についたことが寄与したのである。まだ完全には確立していないが、やがて確立する癌・梅毒・結核の治療法は、自動車・パイプライン・ベッセマー鋼に劣らぬ資本主義の成果となるだろう。医薬品の場合は、そうしたメソッドの背後に資本主義型の専門職が存在する。基本的にビジネス

*6　実際のところ、メディチ家も例外ではない。メディチ家は富の力を借りてフィレンツェ共和国の支配権を確立したが、メディチ家の役割を説明するのはそうした支配権であって、富自体ではない。いずれにしても、封建社会の最上流階級と対等な地位に上り詰めた商人はメディチ家だけだった。本当に例外的な事例は、資本主義の発展で新たな環境が創造された地域、封建層が完全に崩壊した地域にしか見当たらない（ベニスやネーデルランドなど）。

*7　当面の目標と書いたのは、ここまでの分析が他の目的にも使えるためだ。実際、「資本主義と社会主義」という大きなテーマを本格的に論じる際には、こうした分析が土台になる。

の精神で動いているという意味でも、商工業ブルジョアが混濁しているという意味でも資本主義的だ。たとえそうでなくても、現代の医薬品・衛生法が資本主義のプロセスの副産物であることに変わりはない。今の教育についても全く同じことがいえる。

そして、資本主義の芸術、資本主義の生活スタイルというものがある。実例を絵画に限定するにしても（これは簡略化のためと、私の無知の度合いが他の分野に比べて少しばかり低いためだ）、もし（間違っているとは思うが）ジョットが描いたアレーナ礼拝堂のフレスコ画の時代からスタートして、ジョット－マサッチオ－ダ・ヴィンチ－ミケランジェロ－グレコという流れを辿るとすれば（こうした「直線的」な議論は全くけしからぬものだが）、グレコのミステリアスな情熱をいくら強調したところで、見る目のある人なら私の言いたいことを完全には否定できないだろう。首を傾げる方――言ってみれば、自分の指先で資本主義の合理性に触ってみたいという方には、ダ・ヴィンチの実験的な手法を挙げてもよい。この線を延長すれば（もちろん、わかっている）ドラクロワとアングルの対照に（苦しいかもしれないが）辿りつけるかもしれない。そうすれば、後はセザンヌ、ゴッホ、ピカソ、マティスと続く。表現主義による物の解体は、見事なまでの論理的帰結だ。資本主義の小説の歩み（ゴンクールの小説で頂点に達した「緻密な記録」）の方が、例としてはもっとわかりやすいだろうが、これはわかりきったことだ。

資本主義の生活スタイルの発展については、今の背広（ラウンジスーツ）の起源という視点で、容易に、恐らく最も納得のゆく形で記述できるのではないか。

そして最後に、グラッドストン流の自由主義という旗印の周囲に集められるような諸々のことがある。これは「個人主義的民主主義」と言って差し支えないだろう。そうすれば、グラッドストンが認めなかったと思われる一部のこと、信仰の砦の中にいたグラッドストンが実際に憎んでいた道徳上・精神上の姿勢も取り込めるので、むしろそのようが良いだろう。もし急進派がほぼ判で押したように私の言いたいことを強烈に否定しているのでなければ、もしかするとこの点は省いてもよかったのかもしれない。急進派は大衆が闇と絶望の中で鎖に繋がれ、耐え難い苦しみからの救いを求めていると訴えるかもしれないが、無論、今の資本主義社会ほど、個人が全体として心と体の自由を謳歌した時代はなかったし、これほど進んで宿敵である支配階級の言いなりになり、資金まで差し出したこともなかった。本当の苦しみ、偽りの苦しみに、ここまで温かい同情が寄せられたこともなかったし、これほど進んで負担を受け入れたこともなかった。民主主義は、農村社会を除けば、歴史的に近代資本主義・古代資本主義の登場後に発達している。ここでも様々な過去の事例を挙げて、説得力のある反論を展開することはできるが、現状や将来の選択肢を論じる場合、そうした反論は無視できる。[*8] 少しでも歴史を検証する気があるのなら、急進派が自説を展開する上で好都合極まりないと考える事例の多くでさえ、それに対応する資本主義以前の状態と比べれば、違った形に見えることが少なくない。「時代が違う」というのは反論にはならない。時代を変えたのは、まさに資本主義のプロセスなのである。

　特に二つの点を指摘する必要がある。以前にも触れたが、社会立法、もっと一般的に言えば、大衆のための制度変更は、増大する一方の貧困を和らげるため、資本主義社会がただ単にやむを得ず導入を強いられたものではない。資本主義のプロセスでは、大衆の生活水準が自動的に上がっただけではなく、社会立法のための手段と意志が生まれた。傍点部分についてはさらに説明が必要だが、これは合理主義が普及する原理を考えればわかるだろう。資本主義のプロセスでは行動や思考が合理化され、それに伴い、形而上学的な信仰とともに、様々な神秘的、ロマンチックな思考が心の中から追い立てられていく。それに伴って、目標を達成する手段だけではなく、最終的な目標自体も形を変えていく。実利一辺倒という意味での「自由な発想」、世俗主義――この下界を現実的に受け入れる姿勢は、そこから論理的な必然で生まれてくるものではないが、それでも実に自然に生まれてくる。第一に、これまで受け継がれてきた義務感は、伝統的な基盤を失い、人類の向上という功利主義的な思想に行き場を求める。これは確かに非論理的だが、例えば神を恐れることに比べれば、合理主義からの批判に耐えられるように見える。第二に、魂の合理化というこの現象では、様々な階級上の権利から経験を超越した強制力という威光が悉く失われる。これが「実力」と「献身」を激しく追求する資本主義特有の情熱と結びつくと（古いタイプの典型的な騎士なら、そうした言葉で全く違ったものを連想したはずだ）、ブルジョア階級の内部に「意志」が生まれる。フェミニズムは本質的に資本主義の現象であり、この点がさらにはっきりと浮き彫りになる。読者もお分かりのように、こうした傾向は「客観的」に捉える必要がある。したがって、反フェミニズム・反社会改良という空論がどれほど幅を利かせても、またたとえ特定の措置に対して一時的な反発が起きても、この分析の反証にはならない。そうした反発自体、人々が抵抗を試みている流れの存在を浮き彫りにしている。これについては後ほどさらに論じる。

また、資本主義文明は合理主義的かつ反英雄的だ。無論、この二つの要素は両立する。ビジネスの成功には並々ならぬスタミナが要るが、ビジネス活動は騎士の考える英雄的な行為とは程遠い。剣を振り回すこともなければ、抜きん出た身体能力もさほど要求されず、敵めがけ

＊8　この種の非難は、マルクスの時代には今ほど荒唐無稽なものではなかったが、マルクスが持論を主張する上で好都合だと考えていた惨状も、当時でさえ過去の出来事だったか、目に見えて減りつつあったことは間違いない。

て馬を駆り立てることもない。むしろ、異端者・異教徒だ。数字の渦巻くオフィスの中では、当然「戦いのための戦い」「勝利のための勝利」という発想を美化するイデオロギーが色褪せていく。したがって、泥棒や税務署の目を引く財産を持ち、騎士のイデオロギー――「合理的」実利（功利）主義とは相いれないイデオロギー――に共鳴せず、反感さえ抱く商工業ブルジョア階級は、基本的に平和主義者であり、そうした私生活の道徳観を国際関係にも反映させるべきだと主張する傾向がある。平和主義と国際道徳が、資本主義文明の他の特徴とは違って、中世のローマ教会など資本主義以外の環境、資本主義以前の機関でも支持されていたことは事実だが（こうした例は他にもあるが）、それでも今の平和主義と今の国際道徳は資本主義の産物だ。

こうした見方に対しては、第1部で指摘したように、マルクス派（特にネオマルクス派）、また、かなりの数の非社会主義者からも、強い反論が出ているため[*9]、次の点を指摘しておく必要がある。私は何も、多くのブルジョアが家族のために立派に戦っていることを否定するつもりはないし、アテネやベネチア共和国など、ほぼ純然たるブルジョア共和国が、割に合うと思えば、往々にして攻撃を仕掛けていたことを否定するつもりもない。また、ブルジョア階級は戦争がもたらす利益や、侵略で得られる貿易上のメリットに一貫して反対したとか、好戦的なナショナリズムの教育を（封建的な支配者・指導者による教育であれ、一部の特殊利益団体のプロパガンダを通じた教育であれ）拒否したと言うつもりはない。私が言いたいのは、第一に、そうした資本主義の攻撃性の例をマルクス派のように説明することはできない。つまり、「階級利益や階級を取り巻く状況の構造上、資本主義の侵略戦争が起きる」という視点だけで、もしくはそれを最大の根拠に、説明することはできない。第二に、ブルジョアが日々の仕事だと感じていること（季節を問わず修練し、それで勝敗が決まると感じていること）と、自分の専門外のこと（日々の仕事とは違う、性に合わないこと、勝利すれば最も非ブルジョア的な職業の威信が高まるようなこと）の間には溝がある。第三に、そうした溝があれば、内政・外政を問わず、武力行使に反対し、平和的な取り決めを支持する姿勢が確実に強まる。たとえ金銭的な損得勘定で戦争をした方が明らかに得な場合でもそうだ（これは現代では一般に考えにくいが）。実際、国の構造や姿勢が完全な資本主義に近づいていくと、平和主義に傾いていく傾向が――戦争のコストを計算する傾向が見て取れる。個々のパターンは複雑で、歴史を細かく検証しないと完全な立証はできないが、軍隊（常備軍）に対するブルジョアの姿勢、戦争に対するブルジョア社会

*9　マルクス派の帝国主義論を参照。第1部第4章。

の心構え、戦い方、また戦争が長期化した深刻なケースでブルジョア社会がどこまで非ブルジョア的なルールに従うかは、自明のことだといえる。したがって「帝国主義は資本主義の発展の最終段階」というマルクス派の主張は、純粋に経済的な視点から反論するまでもなく、間違っている。

ただ、私は読者が恐らく予想されているような結論を下すつもりはない。資本主義が残した目覚ましい経済面の成果と、それにも増して素晴らしい文化面の業績。また資本主義の経済・文化が秘めている途轍もない可能性――。実績のない人間が提唱する実績のない制度を選ぶ前に、そうしたものにもう一度目を向けるべきだ、と言うつもりはない。資本主義の実績と可能性を考えれば、当然、資本主義のプロセスを維持すべきであり、資本主義を通じて人類を貧困から救済すべきだと訴えるつもりはない（後者はたやすく主張できるかもしれないが）。

そんなことを訴えても何の意味もない。たとえ人類に選択の自由があり、実業家のように競合する二つの機械から一つを選ぶことができたとしても、私が伝えようとしてきた事実や事実関係から、必ずしもある一定の価値判断を下せるわけではない。経済面の実績については、今の産業社会の方が中世の荘園や村落よりも「幸せ」と言える根拠はなく、「豊か」と言える根拠さえない。文化面の業績についても「あなたの言うことはよくわかるが、それでもそんな文化は――実利（功利）主義とそれに伴う『価値』の瓦解は――心の底から嫌悪する」という人もいるかもしれない。またこれは、社会主義という選択肢を論じる際に改めて強調しなければならないが、経済的・文化的な価値を生み出す資本主義の力よりも、資本主義が生み出し、放置した人々、自由放任の資本主義で人生を台無しにしてしまった人々の方が気になるという人もいるだろう。ただ愚鈍・無知・無責任であるが故に何の根拠もなく資本主義文明に有罪判決を下す急進派もいるが――明々白々な事実に目を向けない、目を向けたくない人間、ましてやそうした事実が何を意味するのか理解できない人間もいるが――もっと高いレベルで資本主義に完全な有罪判決を下せる可能性は残されている。

しかし、資本主義の実力をどう判断するにせよ、そうした価値判断を下したところであまり意味がない。というのも、人類は自由な選択などできない。それは大衆が選択肢を理性的に比較できず、いつの時代も言われたことを受け入れることだけが理由ではない。それよりも遥かに深い理由がある。経済や社会は独自の力で動く。そうなれば、個人や集団は自分の希望とは関わりなく、一定の行動を余儀なくされる。実際には、選択の自由を奪われるのではなく、選択の心理が形成され、選択の幅が狭まる。もしこれが、マルクス主義のエッセンスであるなら、私たちは全員マルクス主義者になるべきだ。結局、資本主義の実力は将来の予測には無関係とさえ言える。大抵の文明は秘められた可能性を存分に発揮する前に消滅した。したがって、資本主義には実力があるから、この間奏曲は今後も続くと言うつもりはない。むしろ、私は正反対の結論を引き出そうとしている。

第12章 崩れ落ちる防壁

1 廃れていく起業家の役割

投資機会消滅論を論じた際、人類の経済上の欲望がいつの日か完全に満たされ、生産活動をそれ以上進める動機がなくなる可能性については、当面考える必要はないという保留条件をつけておいた。たとえ今の欲望の図式だけを考えたとしても、そうした飽和点に達するのは間違いなく遠い未来のことだ。生活水準の向上で欲望が自動的に膨らみ、新しい欲望が生まれたり、生み出されていくことを考えれば[*1]、飽和点は逃げ水のように逃げていく存在となる。消費財に

*1　ヴィルヘルム・ヴントはこれを「目的の異常生殖」（*Heterogonie der Zwecke*）と呼んだ。

レジャーを含めれば特にそうだろう。ただ、ここで欲望が飽和点に達する可能性を考えてみよう。生産手段が改良の余地のないほど完璧な状態に達するというさらに非現実的な仮定を立てるのである。

この場合、多少なりとも静態的な状態が生まれるはずだ。基本的に発展のプロセスである資本主義が委縮し、起業家の仕事がなくなっていく。完全な平和が続くことが確実にわかっている社会で将校が陥るような状況とよく似た状況に、起業家が陥る。利潤がゼロに近づき、それに伴い金利もゼロに近づいていく。利潤や利子で生活しているブルジョア階級が姿を消す傾向が見られるようになる。商工業の経営が日々の事務管理の問題になり、従業員は必然的に官僚の性格を帯びていく。実に覇気のないタイプの社会主義がほぼ自動的に誕生することになる。ビジネスに注がれていた人々のエネルギーが他の分野に注がれ、経済以外の分野が優秀な人材を引き寄せ、冒険心を掻き立てることになる。

予測可能な将来を論じる場合、このようなビジョンは全く重要ではない。しかし、だからこそ、以下の事実が重要になる。欲望がほぼ完全に満たされた場合や技術が完成の域に達した場合に社会構造や生産機構に及ぶと予想できる影響の多くが、すでに今はっきり観察できる動向からも予想できるという事実だ。静態的な経済の管理だけでなく、進歩自体が機械的になる可能性があり、この進歩の機械化が経済発展の終わりに匹敵するほどの影響を起業家精神と資本主義社会に及ぼす恐れがある。この点は、起業家の役割とは何か、また、それがブルジョア社会や、資本主義体制の存続にどのような意味を持つのか――の二点を改めて指摘すればすぐにわかる。

　起業家の役割が生産パターンの改革・革新にあることはすでに論じた。具体的には、発明の利用（もっと一般化すれば、まだ試されていない技術的な可能性を利用して新製品を生産したり、旧製品を新製法で生産すること）や、原料の調達先・販路の開拓、また業界の再編などを通じて、生産パターンを変えていくのである。大きく分けた場合、初期の鉄道建設、第一次大戦前の電力生産、また蒸気・鉄鋼、自動車、植民地経営はその華々しい例であり、そうした中に無数の身近な例（ソーセージや歯ブラシの新商品がヒットするなど）が犇《ひし》めいている。主にこの種の活動があるため、経済という有機体に革命を起こす「好況」が周期的に訪れ、新製品・新方式の登場で従来の均衡が崩れるため周期的に「後退期」が訪れる。そうした新しい企ては容易なことではなく、経済上、独特な役割を担っている。というのも、第一に、新しいことは誰もが理解している日常業務の枠外にあり、第二に、様々な形で周囲の抵抗が起きるためだ。抵抗の種類は、単に融資を断られる、新しいものが売れないといったものから、新しいものをつくろうとする人に危害が加えられるといったものまで社会環境に応じて様々ある。既知の領域を超えて信念を持って行動し、そうした抵抗に打ち克つには、ごく一部の人にしか備わっていない資質が必要だ。そうした資質を持っているのが起業家タイプの人材であり、起業家の役割もそこにある。起業家の役割は本質的に、何かを発明することではなく、企業が利用する環境を整えることでもなく、ただ物事を実行することにある。

こうした社会的な役割はすでに重要性が低下しつつあり、たとえ起業家精神を原動力とする経済のプロセス自体が衰えなくても、今後、重要性の低下に拍車がかかる運命にある。というのも、まず、日常業務の枠を超えることが以前に比べて格段に容易になった。イノベーション自体が日常業務になりつつある。技術の発展は急速に専門家集団の仕事になってきている。必要なものを生み出し、それを計算通りに利用する。かつては天才のひらめきで予見するしかなかったものが、今では厳密に計算できるケースが飛躍的に増えており、ビジネスで一世一代の賭けに出るといった往時のロマンが急速に色褪せている。

加えて、経済の変化が日常化し（その最たる例が次々に生み出される新しい消費財や生産財だ）、変化に抵抗するのではなく、変化を受け入れることが当たり前になっている環境では、個性や強靭な意志の価値が薄れていく。生産プロセスのイノベーションで既得権益が脅かされるために起きる抵抗は、資本主義が続く限り、なくなりそうにない。例えば、安価な住宅の大量生産には思い切った機械化と現地での非効率な作業の一掃が必要で、そうした抵抗が大きな障害になるだろう。しかし、その他の抵抗はどれも――特に消費者や生産者が新しいという理由だけで新しいものを拒むという抵抗は――すでに大方、姿を消している。

したがって、経済発展は没個性化・自動化が進んでいく傾向がある。個人プレーに代わって、事務局や委員会の仕事が幅を利かせる傾向がみられる。ここで再び、軍事との類推で本質的な点を浮き彫りにしてみよう。

かつては――大体ナポレオン戦争までは――将軍イコール指導者であり、戦争に勝てば、将軍個人の手柄となった。将軍が社会的名声という相応の「利益」を得たのである。当時の戦闘技術と軍隊構造では、将軍個人の決断と統率力が――またきらびやかな馬を操って戦う姿でさえも――戦略・戦術上、不可欠な要素だった。ナポレオンが戦う戦場では、実際にナポレオンの存在が感じられたし、感じられなければならなかった。今はもうそのようなことはない。将来的には、合理化・専門化された事務作業が個性を消し去り、結果が計算できるため「ビジョン」が失われるだろう。指導者が自ら乱闘の中に身を投じる場面はもうない。指導者も事務員の一人となりつつあり、代わりを探すのは必ずしも難しくない。

もう一つ軍事から類推してみよう。中世の戦争はまさに個人芸だった。鎧《よろい》を纏った騎士が駆使する武芸は生涯にわたる鍛錬が必要で、個人のスキルと度胸という点で一人一人の騎士が重要な存在だった。こうした技能が実に様々な意味で社会階級の土台になった理由は容易に理解できるはずだ。しかし、社会と技術の変化で、この階級の役割と地位は揺らぎ、結果的に消滅に至った。だからといって戦争自体がなくなったわけではない。ただ次から次へと機械化が進み、軍人は単なる専門職と化した。軍人としての成功に、輝かしい個人的業績という往時のイメージはない。かつては、本人は固《もと》よりその部下までもが社会の支配層として揺るぎない地位を得られたのである。

そうなると、資本主義の起業家も、これと似たような社会のプロセスで役割が揺らぎ（突き詰めて考えれば、実は同じプロセスなのだが）、それに伴って社会的地位も揺らぐことになる。資本家の役割は中世の騎士ほど華やかではないが、それでも多かれ少なかれ、個人の力量と個人の責任で指導者個人が成功を目指す形態であることに変わりはない（もしくは変わりはなかった）。起業家も騎士階級同様、社会的な役割が低下すれば、すぐに地位が揺らぐことになる。役割低下の原因が社会的ニーズの消滅でも、別の形の没個性的な手段の登場でも、地位が揺らぐことに変わりはない。

しかし、そうなると、今度はブルジョア階級全体の地位が揺らぐことになる。起業家は必ずしもブルジョア階級の出身ではないし、ブルジョア階級の出身者が多いわけでもない。それでも成功を収めれば、ブルジョアの仲間入りをする。したがって、起業家自体は一つの社会階級を形成していないが、ブルジョア階級は起業家とその家族・関係者を取り込み、階級全体を絶えず補充・活性化している。一方で「ビジネス」との積極的な関わり合いを絶った家系は一、二世代後にブルジョア階級から没落する。中間には夥しい数の事業家、貿易商、金融資本家、銀行家と呼ばれる人々がいる。こうした人々は、ベンチャー起業家と、これまで受け継がれてきた領域内でただ日々の管理業務をこなす人々の中間に位置する。ブルジョア階級が生活の糧とする収益を得られるかどうか、ブルジョア階級の社会的地位がどんな運命を辿るかは、ブルジョア階級内で多少なりとも仕事をしている人（当然、アメリカの場合のようにそれが全体の九割以上を占める場合もあり得る）が成功を収められるかどうか、またブルジョア階級に這い上がろうとする個人が成功を収められるかどうかにかかっている。したがって、ブルジョア階級は経済的にも社会的にも、直接・間接に起業家に依存しており、階級全体が起業家と生死を共にする。といっても、過渡的な段階——詰まるところ、生き残れる望みはないが死ぬに死ねないという段階——が多少なりとも長引く可能性が高い。封建文明の場合が実際にそうだった。

これまでのところをまとめるとこうなる。資本主義の発展（「進歩」）が途絶えたり、何もしなくても自動的に進歩するようになれば、産業ブルジョアの経済基盤は、いずれ日々の管理業務に支払われるような賃金に堕することになる（準レントや独占利益の残骸がしばらく残ることは考えられるが）。資本主義の企業はまさにその功績によって進歩を自動化する傾向があり、結果的に自らの存在を不要にする傾向がある——成功があだになって自滅する傾向がある——というのがここでの結論だ。完璧な官僚機構と化した巨大な産業装置が、中小企業を駆逐し、オーナーからの「収奪」を進めるばかりか、いずれは起業家をも駆逐し、ブルジョア階級からの収奪を進めることになる。その過程でブルジョア階級は所得のみならず、所得よりも遥かに重要な自らの役割も失うことになる。社会主義の音頭を本当に取っていたのは、社会主義を説く知識人でも活動家でもなく、バンダービルト、カーネギー、ロックフェラー家だった。マルクス派としては、この結論に気に喰わないところがあるかもしれない。さらに通俗的な（マルクスなら俗流と呼んでいたような）社会主義者の場合は、なおさらそうだろう。ただ、将来の予測に関する限り、結論に違いはない。

2 保護階層の消滅

これまで、資本主義のプロセスが資本主義社会の上層部にどのような影響を及ぼすか——上層階級の経済基盤や社会的地位、威光にどのような影響を及ぼすかを考察してきた。だが、影響は上層部だけではなく、上層部を保護する制度的な枠組みにも及んでくる。この点を明らかにするために、制度という言葉を最大限広い意味で使い、法制度だけでなく、世論・政策の姿勢も含めることにする。

(1) 資本主義は発展の過程で、まず何よりも荘園、村落、職人ギルドといった封建社会の制度上の取り決めを破壊した（もしくは破壊に大きく寄与した）。このプロセスは史実もメカニズムもよく知られており、説明するまでもないだろう。破壊は三方面から進められた。職人の世界は、主に資本主義の起業家が仕掛ける競争の影響で自動的に破壊された。委縮した機構や規制の廃止という政治活動は、結果を追認したものにすぎない。領主と小作農の世界は、主に政治活動（時に革命的行為）で破壊された。資本主義は適応のための変化を司っただけだ（例えば、ドイツでは荘園機構が大規模な農業生産単位に姿を変えた）。ただ、こうした産業・農業革命に加えて、立法機関や世論の姿勢全般にもそれに劣らぬ革命的な変化が起きた。古い経済機構とともに、そうした機構で主導的な役割を担っていた階級・集団の経済的・政治的特権（特に地主貴族・ジェントリー、聖職者の免税特権・政治特権）が消滅したのである。

こうした諸々の変化で、ブルジョア階級は、経済的には様々な足枷、様々な障壁から解放された。政治的には、ブルジョアの身分が低かった世界から、以前よりもブルジョアの合理主義的な考え方と相性の良い世界、以前よりもブルジョアが直接利益を得やすい世界に移行した。しかし、このプロセスを今の視点で検証すると、このような完全な解放がブルジョア階級とブルジョア社会にとって結果的に本当に良いことだったのかという疑問が湧いても不思議ではない。というのも、そうした足枷は制約だけではなく、保護装置にもなっていたのである。先に進む前にこの点を慎重に検証・吟味する必要がある。

（2）資本主義ブルジョア階級の勃興と国民国家の勃興という関連するプロセスを通じて、一六、一七、一八世紀にかけて誕生したのが、今から見れば二重人格的にも見える社会構造だった（他の社会構造も、それに劣らず二重人格的、過渡的だったことに変わりはないが）。最たる例として、ルイ一四世という君主を考えてみよう。ルイ一四世は地主貴族を配下に置いたが、その一方で懐柔策も巡らし、仕事や恩給を与え、求めに応じて支配層・上流層としての地位を条件つきで認めた。またこの君主は聖職者を配下に置いて手を組んだ。[*2] そして、かつて地主貴族との戦いで手を組んだブルジョア階級の締めつけを強化し、効果的に搾取を進めるため企業を保護・奨励した。小作農や（規模は小さかったが）産業プロレタリア階級も、同じように公権力に管理・搾取・保護された（もっとも、フランスのアンシャン・レジームの場合、オーストリアのマリア・テレジアやヨーゼフ二世などに比べれば、保護は遥かに少なかった）。地主や企業経営者も、公権力に成り代わって管理・搾取・保護を進めた。これは一九世紀の自由主義的な意味での政府――一部の限定的な役割を最低限の収入で果たすための社会機関――とは違っていた。善悪の判断からリヨンの絹織物の柄まで、原理上、君主がすべてを管理し、財政面では収入の最大化を目指した。この国王は完璧な絶対君主ではなかったが、公権力はすべてを掌握していた。

本書のテーマ上、このパターンを正しく分析することが極めて重要だ。国王、宮廷、軍、教会、官僚の間では、資本主義のプロセスが生み出す収入で生計を立てる傾向が強まっていった。純粋に封建的な収入源でさえ、当時の資本主義の発展を背景に数が増していった。そうした発展に合わせ、また、そうした発展を促すため、内政・外政や制度が変更されるケースも相次いだ。このプロセスが続く限り、いわゆる絶対君主制の構造に存在する封建的な要素は、過

*2　ガリカニズム（ガリア主義）はこれがイデオロギーに反映されたものに外ならない。

去の遺物として片づけられるだろうし、一見すると実際それが自然な分析となる。

だが、もう少し子細に見てみると、そうした要素にはそれ以上の意味があることがわかる。この堅牢な構造は、相変わらず封建社会の人材でできており、この人材は相変わらず前資本主義的なパターンで行動していた。役所にいるのも、軍を指揮するのも、政策を編み出すのもこの人材なのである。支配階級の役割を果たしていたのはこうした人材であり、ブルジョア階級の利害関係に配慮していたとはいえ、自らは意識的にブルジョア階級と距離を置いていた。中央に君臨する君主は神の恵みよって君主なのであり、その地位のルーツは歴史的にも社会学的にも封建社会にあった。たとえどれほど資本主義の経済力を利用していようと、封建社会に根差していたのである。これは過去の遺物では片づけられない。二つの社会階級が積極的に共棲していたのであり、一方が他方を間違いなく経済的に支え、その見返りに他方が一方を政治的に支えていた。こうした取り決めのメリット・デメリットをどう判断するにせよ――当時やその後のブルジョア階級が、その点や、働かない穀潰《ごくつぶ》しの貴族をどう思っていたにせよ――社会の本質はそこにあった。

(3) この社会だけがそうだったのか。特にイギリスが良い例だが、答えはその後の流れに見て取れる。貴族的な層は、ありのままの活力に溢れた資本主義の時代が終わりを告げる直前まで采配を振るい続けたのである。イギリスほど効果的だったケースもないが、この層は絶えず他の層から優秀な人材を取り込み、政治の世界に送り込んだ。この層はブルジョアの利益を代表し、ブルジョアのために戦ったのである。残された法律上の特権は明け渡すしかなかったが、そうした条件付きで――そして、もはや自らのためとも言えなかったが――政治の原動力に人を送り込み、国の管理を――統治を続けた。

ブルジョア層で経済活動を担っていた人間が、こうした動きに強く反発することはなかった。全体として見れば、こうした分業は性に合っており、やりやすいと感じたのである。ブルジョアが反旗を翻したケースや、反旗を翻す必要もなく政治権力を手にしたケースでも、政治面で目立った成果は残せず、地位を守り通すことはできなかった。なぜうまくいかなかったのか。これは本当に単に「経験を積むチャンスがなかった」とか「経験不足に加えて政治的な支配階級としての心構えが欠けていた」と言って片づけられる問題だろうか。

そうではない。もっと根本的な理由がある。フランスやドイツではブルジョア階級による支配の確立が失敗に終わったが、やはりこれも事業家や貿易商の姿と中世の封建領主の姿を比べるのが一番わかりやすいだろう。後者は「職業」柄、自分の階級利益を見事に守り通しただけでなく（身体を張って戦っただけでなく）、職業が放つ独特のオーラで支配者になることができた。第一の点も重要だが、神々しい魅力と堂々とした態度もそれ以上に重要だ。人に指示を出し、人を従わせる能力・習慣。あらゆる社会階層、あらゆる生業の人に通用する威厳。そうした威厳は実に輝かしく、そうした態度は実に使い回しがきいたため、この階級を生み出した社会や技術面の条件が消え去っても、この階級は生き延びることができた。階級の役割を変えることで、全く別の社会・経済条件に適応してみせたのである。封建領主や騎士は実に易々と、しかも優雅に、廷臣、行政官、外交官、政治家、また中世の騎士とは何の関係もないタイプの軍の将校に転身した。そして考えてみればこれほど驚くべき現象もないが、かつての威光の面影は今なお残っており、現代の貴婦人だけに威力を発揮しているわけではない。

事業家や貿易商については、その逆のことが言える。支配階級に欠かせない神々しい魅力は、どう見ても全く持ち合わせていない。騎士が探し求めた聖杯に比べれば、株式取引所は安っぽく見える。事業家・貿易商が起業家である限り、指導者としての役割を担うことはすでに見た通りだが、このタイプの経済界の指導者は、中世の封建領主という戦場の指導者とは違い、そう簡単には国の指導者になれない。むしろ脇目も振らず帳簿管理やコスト計算に没頭するタイプだ。

先ほど指摘したように、ブルジョアは合理主義者で、英雄の姿とは程遠い。自分の立場を守ったり、国を自分の意に従わせるには合理主義的な手段、英雄とは縁遠い手段を利用するしかない。経済界では手腕を発揮し、存在感を示すことができる。自分の立場を主張し、金をちらつかせたり、金を払わないと脅すこともできる。傭兵、政治家、ジャーナリストといったいつ裏切るかわからない人間を金で雇うこともできる。だが、それ以上のことはできない。政治力があると思われているが、こうした諸々のことが殊の外買い被られているにすぎない。また、ブルジョアとしての経験や生活習慣は、個人的な魅力を高めるようなものではない。オフィスで才能を発揮しても、一歩外に出れば、社交場でも演壇でも臆病極まりないという人もいるし、そうした人は実際に少なくない。それが自分でわかっているから、政治には関わりたくない、巻き込まれたくないと思うのである。

ここでも、例外を指摘する声はあるだろう。だがこれも大きな問題にはならない。ヨーロッパで唯一重要な例外といえるのが都市の運営だ。ブルジョアは都市の管理に関心を示し、見事な才能を発揮して都市を繁栄に導いたが、むしろこれは今言ったことの反証ではなく、説得力を高める事例となる。都市の管理はもうブルジョアの仕事ではなくなったが、近代的な大都市が出現する以前の都市の管理には企業経営に似た側面があった。製造業者や商人が地域の問題点を把握し、自然と権限を持つようになったのである。地元の商工業の利益をどう確保するかが大きな政治問題となり、結果的にビジネスの手法とビジネスの精神で政治が動いた。そうした土壌から芽を出し、稀に見る好条件の下で稀に見る成長を遂げたのがベネチア、ジェノバなどの共和国だ。ネーデルランドもこのパターンだが、この商業国家が国際政治の大勝負に必ず敗れ、有事の際はほぼ決まって封建色の濃い軍閥に主導権を渡さざるを得なかった史実はとりわけ示唆に富む。アメリカの場合は、特殊な好条件を（急速に消滅しつつあるが）たやすく挙げて説明できるはずだ。[*3]

（4）結論は明快だ。こうした特殊な状況を除けば、ブルジョア階級は、内政でも外政でも、ある程度の国なら普通に起きる問題への対応能力を備えていない。口ではいくら否定しているように見えても、ブルジョア自身、それを感じている。それは大衆も感じていることだ。ブルジョア以外の人材で出来ている防護壁の内側にいる限り、ブルジョア階級は政治の場で防戦したり、特に野党として攻撃を仕掛けられるかもしれない。ドイツ帝国で起きたブルジョア階級の反発が最たる例だが、一時は安心し切って、防護壁自体の攻撃という贅沢なことをする余裕もあった。しかし、ブルジョア階級は非ブルジョア集団の保護がなければ、政治的に無力であり、国を導くどころか、自分の階級利益さえ守れない。つまりブルジョア階級には保護者が必要なのである。

しかし、資本主義は、経済上のメカニズムと心理社会的な影響の双方を通じて、この保護者を抹殺してしまった。もしくは、アメリカのように保護者やその代行者に決して成長の機会を与えなかった。この点の含意は、同じプロセスが招いたもう一つの帰結を踏まえればさらに際立つ。資本主義は「神の恩寵を受けた」国王を抹殺したばかりか、政治的な防波堤をも打ち壊してしまった。攻撃に耐えていれば村落や職人ギルドが築いていた防波堤である。もちろん、どちらの機構も資本主義の勃興時の姿をそのままの形でとどめておくことなどできなかった。だが、資本主義の政策は致し方ないレベルを遥かに超えて破壊を進めた。保護区の中で生き長らえていたかもしれない職人に襲い掛かり、小作農に初期の自由主義という洗礼を浴びせ、自由で防護壁のない借地と、個人主義という首吊り用の荒縄を差し出した。

こうして、前資本主義的な社会の枠組みを破壊した資本主義は、進歩を阻む障壁を薙ぎ倒したばかりか、資本主義の崩壊を防ぐ支柱まで薙ぎ倒してしまった。用済みの制度を破壊しただけでなく、資本家階級の伴侶——資本主義の図式になくてはならない共棲の伴侶も——抹殺してしまった。この過酷な運命は印象深い。随所で叫ばれている様々なスローガンで見えにく

＊3　この線の論証は第4部で改めて取り上げる。

くなっているこの事実を見出したとき、資本主義とは、本当に独自の形態を持つ独立した社会形態なのか――実は私たちが封建主義と呼んでいる社会形態が崩壊するプロセスの最終局面にすぎないのではないかという疑問が湧いてもおかしくない。私個人は、総合的に見れば資本主義は固有の特徴を備えており、十分に一つの型をなすと信じたいし、別の時代の別のプロセスを通じて生まれた階級が共棲することは珍しいことではなく、普通のことだと受け止めたい(少なくとも過去六〇〇〇年間、つまり太古の農耕民族が騎馬民族の配下に入って以降、共棲は普通のことだった)。ただ、そうした疑問に強く反論できる根拠を私自身、見出すことはできない。

3 資本主義社会の制度的な枠組みの破壊

数々の不吉な事実を垣間見た脇道から本道に引き返そう。以上の点を踏まえれば、次の点は(絶対確実とは言えないが)ほぼ明らかだといえる。資本主義のプロセスは、封建社会の制度的な枠組みを破壊したのとほぼ同じ方法で、自らの制度の土台を切り崩している――。

先ほど指摘した通り、資本主義企業は皮肉にも、まさに成功を収めることで最大の伴侶となる階級の威厳、社会的地位を貶める傾向がある。また、ブルジョア階級も、巨大管理装置の登場で、社会的地位の土台となる役割を奪われる傾向がある。それに伴い、ブルジョアの社会制度とブルジョア特有の姿勢の意味するところが変わり、付随的に活力が失われていく。このプロセスは容易に辿ることができる。

第一に、資本主義のプロセスは必然的に中小の生産者・流通業者の経済基盤を揺るがす。前資本主義的な階層に対して行ってきたことを――同じ競争のメカニズムを通じて――資本主義産業の下層にも行うのである。無論、ここではマルクスに軍配が上がる。確かに、企業の集中は一般に説かれているほど進んではいない(第19章参照)。このプロセスは、様々な通説から推測されるほどには進んでおらず、通説で言われているほど揺り戻しや補償の傾向が見られないわけではない。特に大企業は中小企業の活動の場を破壊しただけでなく、中小の生産者、特に流通業者の活動の場をある程度まで生み出した。また、農家については、少なくとも保護政策を打ち出す意志と能力が資本主義の世界にあることが明らかになった。費用はかかるものの、総じて効果を発揮している。しかし、長い目で見ると、今思い描いている事実、もしくはその帰結に疑問を差し挟む余地はない。また、農業以外の分野については、ブルジョア階級の問題意識が薄く[*4]、それが資本主義体制の存続に関わる重大な問題だという意識も乏しい。生

*4 もっとも、一部の政府はこの点を意識していた。ドイツ帝国では、この種の合理化に政府が強く反発した。今のアメリカでも同じような傾向が強く見られる。

産機構の合理化、また特に工場から最終消費者に至る複雑な流通過程のコスト削減では大きな利潤が得られ、普通の実業家は誘惑に逆らえない。

その結果、何が起きるのか。この点を正確に理解する必要がある。すでに取り上げた非常に良くあるタイプの社会批判では、競争は善であり現代企業の「独占」は悪だという図式で「競争の衰退」を憂い、競争の衰退イコール資本主義の衰退だと訴える。この図式に従えば、独占は動脈硬化のようなもので、独占が広がれば経済効率が目に見えて落ちるため、資本主義の繁栄が脅かされる。こうした見方に反論する根拠はすでに論じた。経済的に見れば、競争は善で経済支配の集中は悪だという考え方に、そうした説で言われているほどの根拠があるわけではない。そして、確たる根拠があろうとなかろうと、この説は肝心な点を見逃している。たとえ大企業がどこから見ても完璧に運営され、天使からも褒め称えられるような存在になったとしても、集中が進めば政治的にはやはり今のような帰結を招くはずだ。大量の中小企業が倒産すれば、国の政治構造に甚大な影響が及ぶ。中小企業のオーナー経営者は、数の上で、扶養家族・取り巻き・関係者を含め、選挙で重要な存在であり、「現場監督」階級とでも呼べるような階級を動かす力を持っている。これは大企業の経営者には絶対真似のできないことだ。その国でとりわけ活力があり、とりわけ現実的で、とりわけ重宝されるタイプの人々が道義的な市民の世界から姿を消せば、私的所有と自由契約の基礎自体が揺らぐことになる。

第二に、資本主義のプロセスは、大企業の領域内でも、資本主義制度の枠組み（全体が「所有」と「自由契約」という部分に集約されると引き続き考えよう）に攻撃を仕掛けていく。事実上、個人や一族の所有になっている法人を別にすれば（これはこれで相当重要な存在だが）、大企業では視界から所有主の姿が消え、それとともに所有主独自の利害関係も姿を消している。大企業には（1）給与を貰って働く経営陣・執行役、給与を貰って働く様々な管理職・副管理職（2）大株主（3）一般の株主がいる。第一のグループは、従業員としての立場をとる傾向が強く、最も好条件が整っているケース――会社の利益が自分の利益になると考えているケース――でさえ、株主の利益が自分の利益になると考えることはまずない。第二のグループである大株主は、たとえこの先ずっとその企業との関係を続けていこうと考え、なおかつ株主として金融理論通りに行動する場合であっても、オーナーの役割・姿勢からは段階離れている。第三のグループの一般株主に至っては、大抵の場合、企業は小遣い稼ぎの手段にすぎず、投資先の企業を気遣うことは少ない。たとえ気遣ったところで、小うるさい存在としての価値を利用する（もしくは一部の代表を通じて利用する）程度だ。一般株主は冷遇されることが多く、またそれ以上に、冷遇されていると感じることが多いため、大抵は知らず知らずのうちに「自分の」会社、大企業一般、また特に物事がうまくいかない場合は、資本主義そのものに敵対的な姿勢をとるようになる。今、典型的な状況を三つのグループに分けて図式化したが、このグループにいる誰もが、「所有」という言葉が指すあの奇妙な現象——実に様々な意味を持ち、急速に姿を消していく現象——に付随する姿勢を無条件ではとらないのである。

契約の自由も同じ運命にある。契約の自由が活力に溢れていた時代は、個人が無数の可能性の中から自分の選択に従って契約を結ぶことができた。今の契約は画一的、没個性的、非個人的、官僚的になった（これは契約一般に言えることだが、重要性の高いものから考えるという意味では、労働契約に的を絞っても良いかもしれない）。あくまで制限つきの選択の自由であり、大抵は「嫌ならやめろ」で物事が決まってしまう。かつての特徴は何一つ残されておらず、特に最も大切な特徴は、大企業が他の大企業や顔の見えない大量の労働者・消費者と取引することで、実現できなくなった。後に残った空白地帯には、新たな法体系が増殖していく。そうなる以外、仕方がないことは少し考えればわかるはずだ。

こうして、資本主義のプロセスでは、所有や自由契約を始めとする制度——本当に「私的な」経済活動の必要条件と仕組みを浮き彫りにしていた制度——が遠景に追いやられていく。労働市場ではすでに自由契約が姿を消したが、まだそうした制度が残っている分野でも、既存の法形態の相対的な重要性を変えることで（例えばパートナーシップ・個人事業に関係する法形態から、事業法人に関係する法形態）、もしくは法形態の中身や意味づけを変えることで、同じ目的が遂げられていく。資本主義のプロセスでは、工場の防壁や機械が単なる株券へと姿を変え、所有という概念が生気を奪われていく。かつてあれほど強く握りしめていたものが手放されていく。自分の物を自分の好きなようにできる法律上の権利、それが許される環境。「自分の」工場のためなら、工場を管理監督するためなら、現場で死んでも構わないという権利所有者の戦う意志が——経済的、肉体的、政治的に戦う意志が、失われていく。こうした所有の実体とでも呼べるものの消失——目に見える、手で触れられる現実感の消失は、所有者の姿勢だけでなく、労働者、世間一般の姿勢にも影響を及ぼす。実体を失い、役割を失った所有、姿を消した所有は、かつての活力に溢れていた所有と違って、関心も忠誠心も呼び起こさなくなる。いずれは、所有のために本気で戦おうとする人など誰もいなくなる。大企業の中にも、大企業の外にもいなくなる。

第13章 広がる敵意

1 資本主義社会の風潮

第2部の冒頭で指摘した反資本主義の風潮が、資本主義のプロセスを通じてほぼ至る所に広がるのは、第11章と第12章の分析を基にすれば理解しがたいことではないだろう。この現象は特に際立っており、マルクス派の説明も通俗的な説明も不十分極まりないため、ここでこの現象に関する理論をもう少し展開したい。

（1）これまで見てきた通り、資本主義のプロセスが進めば、資本家階級の生業はいずれ役割が低下する。また、資本主義のプロセスが保護層を侵食し、自らの防備を打ち壊し、要塞を守っていた守備隊を追い散らす傾向があることもすでに見た通りだ。そして、資本主義が批判精神を生み出し、人々の心の中で実に様々な制度が権威を失っていくこと、ついには資本主義自体の権威にも批判の矛先が向けられることも見てきた。ブルジョアは合理主義的な態度が、国王や法王の正統性にとどまらず、私的所有、ブルジョアの価値観全体に襲い掛かるのを呆気にとられる思いで眺める。

こうしてブルジョアの要塞は政治的に無防備になる。無防備な要塞は攻められる。特に奪えるものが山ほどある場合はなおさらだ。侵略者は侵略者の常として、次第に敵意を合理化する段階に至る。[*1] 確かにしばらくは金で買収できるが、何もかも手に入ることが敵に知れた途端に、この最後の手段も用をなさなくなる。これから説明することは、ある程度までこの視点で説明できる。この点に関する限り（もちろん、あくまでこの点に関する限りだが）、本書の理論のこの要素は、歴史的に存在する「ブルジョアが無防備になれば、資本主義体制への敵意が強まる」という高い相関関係で立証できる。ブルジョアの地位が安泰だった頃は、資本主義への敵意が原理として幅を利かせることはなかった。幅を利かせる理由が今より遥かに多かったに

*1　混乱がないことを願いたいが、本書では「合理化する」という動詞を二つの異なる意味で使っている。工場を「合理化する」というのは、支出一単位当たりの生産効率を上げるという意味だ。自分の行動を「合理化」するというのは、本当の衝動が何であれ、自分の行動に自分の価値基準を満たす根拠を与え、それを自分や他人に示すという意味だ。

もかかわらずである。敵意は防壁が崩れるにしたがって広がっていった。

（2）しかし、次のような疑問が湧いても不思議ではない。実際、多くの経営者は右往左往しながら「自分はすべての社会階層に対してやるべきことをやっている」と純真無垢に信じ、こう問いかけている。なぜ資本主義は資本主義を超越した力や合理性を超越した忠誠心に保護を求めなければならないのか。堂々と勝訴の旗を掲げられないのか。資本主義に実利面の実績がいくらでもあることは、これまでの論証で十分明らかではないか。資本主義を受け入れる完璧な根拠があるではないか――。そう訴える経営者は、こんなことも必ず自信たっぷりに言うだろう。例えば大手の製鉄会社や自動車メーカーに入社した分別のある労働者が、自分の労働契約のメリット・デメリットを比較すれば、「総合的に考えてそれほど悪くない、どちらか一方だけが得をする契約ではない」と判断することは十分考えられる、と。そう、確かにその通りだが、ただそんなことは全く関係がないのである。

というのも、第一に、政治的な攻撃の根底には労働条件への不満があるとか、きちんと説明すればわかってもらえると考えるのは誤りだ。政治的な批判に合理的な主張で反論しても効果は限られる。資本主義への批判は、批判的な物の見方――合理性を超越した価値観への執着を断ち切る姿勢――から生じるものだから、合理的な反論が受け入れられる、ということにはならない。相手が錦の御旗に掲げる合理性をそうした反論で切り裂くことはできるかもしれないが、その奥に必ず潜んでいる合理性を超越した原動力を押しとどめることはできない。資本主義の合理性とは、合理性以下の衝動や合理性を超越した衝動を抹殺するものではなく、ただ神聖不可侵とされていた（もしくは半ば神聖不可侵とされていた）伝統の縛りを解いて衝動を暴走させただけだ。衝動を戒めて誘導する手段がない文明、ましてやその意志さえない文明では、衝動が反旗を翻す。そして一度《ひとたび》反旗を翻せば、合理主義的な文化では衝動が一般に多少なりとも合理化された形で表に出るということは、もうほとんどどうでもよいことになる。裁判官のような批判的な物の見方が広がっても、実利面の実績を求める声が国王や貴族や法王に浴びせられることがこれまで皆無だったのと全く同じように（批判的に考えれば、それが当然ではないかという言い分も成り立つ）、資本主義を裁く裁判官もあらかじめ懐に死刑の判決文を忍ばせており、弁護団が何を訴えようと、死刑判決を言い渡す。弁護団がどんなに頑張ったところで勝ち取れるのは起訴状の変更くらいだ。いずれにしても、実利があるという理由だけではなかなか集団行動は起きない。どちらにしても、そうした理屈が合理性を超越した行動原理にかなうはずがない。

第二に、資本主義陣営の主張を受け入れれば、どのようなことになるかを考えれば、資本主義に対する告発が支持を集める理由もすぐにわかるはずだ。たとえ資本主義を支持する根拠が、実際より遥かに多くあったとしても、資本主義のメリットはそう簡単には説明できない。という世間一般の人々に洞察力と分析力があることが条件になるが、それは望むべくもない。というのも、資本主義について馬鹿げたことがあれこれ言われているが、事実上そのどれもに一部の専門の経済学者が同調しているのだ。しかし、たとえこの点を措くとしても、資本主義経済の実績と将来性を合理的に判断するのは、無産階級の心理にはまず不可能な芸当だといえる。資本主義の実績が際立つのは長期的な視点で見た場合だけだ。資本主義のメリットを訴えるには長期的な視点に頼らざるを得ない。短期的に見た場合は利潤と欠陥ばかりが目につく。かつての水平派やチャーチスト運動の参加者が自らの運命を甘受するには、ひ孫の生活が良くなると自分を慰めるしかなかったはずだ。資本主義を受け入れるのであれば、今の失業者は自分個人のことはきっぱりあきらめなければならないし、今の政治家は個人的な野心を捨てざるを得ない。社会の長期的な利益、社会の未来は完全にブルジョア社会の上層部に託されており、「資本主義で得をするのは上流階級だけだ」という見方が広がるのは至って自然なことといえる。大衆にとって重要なのは目先のことであり、ルイ一五世ではないが、「我が亡き後に洪水よ来たれ」と感じている。もしそうだとすれば、個人主義的実利主義という視点で大衆が完全に合理的であることは言うまでもない。

第三に、どんな社会体制であっても、誰もが日々トラブルと格闘し、今後起こり得るトラブルに身構えている。衝突、落胆、大なり小なり辛いこと、嫌なことがあり、傷ついたり、戸惑ったり、行き詰まったりしている。そうしたことを何もかも自分以外の外の世界のせいにする習慣を誰もが少なからず持っているのではないだろうか。そうした世の中を目の敵にする衝動を抑えるには社会制度への愛着が必要だが、そうした感情的な思い入れこそ資本主義が構造上生み出せないものなのである。愛着がなければ、そうした衝動が幅を利かせ、いつも心の中に敵意が渦巻いていることになる。

第四に、近代資本主義ではきちんとした職に就いている人は絶えず生活水準が向上し、特に自由な時間が……いや、もういいだろう。こんなわかりきった当たり前の言い古されたことをここでいちいち説明するまでもないだろう。悲しいことに全くその通りなのである。長期的な発展が当然視される中で、個人の生活が安定しなければ鬱憤が溜まっていく。無論、これ以上の社会不安の火種はない。

2　知識人の社会学

しかし、攻撃のチャンスや根拠のある（もしくは根拠のない）不平不満がどれほど社会不安の温床になろうとも、それだけで社会体制への激しい敵意が広がるわけではない。そうした風潮が広がるには、怒りを掻き立てて組織化しようという集団――怒りを育み、怒りを言葉にし、怒りの先頭に立とうという集団が必要だ。第4部で論じるが、一般大衆が誰にも頼らず自発的に確固たる意見をまとめ上げることは絶対にない。ましてや、そうした考えを明確に表現し、首尾一貫した態度で首尾一貫した行動に移すことなどあり得ない。大衆にできるのは、そうした集団が登場した際にそのリーダーシップに従うこと、もしくは拒否することだけだ。反資本主義の風潮を分析する理論を完成させるためには、そうした役割を担う社会集団に目を向ける必要がある。

大雑把に言ってどんな制度であっても、社会体制全般への反感が広がる条件が整った場合や、制度の特定の分野を攻撃する条件が整った場合には、そうした状況を利用しようという集団が現れる傾向がある。ただ、資本主義社会の場合はさらに注目すべき事実がある。他のどんな社会制度とも違って、資本主義は必然的に、資本主義文明のロジックそのものによって、社会不安で利益を得られる層を生み出し、教育し、助成する。[*2] この現象は重要かつ興味深いもので、第11章の主張で説明できる。ただ、少し「知識人の社会学」に寄り道することでさらにわかりやすい説明ができるのではないかと思う。

(1) このタイプの人材はなかなか定義が難しい。むしろ、定義の難しさにこそ、この人種の特徴が窺える。知識人は小作農や産業労働者のような意味で社会階級を形成しているわけではない。知識人の出身階層は様々で、活動の大半はライバルとの論争や自分とは関係のない階級利益の先頭に立つことに充てられている。ただそうは言っても、知識人には集団としての姿勢、集団としての利益があり、大抵の場合、社会階級という概念で一般に連想するような行動パターンが見て取れる。しかし、ただ単に高等教育を受けた人全員を知識人と定義すれば、このタイプの人材の一番肝心な特徴が抜け落ちてしまう。とはいっても、高等教育を受けた人は知識人になる可能性を秘めており、高等教育を受けていない人は例外的なケースを除いて知識人にはなれない。知識人は皆同じような知識を持っているから、互いの理解が進み、知識人

*2 どのような社会体制も反乱には敏感だ。どのような社会体制であっても、反乱を煽ることは一種のビジネスであり、成功した場合に利益を得られるため、知力・体力のある人材を常に引き寄せる。実際、封建時代はこの点が非常によく当てはまる。ただ、主君に反抗する騎士は個人や個人の地位を攻撃したのであって、封建制度そのものを攻撃したわけではなかった。封建社会では――意識的であれ、無意識であれ――封建制度全体に対する攻撃をけしかける傾向は全体として全く見られなかった。

としての絆を感じる。知識人は自由業を営んでいる人と重なるのではないかと言ってもここでは役に立たない。例えば医師や弁護士を知識人に分類してもここでは意味がない（もっとも、医師や弁護士が自分の専門外のことを論じる場合は別だ。特に弁護士はそうしたケースが多い）。ただ、知識人と自由業の間に密接な関係があることは事実で、実際、特にジャーナリストも含めれば、一部の自由業は、ほぼ完全に知識人の領域に入る。自由業であればどんな職種でも知識人になる可能性があり、多くの知識人は自由業で生活している。最後に、知識人を肉体労働者ではない人と定義すれば、対象範囲が広がりすぎるが、[*3]ウェリントン侯爵の言う「物書き」という言葉では範囲が狭すぎるように思える。[*4]「文人」の意味も狭すぎる。

　もっとも、この「鉄の侯爵」の言葉を参考にするのも悪くないかもしれない。実際、知識人は話し言葉や書き言葉という言葉の力を使う人々だ。では、同じ言葉の力を使っている他の人々と、知識人は肌合いがどう違うのか。まず一つに、現場の実務的な事柄に直接責任を負わないという点が挙げられる。この第一の特徴は、一般に第二の特徴——実地の経験でしか得られない現場の知識がない——という特徴につながる。そうした傍観者（かつ大抵の場合は部外者）だからこそとれる批判的な態度——また知識人は口うるさく主張しなければ（もしくは口うるさく主張すると思われなければ）基本的に存在感を発揮できないため、そのためにとる批判的な態度——も、第三の特徴として加えるべきだろう。そうなると、知識人は素人ならではの視点を提供する職業、プロの素人評論家ということになるだろうか。何もわかっていないから何でも語れるのが知識人なのだろうか。バーナード・ショーの『医者のジレンマ』に出てくるジャーナリストのような存在なのだろうか。いや、そうではない。そんなことは言っていないし、そういうことが言いたいわけではない。そうした発言は失礼である以上に間違っている。もう言葉で定義するのはやめにして、ひとついささか誇張して実例を示してみよう。ギリシャ博物館に行けば、お目当てのものが見つかる。きちんと名札もついている。紀元前五世紀から四世紀にかけて活躍したソフィスト、哲学者、雄弁家が、私の言いたいことを示す格好の例だ（本人たちは一括りにされることに猛反発するだろうが、すべて同じタイプの人々だ）。事実上、全員教師だったからといって、この実例の価値が低下することはないだろう。

（2）資本主義文明の合理主義的な側面を分析した際（第11章）、合理的な物の考え方は、

*3　残念ながら、オックスフォード英語辞典に私が求める定義は載っていない。“dinner of intellectuals”［食卓の賢人たち］というフレーズは載っていたが、「優れた知性の持ち主」に関する項で、これでは方向性が全く異なる。当然、私は落胆したが、この言葉以上にここでの目的に適う言葉を見つけることはできなかった。

*4　このウェリントン侯爵のフレーズは *The Croker Papers* (ed. L.J.Jennings, 1884) に出てくる。

当然、資本主義が台頭する数千年前から発達していたと指摘した。資本主義はそうした流れに弾みをつけ、特定の方向へと導いたにすぎない。それと同じように（ギリシャ・ローマ文明は措くにしても）、完全に前資本主義型の社会、例えばフランク王国や王国分割後の国々にも知識人は存在した。しかし、数は極めて少なく、修道士を中心とする聖職者であり、そうした人々が書いたものを読めたのは人口のごくごく一部にすぎなかった。もちろん、強烈な個性で正統派と異なる見解を打ち立て、場合によっては大衆に説いて回った人もいたが、それは一般に、極めて厳格に組織された環境――同時に抜け出すことも難しい環境――を敵に回す行為であり、異端者としての運命を辿る恐れがあった。それさえも大領主や酋長の後ろ盾・黙認がなければまず実現不可能だったことは、宣教師の戦術が示す通りだ。このため、全体としてみれば、かつての知識人は厳しく管理されており、たとえ黒死病（一三四八年～）の時代など、世の中が極度に混乱し風紀が乱れた時期でさえ、体制に楯突くのは決して生易しいことではなかった。

しかし、もし中世の知識人を生み落としたのが修道院だったとすれば、そうした知識人を解き放ち、印刷機を授けたのは資本主義だった。聖職者以外の知識人が緩やかな発展を遂げたというのは、このプロセスの一面でしかない。人文主義（ヒューマニズム）の台頭と資本主義の台頭の時期が重なったことは、特に目を引く。人文主義は基本的には文献学だったが、先ほど指摘した点を見事に例証するように、瞬く間に生活習慣、政治、宗教、哲学の分野にも広がった。これは人文学者が文法学を通じて解釈した古典作品の内容だけに因るものではない。原典批判から社会批判に至る道のりは思いのほか短い。とはいっても、異端者にはまだ火あぶりの刑が待ち構えていたし、普通の知識人は火あぶりなど御免で、基本的には名誉と安堵の方がずっと性に合っていた。人文主義者は現代的な意味で初めて世論の支持を得た知識人だったが、結局のところ、名誉と安堵は俗界・聖界の権力者から得るしかなかった。批判的な姿勢は日増しに強まっていったが、そのような環境では、社会への批判が、カトリック教会、特にローマ教皇に対する一部の攻撃に垣間見えたものを超えて、広がりを見せることはなかった。

だが、名誉や報酬を得る道は一つとは限らない。媚びへつらうより楯突いた方が金になるケースも少なくない。これは何もアレティーノ[*5]が発見したことではないが、アレティーノほどこれを巧みに利用した人もいなかった。カール五世は愛妻家だったが、同時に遠征中は何ヶ月も家を空け、当時の上流階級にふさわしい紳士的な生活を送った。まことに立派な話で、大衆

*5　ピエトロ・アレティーノ（1492-1556）

は（そしてカール五世が特に気にかけていた王妃は）真相など決して知る必要はない。ただし、そのためにはアレティーノという政治批判・社会風刺の大家を絶妙なさじ加減で遇する必要があった。カール五世は金を払った。しかし、ポイントはこれが単なる強請《ゆすり》ではなかったという点だ。強請《ゆすり》では普通、強請《ゆす》られる側は損をする一方で、強請《ゆす》る側だけが得をする。カール五世はいささか荒っぽい手段に訴えれば、恐らくもっと安上がりにアレティーノを黙らせることができたはずだが、それを承知で金を払った。カール五世は怒りを顔に出さなかった。むしろアレティーノを自ら厚遇した。カール五世が沈黙以上のものを求めていたのは明らかだ。そして実際に完全に元を取った。

（3）したがって、ある意味では、アレティーノのペンは確かに剣よりも強かった。ところが、その後の一五〇〇年間は（恐らく私が知らないいだけだろうが）アレティーノに匹敵する例が見当たらない。[*6] この間、知識人が、法曹界や教会など、すでに確立していた専門領域を離れて外の世界で大きな役割を果たしたことはなかったように思える。この知識人の後退期は、大雑把に言うと、大半のヨーロッパ諸国が例の危機の時代に突入し、資本主義が後退した時期と重なる。そして、その後資本主義企業が復活を遂げると、知識人も同じように復活を遂げた。書物が安くなり、安価な新聞やパンフレットが出回り、それとともに一般読者も広がった。読者の増加は知識人の功績でもあったが、産業ブルジョア階級が富と地位を手に入れ、それに伴って名もない世論の声が政治の場で存在感を増したことに付随する現象――知識人とは無関係の現象だった側面もある。こうした様々な恩恵や、制約からの解放は、資本主義の動力装置がもたらした副産物だ。

一八世紀初頭、知識人のキャリアに絶大な影響を及ぼしていた個人のパトロンは、その後の三・四半世紀、なかなか存在感が薄れなかった。しかし、少なくとも各知識人の絶頂期には、新しい要素――ブルジョア世論という集団的パトロン――の重要性が増していたことがはっきり見て取れる。この点は（この点だけではなく他のあらゆる意味でも）ヴォルテールが貴重な例となる。宗教からニュートン光学までありとあらゆるものを論じる皮相性、溢れんばかりの活力。とどまるところを知らぬ好奇心。完全な抑制の欠如。鋭い臭覚で時代の気質を捉え、それを丸ごと受け入れた、詩人としても歴史家としても凡庸だったこの批評眼のない批評家は、そうしたものを武器に人々を魅了し、売れっ子になった。投機に走り、人を騙し、金品を受け取り、官職も手にしたが、世論をバックにした成功という盤石な土台の上に築いた自主

＊6　ただ、イギリスでは一七世紀にパンフレットを出版する機会が一気に増え、パンフレットの重要性が飛躍的に高まった。

独立が揺らぐことはなかった。ケースもタイプも全く違うが、ルソーの例を取れば、さらに示唆に富んだ議論ができるだろう。

一八世紀の終わりには、「世論」という社会心理メカニズムだけを頼りに仕事をするフリーランスの知識人が力を見せつけた格好のエピソードがある。舞台は当時、資本主義が最も進んでいたイギリス。ジョン・ウィルクスが極めて恵まれた環境下で、イギリスの政治制度に対する攻撃を開始したのは事実だし、ウィルクスが時のビュート伯内閣を倒したとさえ言えないだろう。この内閣は他にも様々な問題を抱え、いずれ退陣は避けられなかった。だが、とどめを刺したのは——ビュート伯の政治生命にとどめを刺したのは、ウィルクスの創刊したノース・ブリトン紙だった。ノース・ブリトン紙四五号が口火を切る形で運動が広がり、一般令状の廃止が実現し、出版と選挙の自由が大きく前進した。ウィルクスが歴史を産み出したとか、社会制度改革の生みの親になったということではないが、言ってみれば、助産婦の役割は果たした。[*7] 何よりも、攻撃を受けた側がウィルクスを押しとどめることができなかったという事実に意味がある。政府として様々な組織権力を持っていたにもかかわらず、何かが政府を押しとどめたのである。

フランスでは革命前も革命中も扇動的なタブロイド紙が出回っていた（マラー、デムーラン)。今のタブロイドとは違って、文体や文法を完全に放棄したものではなかったが――しかし、先を急ごう。タブロイド紙は、恐怖政治と第一帝政期の弾圧で姿を消した(後者の弾圧の方が組織的だった)。その後、ブルジョア王政期に中断はあったものの、政府が弾圧の手を緩める必要性を感じた第二帝政期(一八六〇年代半ば頃)まで、程度の差はあれ徹底した弾圧が続いた。弾圧の時代はヨーロッパ中部・南部でも同程度続き、イギリスでも革命戦争の初めからカニングの権力掌握まで似たような状況がみられた。

(4)資本主義社会の枠組みではどう足掻いても流れを止められないことは、事実上すべてのヨーロッパ諸国が知識人の弾圧に失敗したことを振り返ればよくわかる。一部の政府は徹底した長期戦で臨んだにもかかわらず、弾圧に失敗した。これは、実に様々なウィルクスが活躍した歴史に外ならない。資本主義社会で(もしくは資本主義的な要素が決定的に重要な社会で)

*7 ウィルクスの業績を過大評価しすぎではないかという指摘が、政治史の研究者から出ることはないと思う。ただ、ウィルクスがフリーランスであり、集団というパトロンにすべてを負っており、個人のパトロンには何物も負っていないという含意には、反論が出るかもしれない。確かに初めのうちは、同志の支援が励みになっていた。ただ、よくよく検証すれば、同志の支援が決定的な要素ではなかったこと、ウィルクスがその後手にした支持・資金・名誉はすべて、それまでの功績と、世論を後ろ盾に自主独立路線で築き上げた地位の産物だったこと、またそうしたものに対する賛辞だったことを認められるのではないだろうか。

知識人に攻撃を仕掛けると、必ずビジネスというブルジョアの私的な要塞にぶつかる。(一部の)要塞が獲物を匿《かくま》うのである。また、攻撃はブルジョア的な立法・行政原理に従って進めざるを得ない。もちろん拡大解釈や原則を曲げることは可能だが、一線を越えた弾圧には踏み込めない。ブルジョア階級も感情が爆発したり、怯えきっている場合は非合法な暴力を容認したり、美化することさえあるが、それは一時の現象にすぎない。ルイ・フィリップ王政のような純粋なブルジョア体制では、軍隊がスト参加者に発砲することはあっても、警察が知識人を検挙することはできないし、検挙しても直ちに釈放を迫られる。そうでもしなければ、ブルジョア層が結束して知識人を守ることになる。たとえ一部の知識人の行為にどれほど支持できない点があってもだ。これは、ブルジョアの支持できない自由が抹殺されれば、ブルジョアの支持する自由も抹殺されるからに外ならない。

ブルジョア階級は、非現実的なほど懐が深く、理想主義に走るところがあると言っているわけではない。また人々の考え、感情、欲望の重要性については、私もほぼ(全く、とは言わないが)マルクスと同意見だが、その点を無暗に強調するつもりもない。ブルジョア階級は集団としての知識人を守ることで(もちろん、個々の知識人を全員守るわけではない)、自分と自分の生活図式を守っているのである。知識人を規制できる力があるのは、非ブルジョア的な信念を掲げる非ブルジョア型の政府だけだ。それは今の世界では社会主義政権やファシズム政権にしかできない。知識人を規制するには、ブルジョア社会特有の制度を修正し、国内のすべての階層で個人の自由を大幅に減らす必要が出てくるだろう。そうした政府が民間企業を放置する可能性は低く、不可能とさえいえる。

そうなると、資本主義の体制には、知識人層を効果的に統制する意志も能力も存在しないことになる。意志がないというのは、資本主義のプロセスで形成された物の考え方に馴染まない手段を一貫して使う意志がないということであり、能力がないというのは資本主義のプロセスで形成された制度の枠内では、非ブルジョア的なルールに訴えない限り、知識人層を効果的に統制できないということだ。したがって、まず、資本主義社会の土台を蝕む自由も含め、公の場で議論する自由が広がるのは長期的に避けられない。そして、批判で生計を立てている知識人層——痛烈な批判ができるかどうかだけで地位が決まる知識人層は、あら捜しをせざるを得なくなる。聖域などない状態で個人や時事問題に矛先を向ければ、必然的に階級批判、制度批判へとつながる。

(5) あともう少し描《か》き加えれば、現代の見取り図が完成する。手段が広がっているという側面がある。生活水準が向上し、大衆の自由な時間が増えると、パトロン集団の構成が変わり、知識人がパトロン集団に提供しなければならない主張のテイストも変わってくる。これは今なお進行していることだ。書籍や新聞の価格がさらに下がり、大新聞社の低俗化も進んでいる。[*8] さらにはラジオも登場した。制約の完全な排除に向けた流れは相変わらず進んでおり、一時的に抵抗が起きても確実に押しつぶされていく。そうなると、規律を強いるという点で、ブルジョア社会が全く無能であること、時として甚だ子供じみていることがはっきりする。

しかし、それだけではない。資本主義文明後期の最大の特徴の一つが教育機関、特に高等教育施設の猛烈な拡大だ。教育機関の発展は、大企業の発展に劣らず不可避なことだったし、今も避けられない流れとなっている。[*9] ただ、前者は後者とは違い、これまで一貫して世論や公権力の後押しを受けてきたため、自然な増殖力を遥かに超えて発展が進んでいる。これについては様々な見方ができるだろうし、正確な因果関係をどう判断するにせよ、知識人集団の規模と姿勢に複数の影響を及ぼすことになる。

第一に、こうした高等教育を通じて、知的専門職・準知的専門職のサービス――最終的にはすべての「ホワイトカラー」系のサービス――の供給が、コストとリターンを考慮して決ま

＊8　大新聞社の登場とこれまでの歩みを例に挙げて、私が力説したい二つの点を説明したい。社会のパターンを構

成する個々の具体的な要素には、多種多様な側面・関係・効果があり、単純な一方向の議論はできないということ。また、短期の現象と長期の現象を区別することが重要で、異なる主張（時に正反対の主張）がともに正しい場合があるということだ。大手新聞社は大抵の場合、単なる資本主義企業にすぎない。だからといって、必ずしも大新聞社が資本家の利益を支持しているとか、その他特定の階級の利益を支持していることにはならない。そうしたケースもあるかもしれないが、それは大新聞社に次のような動機がある場合のみで、そうした動機の重要性が限られることは明らかだ。（1）自分の利害関係や主張を訴えたいという資本家集団から資金の提供を受けている（新聞社の規模が大きくなり売り上げが伸びれば、この点の影響は受けにくくなる）。（2）販売戦略上、ブルジョア的な嗜好を持つ読者をターゲットにしている（これは一九一四年頃まで非常に大きな要素だったが、今は急速に反対の方向に向かっている）。（3）広告主が自分と気質の合うメディアを選ぶ（とはいっても、大抵の広告主はこの点について非常にビジネスライクな考え方をする）。（4）オーナーが販売動向とは無関係に、ある一定の論調をとることを主張する（これはある程度までそうだ。特に昔はそうだった。だが、金銭上の販売目標との整合性があまりにもとれなくなると、そうした主張を撤回せざるを得なくなることは経験上明らかだ）――。つまり大新聞社は、知識人集団の地位と影響力を高める非常に強力な手段である一方、今でさえ知識人が完全に大新聞社を掌握しているわけではない。大新聞は雇用と読者の拡大を意味するが、「縛り」も意味する。これは主に短期的な視点で大きな問題となる。個々のジャーナリストがもっと自由に主張したいと戦っても、あっけなく敗北する可能性がある。しかし、知識人の心を占めるのは、こうした短期的な側面――それに集団としての過去の記憶――であり、知識人が読者に向けて描く隷属と受難の絵画も、そうした要素で色調が決まる。しかし、実際にはそれは征服の絵画であるはずだ。この場合（この場合だけではなく実に多くのケースでもそうだが）征服と勝利は敗北から成るモザイク画なのである。

*9　現在、大半の人は「どんな教育施設であれ、教育を受けたい人が誰でも利用できる環境を整備する必要がある」という理念に立って、この流れを捉えている。この理念は非常に強く支持されており、少しでも疑問を差し挟むなど不謹慎極まりないとほぼ誰もが考えている。反対派が反論しても（軽率な反論であることがあまりにも多いが）状況は変わらない。実際、私たちはここで、教育と教育理念の社会学という複雑極まりない一連の問題に遭遇しているのだが、本書のような概論の範囲内でこの問題を攻略することはできない。私がこの段落で、当面の論証で必要となる、議論の余地のない、当たり障りのない平凡な二つの点にしか言及しなかったのは、そのためだ。もちろん、それでこの大きな問題が片付くわけではないが、ここでは仕方がない。私の説明が完全ではないことを示す証しとしよう。

る水準を超えて拡大すると、この分野の失業が特に大きな問題となりかねない。

第二に、そうした失業に伴い、もしくはそうした失業者を受け入れるため、意に満たない雇用条件が設定されるようになる。職場の質が落ちたり、賃金が、高収入の肉体労働を下回るようになる。

第三に、高等教育が雇用条件を満たせない人々を世に送り出せば、大きな混乱の元になりかねない。大学を出ても必ずしも雇用条件（例えば専門職）を満たす能力が身につくわけではないが、大学を出ることで心理的に肉体労働に就けない人間にはすぐさまなれる。雇用条件を満たせないのは、生まれ持った資質がないか（そうした資質がなくても学校の試験には十分合格できる）、教育が不足しているかのいずれかのケースが考えられるが、高等教育を受ける人が右肩上がりに増え、必要とされる教育の量も（教育者・学者の資質のある人が一体どれだけ教育者になるかにかかわらず）増えていけば、そうした例は絶対的にも相対的にも増えていく。この点を無視して、学校や大学を出れば高収入が得られるという単純な論理で行動すれば、どんなことになるかはあえて説明するまでもない。一つの職に十数人の応募があって、形の上では全員応募資格を満たしているが、満足に仕事をこなせる人は誰もいないというケースは、採用に関わったことがある人なら、つまり人を判断する資格があると判断された人なら、誰でも心当たりがあるはずだ。

　こうした失業者や、望み通りの職に就けない人、雇用条件を満たせない人は、倫理観の欠如した職場や別の次元の才能・技術が必要な職へと流れていく。厳密な意味での知識人の「軍勢」はそうした人々で膨れ上がり、一方的に数が増えていく。こうした人々は強烈な不満を胸に抱いて軍勢に加わる。不満は怒りに変わる。怒りは往々にして合理化され、社会批判に姿を変える。すでに見た通り、知識人という傍観者はどちらにしても、普通そうした姿勢で人間、階級、制度と向き合う。特に合理主義型、実利（功利）主義型の文明ではそうだ。そう、そうした人々が世の中にごまんとおり、プロレタリア色の濃い画然とした集団的状況が生じ、集団の利害関係で集団の姿勢が決まる――そう考えた方が「凄惨な現実を前にすれば資本主義の過ちに知識人が義憤を感じるのは、当然の論理的帰結だ」という理屈（これ自体、心理的な意味での怒りの合理化にすぎない）よりも遥かに現実的に、資本主義への敵意を説明できるはずだ。そうした理屈は「あの人の素晴らしさを前にすれば恋に落ちるのが当然の論理的帰結ではないか」と考える恋人たちの理屈と何ら変わらない。[*10] また、この見方を採れば、資本主義が発展し成果を残せば残すほど、反感は弱まるのではなく強まることも説明できる。

　もちろん、資本主義は倫理的に許せないという見方につながる知識人集団の敵意と、資本主義の動力装置を取り巻く反資本主義の風潮は別物だ。後者は非常に重要な現象であり、単純に前者がつくり上げるものではなく、一部はすでに指摘したような別の原因から来ている。そうである限り、これは知識人集団の仕事の材料となる。両者は持ちつ持たれつの関係にあるが、それをここで分析している余裕はない。ただ、そうした分析がどんな流れになるかは言うまでもない。知識人集団の最大の役割が、この材料に刺激を与え、エネルギーを与え、言葉を与えて、組織化することにあり、材料を増やすのは二の次だと改めて指摘して構わないだろう。具体的な側面を少し取り上げれば、この原理がはっきりするはずだ。

(6) 資本主義が発展すると労働運動が起きるが、労働運動は無論、知識人集団が起こすものではない。ただ、そうした機会に知の工匠《デミウルゴス》が巡り合ったとしても不思議ではない。労働者は知識人にリーダーシップなど求めなかったが、知識人の方が労働政治に割って入ったのである。知識人には大きな貢献ができた。労働運動に言葉と理論とスローガンを与え(「階級闘争」がその良い例だ)、そうした動きを意識させることで、元々の意味を変えてしまった。この課題に取り組んだ知識人は、立場上、自然の成り行きで運動を過激化し、何にも増してブルジョア的だった労働組合の手法を結果的には革命に傾斜させた。当初、この傾斜に大半の非知識人系の指導者は憤慨した。だが、知識人の側には別の理由もあった。知識人の言葉に耳を傾ける労働者は、あからさまな不信感ではないにしても、まず例外なく越えがたい溝を感じる。知識人は労働者の心を摑むために、非知識人系の指導者と競争しなければならない。知識人は、労働者ににらみを利かせることができる非知識人系の指導者には全く不要な道を選ばざるを得ないのである。もともと権限はなく、余計な口出しをするなと罵倒されるリスクを常に感じている知識人は、おもねったり、期待を持たせたり、励ましたりする必要に迫られる。左派や渋面の少数派にも配慮し、一定基準に満たない怪しげな主張も持ち上げなければならない。非主流派にアピールし、従う意志があることを示さなければならない。つまり、かつての知識人が最初は教会の上層部に、次に諸侯や個人のパトロンに、その後ブルジョア色の濃い集団に気を遣ったように、今度は大衆にも気を遣うのである。[11] したがって労働運動は知識人が起こしたものではないが、知識人がいなければ全く別の形になっていた。

ここまで、社会の風潮の理論を打ち立てるため、石を集めモルタルでつなぎ合わせてき

*10　たとえ資本主義の現実や恋人の素晴らしさが、社会を批判する人や恋人の考える通りのものであったとしても、こうした言い分が現実的ではないことは読者にも明らかだろう。また、批判する人や恋人が圧倒的大多数のケースで心の底からそう信じているという点も重要だ。基本的には、心理社会学的なメカニズムも精神物理学的なメカニズムも、昇華という仮面を被らない限り、エゴの脚光を浴びることはない。

*11　この点は第5部で実例を示してさらに論じる。

た。なぜ公共政策は日増しに反資本主義的になるのか――なぜ最終的には、資本主義の動力装置に不可欠な条件に配慮することを原理上拒むようになるまで敵意が膨らみ、動力装置の機能が大きく妨げられることになるのか。それはこの社会の風潮で説明できる。ただ、知識人集団の活動は言語化という役割で示される以上に、反資本主義的な政策と直接関係がある。知識人が政界に入るのは稀で、要職を占めることはさらに稀だが、政府の職員として働くのも、政党のパンフレットや演説原稿を書くのも、事務官や顧問として活動するのも知識人であり、新聞で個々の政治家の評判を決めるのも知識人だ。そうした新聞の評判がすべてではないが、それを無視できる人も稀だろう。知識人はこうした仕事を通じて、自分が関わるほぼすべての分野に、ある程度まで自分の考え方を刻みつけていく。

実際にどこまで影響力を発揮できるかは、その時々の政治の駆け引きの状態によって大きく変わる。物事を説明して終わる場合もあれば、政策の実現を左右する場合もあるだろう。ただ、影響力を発揮できる余地は常に大きい。個々の政治家・政党が階級利益を代弁していると言うのは、せいぜい半面の真理を強調しているにすぎない。それ以上に重要とは言わないまでも、それに劣らず重要なもう半面の真理は、政治が職業であり、職業上の利害関係を生むこと――そうした利害関係は一個人や一政党が「代表」している集団の利害関係と一致する場合も、衝突する場合もあり得ることを考えれば見えてくる。[*12] 個人や政党は何よりも自分のキャリアや立場に直接影響を及ぼす政局の要素に敏感に反応して意見を変えるが、そうした要素の一部をコントロールしているのが知識人集団だ。それは、その時代の倫理観——特定の主義主張を賛美し、特定の主義主張を暗黙裡に退けるその時代の倫理観——がコントロールされるのと同じような意味合いでコントロールされるのである。

そして最後に、こうした社会の風潮、価値の体系は、政策（立法の精神）だけでなく、行政のあり方にも影響を及ぼす。ただ、ここでも知識人集団と官僚機構の間にはさらに直接的な関係がある。ヨーロッパの官僚のルーツは、資本主義以前にあり、資本主義を超越している。何世紀もの時が流れ、どれだけ構成が変わっても、官僚が利害関係や価値観の点でブルジョア階級と完全に一致することはかつてなかった。官僚にしてみれば、ブルジョア階級が「君主や国のために運用する資産」以上に大きな存在となったことはかつてなかったのである。したがって、職業上の訓練や経験で抑制されない限り、官僚は今の知識人の意見に感化されやすい。同じような教育を受けており、共通点も少なくない。[*13] しかも、かつて多くのケースでハー

*12　もちろん、これは知識人自身の利害関係と、知識人の出身階級もしくは知識人が経済的・文化的に属している階級の利害関係についても言えることだ。この問題は第23章でもう一度取り上げる。

ドルを上げるために利用されていた多少の育ちの良さというものも、ここ数十年の今の役人からは消えつつある。さらに、公的管理の領域が急激に拡大している時代にあって、必要な追加の職員の多くは直接、知識人集団から確保しなければならない。アメリカを見給え。

*13 例えば第26章を参照。

第14章

解体

(1) 日増しに強まる周囲の敵意や、そうした敵意から生まれる法律・行政・司法の営みに対峙する起業家、資本家は――実のところブルジョアの生活図式を受け入れるすべての層は――いずれ機能不全に陥る。ブルジョアの描くありふれた目標は、次々に叶わぬものとなりつつあり、努力が報われなくなってきている。何にも増して輝かしい目標である企業帝国の建設は、すでにほとんどの国で叶わぬ夢となった。たとえそれほど大それた目標でなくても、実現は至難の業で、今後状況の改善は望めないという認識が強まる中で、努力しても仕方ないという思いが広がる可能性がある。

過去二、三世紀の経済史の説明でブルジョアの動機がどのような役割を果たすのか。その点を考えれば、社会の反発でこの動機が抑圧されたり、活かされない動機が薄れていくのであれば、それが一時的な現象でない限り、資本主義のプロセスの破綻を十分説明できる要素になること――「投資機会消滅論」で示されたどの要素よりも遥かに重要な要素になることは――間違いない。そうなると、この動機がブルジョアの心の外にある外部の力で抑圧されるだけでなく、心の中の要因からも薄れる傾向があることは興味深い現象だといえる。無論、両者は密接な相互依存の関係にあるが、この二つを解きほぐさない限り、正しい分析はできない。

そうした「内部要因」の一つはすでに取り上げた。「所有の実体の消滅」と名づけたものだ。起業家であれ単なる事業の運営者であれ、今の経営者が普通、執行役タイプであることはすでに見た通りだ。そうした人間は、自らの立場の論理で、官僚機構で働くサラリーマンの心理を多少なりとも身に着けていく。株主であろうとなかろうと、そうした人間の闘争心、執着心は、本当の意味での所有と所有に伴う責任を身を以って知っていた人間の闘争心、執着心と同じではないし、同じはずがない。価値観と義務感が根本的な変化を遂げるのである。無論、一般の株主はすでに見る影もない。これは株主の取り分や役割が、規制し課税する国家に掠め取られていることとは全く別の問題だ。このため、今の株式会社は資本主義の産物でありながら、ブルジョアの心を社会主義化していく。資本主義的な動機を容赦なく封じ込めていくだけでなく、いずれは息の根を止めることになる。[*1]
（2）しかし、それよりもさらに重要な「内部要因」がある。ブルジョアの「家」の解体だ。ここで述べる事実は、改めて説明するまでもない周知の事実である。今の資本主義社会では、以前に比べ家族生活や親子関係の意義が薄れてきており、結果的に両者が行動形成に及ぼす力も低下している。「ビクトリア朝」の倫理観を侮蔑する反抗的な子供たちは、たとえどんなに間違っていようとも、否定できない現実を浮き彫りにしている。こうした事実は統計では測定できないが、それで事実の重みが失われるわけではない。婚姻率は何の証拠にもならない。「結婚」という言葉は「所有」という言葉と同じくらい、社会学的に様々な意味を持つ。法的な解釈や婚姻率が変わらなくても、かつての婚姻契約で生まれた姻戚関係が完全に消滅する事態も考えられる。離婚率も同じだ。法律上の手続きで何件の婚姻契約が解消されているの

*1　多くの人はこの点を否定するだろう、それは過去の歴史や過去の歴史から生まれたスローガンで企業をイメージしているからだ。大企業が引き起こした制度面の変化がまだ顕在化していなかった頃のイメージで物を見ているのである。また、事業法人の登場で資本主義的な動機が不正に満たされる余地が生じたと考える人もいるかもしれない。しかし、そのような指摘はこちらの思うつぼだ。企業では不正や不正に近い行為に手を染めない限り、経営陣が給与・賞与以外の個人的な利益を得ることはできない。これはまさに、事業法人が構造上、個人的な利益を嫌う仕組みになっていることを示している。

かは重要ではない。重要なのは、どれほど多くの婚姻関係が、かつて必要不可欠だった意義を失っているのかだ。この統計の時代にあって読者が統計の裏づけを求めるのであれば、結婚しても子供のいない世帯もしくは子供が一人しかいない世帯の比率が（これにしても私の指摘したい現象を量的に十分に示しているとは言えないが）、期待に近いところまで数字の上で重要性を示していることになるのかもしれない。この現象は程度の差はあれ、今ではすべての階級に広がっている。しかし、最初に現れたのはブルジョア階級（と知識人階級）であり、本書の目的上、その点にこそ、徴候としての価値と、因果関係を見極める上での価値がある。これは生活のすべてを合理化するという考え方から一〇〇％生じた現象だ。そうした考え方が資本主義の発展の一つの帰結であることはすでに見た通りである。実際、この現象は、合理化が私生活の領域に広がった帰結の一つにすぎない。通常の説明で挙げられる他の原因は、すべてこの一点に容易く還元できる。

人々が実利主義の教えを学び、社会環境がもたらす伝統的な取り決めを当然視しなくなれば――つまり個人的な損得を考えて今後の行動を決める習慣が確立すれば――もしくは、こんな言い方もできると思うが、一種漠然とした原価計算のシステムを私生活に持ち込むようになれば――現代社会で家の絆を重視する人は、特に親になる人は、個人的に多大な犠牲を払わねばならないことを意識せざるを得ない。また、農家を除けば、子供が経済的な資産にならないことも意識せざるを得ないだろう。そうした犠牲には、金銭という尺度で測れるものだけでなく、気楽で楽しい生活が失われる、魅力や多様性を増していく別の選択肢を楽しめなくなる、といった金銭では測れない事柄も含まれる。親になる喜びは、そうした選択肢と比較され、ますます批判的な目で厳しく分析される。こうした姿勢は、バランスシートが不完全である可能性が高いがために――恐らく根本的に間違っている可能性さえ高いがために、いよいよ重大な結果を招くことになる。資産の部の最大の項目は、親になることで得られる心と体の健康だが(特に女性の場合、これは「自然の摂理」とも言えるのかもしれないが)、そうしたものは今の個人の合理的なサーチライトではまず必ずと言ってよいほど捉えきれない。現代人は公的な生活だけでなく私生活でも直ちに実利に結びつく確実なディテールに着目し、人間性や有機体としての社会に潜む隠れたニーズという考えを蔑む傾向がある。私が伝えたいポイントはこれ以上説明しなくても明らかだと思う。この点はこれから親になるかもしれない人の心の中にはっきりと渦巻いている疑問――「自分が年老いたら馬鹿にされ見下されるだけなのに、なぜ夢を棒に振ってまで貧しい生活を選択しなければならないのか」という疑問に集約できるかもしれない。

資本主義はその過程で生じる心理的な態度を通じて、家族生活の価値を少しずつ霞ませていく。かつての伝統的な倫理観では、良心の呵責で別の生活図式への移行が妨げられていたが、資本主義ではそうした呵責が姿を消していく。だが、それだけではない。資本主義では新しい嗜好に道具が与えられる。少子化について言えば、資本主義の発明力で避妊具の性能は高まる一方であり、人間の最も強い本能が引き起こしていたはずの抵抗を打ちのめした。ライフスタイルについて言えば、資本主義の発展に伴いブルジョアの家族が暮らす邸宅の魅力が薄れ、別の選択肢が生まれた。先ほど「産業の所有の消滅」に触れたが、次は「消費者の所有の消滅」に触れねばならない。

一九世紀の後半まで、様々な土地の富裕層にとって別邸や大邸宅は、私生活を送る上で快適な住居であったばかりか、必要不可欠な存在だった。人数・形式を問わず来客をもてなせるかどうかは固《もと》より、その家の快適さや格式、また家族が安らぎを得られるか、気分転換できるかどうかも、適切な使用人のいるしっかりとした独自の団欒の場があるかどうかに左右された。このため、平均的なブルジョア層にとっては、結婚して子供を産むこと――「家の構築」――が当たり前だったように、「家」という言葉に集約できる舞台装置はごく当たり前の風景だった。

それが今となっては、第一に、ブルジョアの家は快適さよりも負担が目につくようになった。批判的な時代の批判的な目で見れば、まず何よりも手間と経費が——往々にして度を越した手間と経費が——かかると映る可能性が高い。それはたとえ、今の課税や賃金、今の使用人の態度（いずれも資本主義の典型的な産物だ）を考えなくてもそうだろうし、無論、そうしたものを踏まえれば、不要論が一気に広がり、近い将来にはまず例外なく「時代錯誤の非経済的な生活スタイル」と受け止められるようになる。やはりこの点でも今は過渡期であって、平均的なブルジョア層は大きな別邸や大邸宅を維持する手間を省くため、機械を採り入れたコンパクトな住居を構え、外部のサービス、家の外の生活を最大限利用する傾向にある。特に接待はレストランやクラブで行われる場面が急速に増えている。

第二に、昔ながらの家は、ブルジョア階級の快適で洗練された生活に必要不可欠なものではなくなっている。マンションや滞在型ホテルが、合理的な住居の形、別の生活スタイルのあり方を示しており、今後本格的に発展を遂げれば、間違いなく新しい状況に対応でき、快適で洗練された生活に不可欠な要素をすべて満たせるはずだ。確かに、そのような生活スタイルやそうしたスタイルに見合った住居は、まだどの国でも本格的な発展を遂げておらず、今の家を維持する面倒や煩わしさを考えない限り、コスト面のメリットはない。ただ、コスト面以外のメリットはすでに実現している。現代の多彩な娯楽、旅行、気軽な移動を心ゆくまで楽しめる、家事の負担を頼りがいのある高度な専門組織に任せられるといった利便性だ。

こうしたことが、資本主義社会の上流層の子供の問題にどう関わってくるのかは、すぐにわかるはずだ。やはりここでも相互作用がある。大家族が豊かに暮らすには大邸宅が必要だが[*2]、そうした邸宅が姿を消し、家の中の摩擦が増えれば、子供を産むのは大変だと考える動機がまた一つ増える。一方で子供の多い家庭が減れば、大邸宅の価値も低下する。

先ほど、ブルジョアの新しい生活スタイルには、まだコスト面で決定的なメリットはないと書いたが、それは私生活の必要を満たすためのカレントコスト（現在原価）やプライムコスト（主要費用）で見た場合であって、オーバーヘッドコスト（間接費）で見た場合はすでに純粋に金銭上のメリットが実現している。また、家庭生活の最も耐久性の高い要素（特に住宅、絵画、家具）は主に過去の所得で購入されるケースが多かったため、「消費者の資本」を蓄積する必要性が移行の過程で大きく低下するといえるのかもしれない。もちろん、今の「消費者の資本」の需要は、たとえ相対的に見ても以前と比べ減っているわけではない。中・低所得者層の耐久消費財需要が拡大しており、そのような影響は完全に相殺されている。ただ、物を手に入れようという動機のパターンの快楽追求部分に着目する限り、一定水準を超える所得を得たいという欲求は減ることになる。この点を理解するには、極めて現実的な視点で次の状況を思い浮かべてみればよい。成功を収めた男性もしくは夫婦、または「社交界」で活躍する男性もしくは夫婦がいて、ホテルでも客船でも列車でも一番良い部屋、一番良い席を購入でき、自分で消費する物、使う物は最高級品を買えるとしよう（そうした高級品は大量生産のベルトコンベヤーでつくられる例が急速に増えている[*3]）。しかし、そのような場合、基本的には自分が少しでも欲しいと思うものを自分たちの分だけ購入するはずだ。それに必要な予算が「領主」の生活スタイルに必要な予算を遥かに下回ることは歴然としている。

（3）こうした諸々のことが、資本主義の生産エンジンの効率にどのような影響を及ぼすかを理解にするには、家族や家が一般的なブルジョアの利潤追求の原動力だったことを思い起こせば済む。経済学者は必ずしもこの点を適切に考慮していない。経済学者の想定する起業家や資本家の私利私欲というものを少し子細に検証してみれば、そこから生じるとされている結

*2　こうした家族生活という安定した枠組みの崩壊が、今の親子関係を条件づける一因になっていることは言うまでもない。

*3　大量生産品の品質向上は消費者の家計に影響を及ぼすが、賃金の上昇で大量生産品とオーダーメイド品の価格差が広がり、それに伴い後者の魅力が相対的に低下すれば、家計への影響はさらに強まる。資本主義のプロセスは消費を民主化する。

果と、もはや家の中から外の世界を見ない孤立した個人や子供のいない夫婦の合理的な私利私欲から生じると思われる結果が、全く異なることに気づかざるを得ない。意識しているかどうかは別にして、経済学者が分析しているのは、そうした家によって物の見方や動機が定まる人間、何よりもまず妻子のために働き貯蓄しようという人間の行動だ。実業家の心の中からそうしたものが消えていくと、私たちの目の前には従来とは異なるホモ・エコノミクス（経済人）――これまでとは異なることを求め、異なる行動をする経済人が直ちに姿を見せる。こうした人々から見れば――この個人主義的実利主義という立場に立てば――古いタイプの経済人の行動は全く非合理なものに映る。ロマンや英雄とは縁遠い資本主義文明にあって唯一残されていたロマンと英雄的要素――「死んでもいいから航海を続けろ」[4]という英雄的要素を、こうした人々はもう持ち合わせていない。自分が果実を手にするかどうかにかかわらず将来のために働くことを命じる資本主義の倫理観をこの人たちはもう持ち合わせてはいない。

　最後の点はもっとわかりやすい説明ができるかもしれない。資本主義では社会の長期的な利益、社会の未来がブルジョア上流階級に託されることは前章で見た通りだ。社会の未来はまさにブルジョア階級に働く「家」という動機に託されるのである。ブルジョア階級は主に投資をするために働いていた。消費という規範よりも蓄積という規範のために戦い、目先のことしか考えない政府から後者を守ろうとしていた。[*5] 一家眷属《けんぞく》のためという原動力が弱まれば、実業家の時間軸が短くなり、概ね自分の生涯しか視野に入らなくなる。そうなると、たとえ「稼いでも税金が増えるだけだ」と気を揉む必要がない場合でさえ、従来の役割、稼いで貯蓄して投資するという役割を以前ほど積極的に果たさなくなる可能性がある。貯蓄を敬遠する心理に傾き、貯蓄に反対する理論を次第に進んで受け入れるようになる。これは目先の視点で考えるという人生観の表れだ。

だが、ブルジョアが受け入れるのは貯蓄不要論だけではない。自分の会社に対する姿勢が変わり、私生活の図式も変われば、資本主義の社会秩序の価値観、規範についても見方が変わってくる。恐らくこの構図で最も目を引くのは、ブルジョアが自分の敵を教育するだけでなく、いかに自分の敵からも教育されるかという点だろう。ブルジョアは今の急進派のスローガンを取り入れている。自分の存在を敵視する宗派に自ら進んで改宗しているように見える。相手の主張の意味するところを嫌々ながらも、やむを得ず一部認めているのである。もし典型的

*4 *navigare necesse est, vivere non necesse est.* ブレーメンの古い家に刻まれていた碑文。
*5 経済問題では「国は長期的な視点をとり得る」と言われるが、天然資源の保護など、政党政治の枠を超えた一部の問題を除けば、そのような例はまず見当たらない。

なブルジョアが急速に自分の信念を失いつつあるのでなければ、これは驚くべきことであり、実際、到底説明がつかない。やはりここでも、ブルジョア階級を生み出した社会の条件が消え去りつつあると考えれば、直ちにすべての納得がいく。

この点は一部の資本家層や、ブルジョア層全般が直接攻撃を受けた際にとる極めて特徴的な行動を思い浮かべればはっきりする。資本家やブルジョアは攻撃に話し合いで臨み、相手をなだめる。自分でやらなくても人を雇ってそうする。妥協のチャンスは絶対に逃さず、常に譲歩する用意がある。自分の理想と利益を掲げて戦いを挑むことは皆無だ。アメリカでは、この一〇年の巨額の課税や、経営効率の悪化を招く労働立法に対して、本格的な抵抗運動が一度も起きなかった。読者はもう十分気づいているだろうが、私は大企業やブルジョア階級全体の政治力を過大視する立場とは全く別の立場にある。むしろ、ふがいない面が多々あることを進んで認める用意がある。ただそれでも、防衛の手段はまだ完全に尽きていないし、歴史を振り返れば、自分を信じて頑として引かなかった一部の集団が成功した事例は枚挙に暇がない。当のブルジョア階級の間でブルジョア社会の秩序がもはや意味をなさなくなったと考えない限り、今の従順さは説明できない。口ではあれこれ言いながら何も行動に移さないのであれば、もうどうでもよいものになったと考えるしかない。

こうして例の経済プロセス——起業家・資本家の役割が低下し、保護階層・制度が打ち壊され、反資本主義の風潮が広がって、ブルジョア階級の地位が揺らいでいくという例のプロセス——は、資本主義の推進力を内部からも解体することになる。資本主義体制が資本主義を超越した素材でできた柱を支えとしているばかりか、資本主義を超越した行動パターンからエネルギーを貫っていることを——同時にそうした行動パターンを破壊する運命にあることを——これほどはっきり示すものもない。

私たちは、これまで別の立場から確たる根拠もなく（と私には思えるが）引き出されることの多かった結論に改めて辿りついた。つまり、資本主義には必然的に自滅に向かう傾向がある。そして、そうした傾向は進歩にブレーキをかける傾向としてまず現れることが十分に考えられる。

私はここで、客観的な要素と主観的な要素が——経済的な要素と経済を超越した要素が——いかに互いを増幅して融和を迫り、こうした結果をもたらすのかを改めて説明するつもりはない。また、もう明らかであるはずのこと——次章以降でさらに明らかになること——つまり、そうした要素が資本主義文明の崩壊だけでなく、社会主義文明の台頭をも招くことをここで説明するつもりもない。どの要素もその方向を指し示している。資本主義のプロセスは自らの制度的枠組みを破壊するだけでなく、次の枠組みのための条件も生み出す。結局のところ、破壊という言葉は適切ではなかったのかもしれない。恐らく、変貌と言うべきだったのだろう。資本主義のプロセスが終われば、後には何も残らず、次に何が登場するかわからないということではない。物事や物の考え方が次第に社会主義の生活スタイルに馴染みやすい形に変貌を遂げていくのである。資本主義の構造を支えていた留め金が、一つまた一つと消えていくたびに、社会主義の構想は次第に現実味を帯びていく。このどちらの点についても、マルクスのビジョンは正しかった。また、足元で進んでいるこの社会の変貌を経済のプロセスに結びつけ、経済が社会を動かす推進力になると考えるマルクスの視点にも同意できる。本書で批判した点は、たとえ本書の分析が正しかったとしても、結局のところ、物事の核心に関わる問題ではない。たとえそれが社会主義者の信念の根幹にかかわる問題であったとしても二次的な問題だといえる。とどのつまり、資本主義は成功を収めたから衰退すると言っても、欠陥があるから衰退すると言っても、人が思うほど大きな違いはない。

ただ、第2部のタイトルに掲げた問題に答えを出したとしても、ここで片づけた問題以上の、遥かに多くの問題が浮かび上がる。これから論証を進めるに当たって、読者は以下のことを心に留めてほしい。

第一に、私たちはこれまでのところ、今後現れるかもしれない社会主義の姿については何も把握していない。社会主義には一つの決まった形しかないというのが、マルクスや今の大半のマルクス主義者の立場だが、これはマルクス主義の最も深刻な欠陥の一つといえる。だが、産業が国有化される以外、社会主義がどのような姿になるかは明確ではなく、産業が国有化されても、経済・文化の形には無限の可能性があると思える。

第二に、社会主義がどのような過程を通じて実現するかという点についても、これまでのところ正確なことは何も把握できていない。わかっているのは、官僚化が段階的に進むというシナリオから、絵に描いたような革命が起きるといったシナリオまで、実に様々な可能性があるはずだということだけである。厳密に言えば、社会主義が本当に定着するかどうかすら把握できていない。というのも、繰り返しになるが、傾向を把握して行き着く先を思い描いたとしても、それが本当に実現するかどうかは――ましてや長期にわたって機能するかどうかは――全く別の問題なのである。人類が社会主義という地下牢（もしくは天国）で息絶える（もしくはまどろむ）前に、帝国主義戦争の戦慄（もしくは栄光）の裡に焼き尽くされることも十分考えられる。[*6]

第三に、本書で捉えようとしてきた流れを構成する様々な要素は、至る所で識別できるが、まだどの国でも全貌を現していない。進行状況は国によって異なるが、どの国をとってみても、事態がどこまで進展するかを自信を持って正確に予測できるほど、そうした流れは進んでいない。一時的な揺り戻しは別にして、流れが大きく反転することはないと断言できるほど、そうした「底流」が顕著な国は見当たらない。産業の統合は完成には程遠く、どんなビジネスでも現実の競争や潜在的な競争にまだ振り回されている。企業はまだ活動しており、ブルジョア層のリーダーシップが経済を動かす推進力になっていることに変わりはない。中間層もまだ政治力を維持している。ブルジョアの規範、ブルジョアの動機も、急速に色褪せていると は言え、まだ健在だ。多くの管理職は伝統の名残りや、支配株式を家が所有するという同族経営のために、今なおかつてのオーナー経営者のような行動をしている。ブルジョアの家もまだ消滅しておらず、何としても生き延びようとしているため、責任ある政治家は課税以外の形であえて触れようとしないのが実情だ。足元の現実的な問題を考えたり、短期的な予測をする上では（ここでは一世紀でも「短期」だ）[*7]、こうした様々な表層部分が重要になるかもしれないが、しかし、水底《みなそこ》では別の文明に向けた流れがゆっくりと進んでいる。

＊6　ここは一九三五年の夏に書いた。

＊7　このため、第12－14章で論じた事実と主張は、資本主義が今後五〇年の発展でどのような経済面の成果を残すかという本書の推論とは矛盾しない。資本主義が一九三〇年代に息絶えていたことが後になって判明する可能性は十分にあるが（その可能性は言うまでもなく目下の戦争で高まっている）、しかしそうでない可能性もある。いずれにしても純粋に経済的に考えれば、資本主義があと半世紀間成功を収められない理由はない。私が明らかにしたかったのはこの点だけだ。

3

CAN SOCIALISM WORK?

第3部　社会主義は機能するか

第15章 下準備

社会主義は機能するのか。もちろん機能する。これについては(1)産業の発展が必要な段階に達しており、(2)移行期の問題をうまく処理できる――と仮定すれば、疑問の余地は全くない。無論、この仮定自体に強い不安を覚える人や、社会主義で果たして民主的な社会を実現できるのか、また民主的であろうとなかろうと、社会がどこまでうまく機能するのかという点に強い不安を覚える人がいるかもしれない。それについては後ほど論じる。ただ、この仮定を受け入れ、そうした不安を捨て去れば、この問題にははっきり「イエス」と答えられる。

この点を立証する前に、二、三の問題を片づけておきたい。これまで一部の定義をかなり疎かにしており、ここでその点を補っておく必要がある。ここでは単純に二つのタイプの社会を想定し、その他の社会形態は付随的に言及するにとどめる。この二つのタイプを「商業社会」と「社会主義社会」と呼ぼう。

商業社会は（1）民間が生産手段を所有している（2）民間の契約（もしくは民間経営、民間主導）で生産のプロセスを調整する——の二点のみを特徴とする制度の形と定義する。ただ、このタイプの社会は原則として、純粋なブルジョア社会にはならない。それは第2部で見た通り、商工業ブルジョア階級の存続には、普通、非ブルジョア階級との共棲が必要になるためだ。また、商業社会は資本主義社会と同義ではない。後者は前者の特殊なケースと言え、信用創造という追加の現象を伴う社会と定義できる。信用創造とは銀行の与信で——与信の目的で通貨（現金・預金通貨）を製造することによって——企業に資金を供与する制度であり、これが現代の経済生活に特徴的な、実に様々な現象を引き起こす源になっている。ただ、社会主義社会に代わる選択肢としての商業社会は、実際には常に資本主義という特殊な形をとるため、読者が資本主義と社会主義という伝統的な比較で物を考えたいのであれば、それで特に大きな問題はないだろう。

社会主義社会は「中央の権威が生産手段と生産自体を管理する制度の形」と定義する。もしくは「経済の問題が原理上、民間の領域ではなく、公的な領域にある制度形態」と定義できるかもしれない。社会主義は変幻自在に姿を変える知の海神プロテウスだと言われてきた。様々な定義が可能であり、「社会主義は万人のためのパンを意味する」といった馬鹿げた定義は別にしても、受け入れられる定義の仕方は様々ある。本書の定義は必ずしもベストではない。ただ、この定義には指摘しておいた方が良いと思われる点がいくつかあり、細かいことを気にしすぎだと批判されるのを覚悟で説明しておきたい。

ここで言う社会主義には、ギルド社会主義やサンディカリズムといったものは含めない。というのも、普通、社会主義と言えば「中央集権型の社会主義」とでも呼べるようなものを指すことが圧倒的に多いと思われ、他の形態の社会主義を論じれば紙面の無駄になりかねないためだ。ただ、ここで唯一考えるこのタイプの社会主義を指すために「中央集権型」という言葉を用いる場合は、誤解がないよう注意が必要だ。この「中央集権型の社会主義」という言葉は、支配組織が複数存在しないことを示す目的だけで使っている。複数の組織が原理上それぞれの利害関係を訴えるという状況——特に自治権のある地方組織が複数存在して、資本主義社会の対立を再現する大きな原因になるというシナリオを排除するためだけに使っている。確かにこうしたセクター間の利害衝突を排除するのは非現実的に思えるかもしれないが、これは必要不可欠だ。

とはいっても、ここで想定している中央集権は、中央の権威（「中央委員会」や「生産省」と呼ぼう）が常に絶対的な権力を持つとか、すべてが中央主導で動くという意味ではない。最初の点について言えば、中央委員会や生産省は議会や国会への計画書の提出を求められるかもしれないし、監督・監査機関（会計検査院のような機関）が設置され、個々の決定に拒否権が発動されることさえ考えられる。第二の点については、各産業や工場の管理者といった「現場の人間」にはある程度まで自由に行動できる余地を残す必要があるし、現場の人間には事実上いくらでも自由に行動できる余地が残される可能性がある。とりあえず、現時点では合理的な自由の量が経験的にわかっており、それが実際に与えられていると大胆に仮定する。部下が好き勝手な野心を抱くとか、大臣の机の上に報告書が溜まって処理されないとか、あるいはジャガイモの収穫でマーク・トウェインの言葉を思わせるような指令が大臣から出るといった問題で、効率が落ちることはないと仮定する。

社会主義とは別に集産主義や共産主義を定義しているわけでもない。集産主義という言葉は全く使うつもりはないし、共産主義についても共産主義を自称する組織を取り上げる際に付随的に使う程度だ。ただ、こうした言葉を使わなければならない場合は、社会主義と同じ意味で使う。こうした用語を巡っては、多くの人が過去の用法を分析して、それぞれの意味を区別しようとしてきた。確かに相対的に見て徹底した、もしくは急進的な思想を示すために、共産主義という用語がかなり一貫して用いられてきたことは事実だ。だがその一方で、社会主義の古典的な文献の一つには『共産党宣言』という表題がついている。そもそも原理として根本的な差が生じたことは一度もなく、差があるにしても、社会主義者の間で意見の差があるように、社会主義者と共産主義者の間にも意見の差があるという程度にすぎない。ボルシェビキは共産主義者を自任すると同時に、唯一正統な社会主義者も自任している。唯一正統かどうかはともかく、ボルシェビキが社会主義者であることは間違いない。

　私はこれまで天然資源や工場設備の国家保有・国家所有という表現を避けてきた。これは社会学の方法論上、多少重要な問題と言える。特定の時代や特定の社会との結びつきが全くない概念は確かに存在する。欲望、選択、経済財といった概念だ。一方で、日常的な意味はその時代やその社会と結びついているが、専門家によってそうした結びつきを失うまで純化された概念もある。価格やコストがその例といえるかもしれない。[*1] しかし、さらに別の概念もあって、そうした概念はその性質上、移植はできず、特定の制度の香りが染みついている。そのよ

*1　現代理論では価格は単なる変換係数と定義されているし、コストは機会費用という意味で、一般論理の範疇に入る。これについてはすぐに改めて取り上げる。

うな特定の社会や文化の住人である概念を社会や文化を超えて使うことは極めて危険であり、実際、歴史記述の歪曲にも等しい。騎士や封土という概念が封建社会の住人であるのと全く同じように、保有や所有も（課税もそうだと思うが）商業社会の住人だといえる。

だが、国家という概念も同じだ。もちろん、主権という基準で国家を定義すれば、社会主義国家というものを語ることはできるかもしれない。だが、単なる法律上、哲学上の観念ではなく、概念に実体が必要であるなら、封建社会や社会主義社会を論じる際に国家を持ち込むわけにはいかない。封建社会は民間の領域と公的な領域を分ける境界線がなかったし、社会主義社会でもそれは同じだと思われるが、国家の意味の大部分はそうした境界線から生じる。そうした意味を国家のありとあらゆる機能、方法、姿勢と一緒に残すには、国家とは封建領主とブルジョア階級の衝突と妥協の産物であり、社会主義という不死鳥が生まれる灰の一部を形成すると言うのが一番良いように思える。社会主義の定義で国家という概念を用いなかったのはこのためだ。無論、社会主義は国家の行動を通じて実現するかもしれない。だが、その行動によって国家が死滅すると言っても私は何の不都合も感じない。これはマルクスが指摘し、レーニンが改めて主張したことだ。

最後に、本書の定義には私の知っている他のどんな定義とも一致する点が一つある。専ら経済的な観点で定義しているという点だ。どの社会主義者も、経済を起点に社会に革命を起こしたいと願っており、社会主義のメリットは経済制度の変革を通じてすべて実現できると考えている。もちろん、その根底には「経済のパターンは私たちが社会と呼ぶ総合的な現象に極めて重要な影響を及ぼす」という社会の因果説がある。しかし、ここで二つの点が浮かび上がる。

まず、資本主義を論じた第2部で指摘したことを社会主義についても指摘する必要がある。私たちにとって——傍観者にとっても、社会主義を信奉する人にとっても——経済的な側面のみが重要なわけではないし、経済が最も重要なわけでもない。先ほど社会主義を定義した際も、その点を否定するつもりはなかった。公平を期すために言っておくが、それは私がこれまでに話をしたり著作を読んだことのあるすべての教養ある社会主義者にしても同じであるはずだ。因果関係上、経済が重要だという信念に基づいて経済的な側面を強調しているが、だからといって、ビフテキやラジオ以外のものは戦い取る価値がないと言っているわけではない。確かにそれしか眼中にないどうしようもない単細胞もいる。ただ、そうした単細胞でなくても、手っ取り早く票を集めるために「経済的に豊かになれる」という点を力説する人は少なくない。そうした人はその過程で自らの信念を歪め、貶《おとし》めている。私たちはそのようなことはしたくない。社会主義には腹を満たす以上に高邁な理想があることを常に心に留めておきたい。それはキリスト教には天国と地獄といった、やや快楽主義的な価値観があるが、それだけではキリスト教を語れないのと全く同じことだ。まず何よりも社会主義は新しい文化の世界を意味する。だからこそ、たとえ経済面で見劣りするとしても社会主義を熱烈に支持するという人がいてもおかしくはない。[*2] したがって、経済面のメリットやデメリットをどれだけ納得のゆく形で訴えたとしても、決定打にはなり得ない。

しかし、第二の点がある。文化的にどんな世界になるのか。この問いに答えるには、権威のある社会主義者が実際に主張していることを調べ、そこから一定の型が浮かび上がるか検証すればよいのかもしれない。一見、材料は豊富にあるように見える。一部の社会主義者は準備万端だ。静かに手を合わせ、聖者の微笑みを口元に浮かべ、公平、平等、自由の讃美歌を、特に「人間による人間の搾取」からの解放を、愛と平和を謳う。社会主義では足枷が外され、文化のエネルギーが解き放たれ、新しい地平が開け、新しい威厳が生まれると説く。だが、これではベンサムで水増ししたルソーだ。一方で労働組合の急進派の主義主張を訴えるだけの社会主義者もいる。だが、黙して語らない社会主義者もいる。安っぽいスローガンを軽蔑しながらも他に何も思いつかないから黙っているのか。自分の考えはあるが、一般には受け入れられないと感じているから口を噤んでいるのか。自分と同志の間にどうにもならない深い溝があることを自覚しているから何も語らないのか。

これでは埒《らち》が明かない。ここで私たちは「社会主義の文化が一つに定まらない不確定性」とでも呼ぶべきものと対峙することになる。実際、本書の定義でも、その他の大半の定義でも、本格的な真の社会主義社会は、絶対的な支配者が統治する形にも、考え得る限り最高に民主的な形にもなり得る。貴族社会にも労働者社会にもなり得る。宗教的にも、階層的な神政政治、無神論、もしくは宗教に無関心といったいずれの形も考えられる。今の軍隊よりも遥かに規律の厳しい社会となる可能性もあるし、完全に無規律な社会になる可能性もある。精神面でも、禁欲的な社会、幸福を追い求める社会、どちらにもなり得る。活気に満ちた社会にも、覇気のない社会にもなり得るし、未来のことしか考えない社会にも、今日のことしか考えない社会にもなり得る。好戦的で愛国的な社会、平和的で国際主義的な社会。平等主義の社会、そうでない社会。貴族の価値観がまかり通る社会、奴隷の価値観がまかり通る社会。芸術も主観的なものになるかもしれないし、客観的なものになるかもしれない。[*3] ライフスタイルは個人主義

*2 もちろん、その逆のことも言える。社会主義で経済が豊かになるという主張を受け入れても、文化的には受け入れられないという人がいてもおかしくない。

的、画一的のいずれも考えられる。また、次の点次第でその社会に忠誠を誓うか、軽蔑するかが決まるという人もいるだろうが、社会主義は良い血統から生まれる場合も、良からぬ血統から生まれる場合もあり、したがって優れた人間を生み出す可能性も、どうしようもない人間を生み出す可能性もある。

なぜなのか。まあ、読者は好きに選んでもらって構わない。マルクスが間違っており、経済の形で文明が決まることはないと考えてもよいし、経済の形が完全に定まっていれば文明の形も決まるが、本書の社会主義の定義では経済面の与件・前提条件が少なすぎて、文明の形がはっきり定まらないと考えてもよい。ついで言えば、資本主義にしても、本書の定義に基づく事実だけで文化の世界を再現しようとすれば、それは同じだったはずだ。確かに資本主義の場合は物事が確定的に定まる印象を受け、資本主義文明の傾向を論理的に引き出すことができた。だが、これは歴史に基づく現実が目の前にあり、必要な追加の前提条件が示されているからに外ならない。事実を通じて無限の可能性が排除されているのである。

ただ、ここでは確定性という言葉をかなり厳密な、純原理的な意味で、しかも文化世界の全体について使っている。その意味で不確定であったとしても、社会主義自体が他の制度に比べて引き起こす可能性の高い特徴や傾向を一部探り出す試みが絶対に不可能なわけではない。

特に文化という有機体の特定部分の特徴・傾向についてはそういえる。また、妥当と思われる追加の前提条件を考え出すことも不可能ではない。それは先ほど列挙した様々な可能性から明らかだろう。もし多くの社会主義者が考えるように（私には間違っていると思えるが）戦争は資本主義の利害衝突の一形態にすぎないと考えるのであれば、社会主義は平和的であり、好戦的ではないという結論が直ちに引き出せる。もしくは、社会主義がある種の合理主義の下で合理主義から離れることなく発展すると仮定すれば、反宗教的ではないにしても、無宗教な社会になる可能性が高いと結論できる。本書ではこの種のゲームを様々な場面で試していく。ただ、大抵の場面では、この分野の唯一の大家と言えるプラトンに演壇を譲った方がよさそうだ。ただ、そうはいっても、社会主義が変幻自在に姿を変える文化のプロテウスであることに変わりはなく、文化の可能性をさらに明確にするには、社会主義という種の中の特殊なケースについて語らざるを得ないことに変わりはない。そうした特殊なケースはどれも、それを支持する人間にとってはただ一つの真実だろうが、どのようなケースが私たちを待ち構えているのかはわ

＊3　逆説的に聞こえるが、個人主義と社会主義は必ずしも反対のものではない。社会主義的な組織形態では「本当の意味」で個人主義的に個性を発揮できると主張することも可能だ。実際、そうなればかなりマルクス主義の線に沿った形になるだろう。

からない。

第16章 社会主義の設計図

まず何よりも、社会主義経済の純粋論理に問題がないかを見極める必要がある。論理的な正しさが証明されたからといって誰もが社会主義に改宗するわけではないし、実のところ、それで社会主義が絵空事ではないことをはっきり証明できるわけでもないが、論理の誤りが証明された場合――もしくは論理の正しさが証明できない場合でさえ――それだけで「社会主義とはそもそも出鱈目だった」という批判を招くことになる。

この問題は、さらに厳密に言えば、次のように言い換えられるのではないか。ここで想定するタイプの社会主義システムでは、何をどう生産すればよいかが、所与の条件と合理的な行動原理から、ただ一つに定まるといえるのか。同じことを純粋経済学のスローガンで言えば、社会主義の経済環境で中央委員会や生産省が直面する問題について、そうした与件と原理から、未知数をただ一つに定める方程式——互いに矛盾しない両立可能な十分な数の独立した方程式——を引き出せるといえるのか。

（1）答えはイエスだ。社会主義の純粋論理に問題はない。これは全く自明のことであり、もしこの点が否定されていなければ——またさらに奇妙なことだが、正統派の社会主義者が、主張の上でも心情的にも極めてブルジョア的な経済学者に要求されるまで、科学的な水準を満たす答えを示さなかったという経緯がなければ——この点をあえて取り上げようとは思わなかっただろう。

社会主義の論理を否定した権威の中で唯一触れておく必要があるのは、L・フォン・ミーゼス教授だ。[*1] 教授は合理的な経済行動には合理的なコスト計算が必要であり、そのためにはコスト要素の価格と、その価格を決定する市場が必要だという説から出発して、社会主義ではそうした市場がなく、合理的な生産を導く羅針盤がないため、たとえ経済が回るにしても場当たり的にならざるを得ないという結論に辿りついた。正統派社会主義の権威は、この種の批判に対し（また恐らく自分自身も薄々感じていた疑問に対し）当初、反論する材料をあまり持ち合わせていなかった。ただ単に、社会主義経営は前身の資本主義が発展させた価値体系からスタートできると訴えたり（これは確かに実際上の問題を議論する上では重要な点だが、原理の問題を議論する上では全く的外れだ）、もしくはコスト面の合理性などという資本主義の策略など全く不要であって、同志諸君が社会の店舗から惜しみなく供給されるモノを自由に使えば、それですべてが解決するといった輝かしい楽園の奇跡の賛歌を歌っていただけだった。これでは批判を受け入れたも同然で、実際、一部の社会主義者は今もこの状態にあると思われる。

この問題に答えを出し、あとは細部を詰め、二次的な問題を処理すればよいという段階まで辿りついたのがエンリコ・バローネだ。厳密な論証を確認したい読者は、バローネの論文に当たってほしい。[*2] ここでは簡単な概略で十分だろう。

経済学者から見れば、生産とは（輸送など販売に付随するすべての作業を含め）、技術的な制約の中で既存の「生産要素」を合理的に組み合わせることに外ならない。商業社会では、生産要素を組み合わせる際にそうした要素を購入もしくは雇用するが、商業社会に特有の個人所得は、まさにそうした購入や雇用の過程で発生する。つまり、社会の生産物の生産と「分配」は、一つの同じプロセスの別の側面でしかなく、このプロセスは双方に同時に影響を及ぼす。

*1　一九二〇年に発表された教授の論文は英訳が出ている。*Collectivist Economic Planning* (F.A.von Hayek. ed., 1935). *Gemeinwirtschaft*（英訳 *Socialism*, 1937）も参照。

さて、商業社会と社会主義社会の論理上（純粋理論上）の最大の違いは、社会主義社会ではもはやそれが成立しないという点にある。一見したところ、社会主義社会には生産手段の市場価値が存在せず、さらに重要なことに、たとえ市場価値が存在しても社会主義の原理ではそれを分配の基準にできないため、社会主義には商業社会の自動的な分配作用が存在しないことになる。この穴は政治活動（ここでは共和国憲法と呼ぼう）で埋める必要がある。こうして分配は別個の作業になり、少なくとも論理的には生産から完全に切り離される。そうした政治的な活動・決定は、その社会の経済・文化面の性格や、社会の行動・目標・実績の影響を受けざるを得ないし、後者も前者の影響を大きく受ける。ただ、経済的な観点で見れば、前者は完全に恣意的なものとなるはずだ。すでに指摘したように、この共和国では平等主義のルールが採用される可能性もあるし（ここでもそうだが、平等主義を理想に掲げるといっても平等主義には様々な意味を結びつけることが可能で、そのいずれが採用されるかはわからない）、ある任意の程度まで格差を認める可能性もある。場合によってはどのような方向であれ、最大限、成果を出すという観点で分配を進めることも考えられる（これは特に興味深いケースだ）。共和国が同志諸君の希望を個別に調査する可能性もあるし、どこかの部局が同志にとって最善と判断したものを付与する体制になる可能性もある。「各人の必要に応じて」というスローガンはどちらの意味にもなり得る。ただ、何らかのルールは必要になる。ここでは、非常に特殊なケースを一つ考察すれば、十分用が足りる。

(2)それでは、私たちの社会主義共和国では、倫理上の信念として完全な平等主義を掲げることにしよう。消費財についても、生産省が生産でき実際に生産するすべてのモノの中から(当然、アルコール飲料など一部のモノの生産を共和国が拒否する可能性がある)同志諸君が好きなものを自由に選択できるとする。さらに、ここで理想に掲げたタイプの平等主義が商品引換券(バウチャー)の配布で実現できると仮定する。商品引換券は同志諸君に一人一枚配布す

*2 バローネ以前に答えの手掛かりを示していた経済学者は少なくとも十数人いる。F・フォン・ヴィーザー(*Natural Value*, 1893 ドイツ語版原書は1889)やパレート(*Cours d'Économie politique*, vol. ii, 1897)などの権威だ。二人とも経済行動の根本論理は商業社会でも社会主義社会でも同じだと感じていた。答えはそこから引き出せるのだが、実際に答えを引き出したのは、パレートに傾倒していたバローネだった。バローネの"Il Ministro della Produzione nello Stato Collettivista," *Giornale degli Economisti*, 1908(英訳は注1の *Collectivist Economic Planning* に所蔵)を参照。その後の膨大な論文については公正に評価することはできないし、その必要もない。何らかの点で特に重要な論文のみを記しておく。フレッド・M・テイラー"The Guidance of Production in a Socialist State," *American Economic Review*, March 1929 K・ティッシュ *Wirtschaftsrechnung und Verteilung im… sozialistischen Gemeinwesen*, 1932 H・ツァッセンハウス"Theorie der Planwirtschaft," *Zeitschrift für Nationalökonomie*, 1934 特にオスカー・ランゲ"On the Economic Theory of Socialism," *Review of Economic Studies*, 1936/7(ランゲとテイラーの共著として同名のタイトルで発表された著作に再収録 1938)。そしてA・P・ラーナーだ(フーナーの論文は後の脚注で取り上げる)。

る（子供や、また事によると他の一部の人については〇・何枚とすることを管轄当局が定めるかもしれない）。この商品引換券があれば、自分に請求する権利のある消費財――当該会計期間の社会生産物の合計を請求者の数で割ったもの――を受け取ることができる。すべての引換券は各会計期間の終了時に失効する。商品引換券は、当該期間中に消費者用に（消費者に届ける目的で）生産された、もしくは生産されている食料、衣服、家庭用品、家、自動車、映画などすべての生産物の何分の一を請求できる権利という形で表すことが可能だ。この請求権はモノで表示するのではなく、それと同量の、便宜上選んだ意味のない単位（これは単に「単位」と呼んでも「月」と呼んでも「日」と呼んでも、もしくは「ドル」と呼んでも構わない）で表示し、一定数の単位を引き渡せば各商品のその単位数を受け取れる形にする。モノではなく、単位で表示するのは、ただ単に同志の間で複雑かつ不必要な大量の物々交換が起きるのを防ぐためだ。社会の店舗で表示されるそうしたモノの「価格」は、本書の前提の下では、価格に既存の商品数を掛け合わせた数と、全同志の請求権の合計が一致するという条件を常に満たしていなければならない。そうでなければ、この請求権はでたらめになる。ただ、生産省は個々の「価格」を定める必要はなく、初めに参考価格を提示すればよい。「ドル建て」の所得が同じで、自分の好きなものを選べるのであれば、同志諸君がどの価格ならすべての社会生産物を（誰も欲しいとは思わないものを除いて）残らず買うか、参考価格に対する反応を通じて意志表示することになる。生産省がすべての生産物を売り尽くしたいと考えれば、その価格を受け入れざるを得ない。事はそのように進むだろうし、そうなれば、分け前を平等にするという原理を実に妥当な形で実現でき、平等の意味もただ一つに定まるだろう。

ただ、もちろん、これはすべての商品がすでに一定量生産されていることを前提としている。本当の問題はどのようにして合理的な生産を実現するか――つまり、利用可能な資源、技術といった環境上の制約の中でどのようにして消費者の満足度を最大化するか[*3]――であり、この点が社会主義では実現できないとされているのである。例えば、同志の多数決で生産計画を決定しても、この条件[*4]を絶対に満たせないのは明らかだ。多数決で物事を決めれば、確実に一部の人が、ことによるとすべての人が欲しいものを手にできず、しかも他の人の満足度を減らさなくても生産できるものが生産できなくなる。だが、これに劣らず明らかなことだが、こ

*3　現代の理論家の中には、この言い回しを問題視する人がいるかもしれないが、より正確な表現をした場合に、全く不要な回りくどい表現が必要になり、しかもここでの論証には何のメリットもないという点を理解して頂きたい。

*4　合理性の定義を変えれば、多数決で条件を満たせる可能性がある。ここでは、今論じている取り決めと、他の取り決めを比較することは避けたい。それについては後ほど論じる。

の意味での経済合理性は別の方法で実現できる。理論家なら「消費者は消費財の価値を決める（消費財を「要求《デマンド》」する）際、結果的に、その商品の生産に投入された生産手段の価値も決めていることになる」という初歩的な考え方から、その点を導き出せるだろう。理論家ではない人のために、私たちの社会主義社会でどのように合理的な生産計画を実現できる可能性があるのか、以下に説明する。

（3）わかりやすくするため、一定量の生産手段が存在し、とりあえず生産手段の量が変わらないと仮定しよう。ここで中央委員会を各産業を担当する委員会に分割する。というより、各産業を管理する部局を設置し、この部局が中央委員会に協力すると仮定した方がよいだろう。この各産業を管理する委員会を統括・調整するのが中央委員会だ。中央委員会がすべての生産資源を管理し、一定のルールに従って各産業委員会に生産資源を配分するのである。各産業委員会は次の三つの条件を満たせば好きな量の生産財・サービスを要求できる決まりになっているとしよう。（1）可能な限り経済的に生産する（2）産業委員会は要求する生産財・サービスの一単位ごとに、一定額のドルを中央委員会に引き渡す。このドルは過去の消費財の引き渡しで消費者から受け取ったものだ。言い換えれば、中央委員会が生産財・サービスを一定の「価格」で無制限にすべての産業委員会に「販売」すると宣言するのである。（3）産業委員会は、最大限経済的に生産し、生産手段の対価として中央委員会に引き渡す「ドル」よりも安い価格で商品を「販売」する必要が絶対に出ないような量（それ未満であってはならない）の生産財・サービスを要求し利用しなければならない。少し専門的な用語を使えば、すべての生産ラインで「価格」は限界費用に（比例するだけでなく）一致しなければならない。[*5]

これで各産業委員会の仕事は一つに定まる。今日、完全競争が成立している産業で技術的な可能性、消費者の反応（好みと所得）、生産手段の価格が与えられれば、何をどの程度、またどのように生産すべきかが直ちに決まるように、我が社会主義共和国の産業委員会も、生産財の「価格」が公表され、消費者が「需要」を示せば、何をどのように生産し、中央委員会からどの程度の生産要素を「購入」すべきかを直ちに把握できる。

ある意味では、この生産財の「価格」は消費財の「価格」と違って、中央委員会が一方的に設定しているといえる。しかし、消費者がただ一つに定まる消費財の「需要」を示すように、産業委員会がただ一つに定まる生産財の「需要」を示していると言うこともできる。あとは中央委員会が最大化の基準に従ってどのように価格を設定するかというルールが決まれば、私たちの論証は終わる。これは言うまでもないだろう。中央委員会は生産財について種類ごと、品質ごとに単一の価格を設定し（中央委員会が価格差別をする場合、つまり同じ種類・同じ品質の生産財を別の価格で産業委員会に販売する場合は、基本的には[*6]経済面以外の根拠が必要になる)、その価格で「市場」の商品をちょうど「売り尽くせる」状態にしなければならない。つまり手元に未使用の生産財が残らず、その「価格」ではそれ以上の生産財は要求されないという状態にしなければならない。このルールがあれば、通常は合理的なコスト計算が行われる。ゆえに、経済的に見て合理的な生産資源の配分が実現する(前者は後者を保証・検証する手段にすぎ

＊5　この原理は選択の一般論理から導き出したもので、A・P・ラーナー氏がこの点を力説し、レビュー・オブ・エコノミック・スタディーズ誌を中心に(*Economic Journal*, September 1937も参照)多数の覚書や論文で訴えるまで、広く受け入れられることはなかった。ラーナー氏は社会主義経済の理論に重要な貢献をしており、この機会に読者の注意を喚起しておきたい。この選択の論理の下では、本文の条件と、一単位当たりの総費用と価格を一致させるルールが両立できない場合は、常に前者が優れているとも断言できる。ただ、両者の関係は様々な問題が入り組み、見えにくくなっており、説明が必要だろう。

限界費用という概念(生産を少量増やした際に発生する総費用の増加分)は、期間を定めなければ、曖昧な概念となる。つまり、運行が決まっている列車に追加の乗客一人を乗せるかどうかという問題であれば、ここで考えなければならない限界費用は非常に少なく、ゼロとなる可能性がある。これは非常に短い期間(一時間、一日、一週間)で見れば、潤滑油や石炭も含め事実上あらゆるものが間接費であり、限界費用には算入されないという説明で言い表せるかもしれない。だが、期間を長くとれば、限界費用に入る費用項目も増えていく。まず一般にプライムコストという概念で捉えられている費用が限界費用に入り、次に経営者が間接費と呼ぶものも次々と限界費用に入っていく。最終的には、非常に長期で見た場合、もしくはまだ存在しない産業を計画する場合、間接費に分類できるものは(事実上)何も残されておらず、減価償却費も含めたすべての費用を踏まえて限界費用を算出しなければならなくなる(ただし、

技術上、非常に大きな単位でしか実現もしくは利用できない線路など、「不可分性」がある一部の生産要素については、限界原理をそのまま当てはめることはできない）。したがって、限界費用と（限界）プライムコストは常に区別する必要がある。

さて、本文の条件は、「社会主義経営でも、合理的に行動するのであれば、資本主義と同様に、いつの時点でも過去を振り返るべきではない――つまり決定に際しては、過去の投資の帳簿価値を気にすべきではない」というルールと結びつけられることが多い。しかし、これはすでに実現している状況での短期的な行動のルールでしかなく、将来固定費・間接費として算入される要素を事前に無視すべきだということにはならない。そうした要素を無視すれば、間接費の領域に投入される労働時間や天然資源の面で（他に利用先がない場合は別だが）、非合理的な行動が生じる。だが、そうした費用を考慮に入れれば、物事を計画通りに進める場合、価格は一般に一単位当たりの総費用と等しくなる。例外は主に、不可分性といった技術的な要因で合理性が妨げられる場合か、物事が計画通りに進まない場合であるため、結局のところ、社会主義の計画の論理は、後者の原理で大きな問題なく説明できる。短期的に見て、産業の赤字経営が最も合理的になる場合もあるが、赤字経営が社会主義計画の論理となることは絶対にない。この点は二つの理由で重要だ。

第一に、この点はこれまで否定されてきた。価格が減価償却費を除く短期的な限界費用と常に一致していれば（長期的に）福利が増すとか、間接費（例えば、橋などのコスト）は課税で賄うべきだといったことさえ言われてきた。本文で提示したルールはそのようなことを意味していないし、それは合理的な行動とは言えない。

第二に、ロシア中央当局は、それまで施行していた様々な産業向けの補助金制度を廃止した一九三六年三月の布告で、価格は一単位当たりの平均総費用に蓄積分を上乗せした水準に調節する必要があると表明した。このルールの前半部分については、厳密に言えば妥当とは言えないかもしれないが、妥当性に欠ける後半の表現を考えれば、妥当なルールからそれほどかけ離れていないと言えるかもしれない。後半部分については、直ちに反論が出るだろうが、物事が急速に発展しており急速に発展しなければならないことを考えると（資本主義を論じた第2部の論証を思い起こしてほしい）、そうした反論の根拠は大幅に薄れると言えるかもしれない。そして、ソビエト政府が補助金制度を導入し（これは損失を出して投資したことに等しい）、一九三六年にこの制度を一部廃止したことはともに正しかったと考えることは十分可能だと言えるかもしれない。

*6　これには重要な例外があるが、本文の論旨の大枠には影響しない。

ない)。ゆえに、社会主義社会の生産計画は合理的なものになる。これは以下の点を考えれば明らかだろう。このルールが守られている限り、生産要素を少しでも別の生産ラインに振り向ければ、その分だけ(もしくはそれ以上の)消費者の満足度が——消費者から受け取ったドルという形で表現された満足度が——減ることになる。つまり、生産は社会全般の環境が許す限りあらゆる方向に、どこまでも合理的に進められる。それ以上進めば合理的でなくなる地点まで合理的に進められる。これで社会主義の生産計画が静態的な経済生活のプロセスで——すべてが正確に予想でき、同じことが繰り得され、計画を乱すことが何も起きない状態で——合理的になることを論証できた。

(4)しかし、静態理論の枠を超えて、産業の変化に伴う現象を想定した場合も、大きな問題は全く生じない。経済上の論理からすれば、ここで想定したタイプの社会主義は、静態的な経済で周期的に発生する管理業務には理論上対応できるが「進歩」に伴う問題には絶対に対応できない、ということにはならない。確かに、本書ではこれから、社会主義社会が成功を収めるためには、前身である資本主義から可能な限り豊かな資源・経験・技術を受け継ぐだけでなく、資本主義が放蕩を尽くし、役割を終え、静態的な状態に近づいていることが重要になる点を見ていく。しかし、だからといって、産業装置を改良する機会が訪れた場合に社会主義社会の辿る合理的なただ一つの道筋を本書のプランから引き出せないわけではない。

X産業の生産プロセスのために効率の良い新型の機械が設計されたとしよう。投資のファイナンスに付随する問題を無視して（これは後で論じる）、この現象だけを個別に取り出して考えるために、この新型機械が従来の効率の悪い機械を製造していた工場で製造でき、生産資源の面で製造コストが全く同じだと仮定する。X産業の産業委員会は「可能な限り経済的に生産する」という第一の指令に従い、この新型機械を導入し、従来よりも少ない生産要素で従来と同じ量を生産できることになる。そうなれば、生産省もしくは中央委員会に引き渡すドルは、それ以降、消費者から受け取ったドルよりも少なくて済むことになる。この差額を何と呼んでも構わない。例えば差額（Difference）の「D」と呼んでも、ドルをかき集める「熊手」と呼んでも、もしくは「利潤」と呼んでも構わない。ただ、産業委員会がこの「利潤」を認識すれば、第三の指令で定めた条件に確実に違反することになる。もしこの第三の指令に従って直ちに生産量を増やし、そうした条件を満たすのであれば利潤は絶対に現れない。ただ、その場合も、産業委員会の計算の中には潜在的に利潤が存在することになり、それが今の前提条件の下での唯一の機能――今どこにどの程度の資源を再配分すれば合理的かをただ一つに定め、指し示す機能――を確実に果たすことになる。

一定の消費水準を目指す過程で、その社会の利用できる資源をすべて使い果たした際に、追加の生産要素の利用を必要とする改良計画が持ち上がった場合（新しい橋や新しい鉄道の建設など。追加投資の計画と言ってもよいだろう）、同志は既定の労働時間を超えて働くか（これまでは労働時間が法律で定められていると想定してきた）、消費を控えるか、もしくはその双方を迫られる。本書の前提条件は、根本的な問題を最大限シンプルに解決するために編み出したものだが、ここではこれまでのような「機械的」な解決法――つまり中央委員会や各産業委員会が例の三つのルールの下で、客観的に示された案内《ガイダンス》にただ受動的に従うことで決定を下せるという解決法――が成立しない。ただ、これはもちろん、私たちの図式の限界であって社会主義経済の限界を示すものではない。そうした機械的な解決法を目指すのであれば、当該期間内に利用されなかった消費財の請求権をすべて無効にする法律を撤廃し、絶対所得の平等という原則を捨て、中央委員会に時間外労働と――何と言えばいいのか、まあ、ここでは貯蓄と呼ぼう――時間外労働と貯蓄にプレミアム（追加の見返り）を付与する権限を与えれば、それで済む話である。実行可能な改良・投資計画が進められ、最も魅力の薄い計画でも、実行に必要な時間外労働・貯蓄を誘発するプレミアムに等しい「利潤」が得られるという条件が成立するのであれば、ここで導入するすべての新しい変数の値がただ一つに定まることになる（時間外労働と貯蓄が有意な区間の間でそれぞれのプレミアムの一価関数であることが条件になる)。[*7] プレミアムとして支払われた「ドル」は、これまで発行された所得としてのドルに上積みされると、便宜上、仮定してよいだろう。これに伴って様々な方向で修正が必要になるが、ここでその問題を論じる必要はない。

ただ、投資について論じたことで一層明らかになったが、ここでの目的上最も望ましいと思えたこの図式は、社会主義経済に関して唯一描ける設計図ではないし、社会主義社会にとって必ずしも魅力的な設計図ではない。社会主義は必ずしも平等主義である必要はないが、普通に考えて社会主義社会で容認できると思える所得格差では、資本主義社会が景気循環を通して平均的に実現する投資ペースを実現できない可能性が高い。資本主義の場合でさえ、所得格差だけではそうした投資ペースを実現できず、企業の蓄積と銀行の信用「創造」で補強する必要があるが、そうした方法は特に機械的であるわけでも、ただ一つに定まるわけでもない。した

*7　この問題は新たな投資を行う際にしか発生しないことを指摘しておきたい。静態的なプロセスを維持するために経常的に必要になる投資は、他の費用項目と全く同じように提供され得るし、提供されるだろう。特に利子は存在しないはずだ。この機会に社会主義者の間で利子に関する姿勢が一致していないことを指摘しておきたい。サン＝シモンはほぼ当然のこととして利子の存在を認めた。マルクスは社会主義社会に利子は存在しないと主張した。一部の今の社会主義者は再び利子を認めているし、それはロシアの実例でもそうだ。

がって、社会主義社会で資本主義並みもしくはそれ以上の実物投資のペースを目指すのであれば（もちろん、そんな必要はないが）貯蓄以外の方法に頼らざるを得ない。これまで潜在的な存在にすぎなかった「利潤」の実現を認めてそこから蓄積を進めたり、今指摘したように信用創造のようなものを用いることは十分可能だ。ただ、それよりもずっと自然なのは、問題を中央委員会と議会・国会に委ね、社会予算の一部として解決を図る方法だろう。経済運営の「機械的」な部分に関する決議は、純粋に形式的、恐らくは監督的な性格を帯びるだろうが、投資に関する決議、少なくとも投資額に関する決定には本当の意味での決断が必要になり、軍事予算などの決議と同等の扱いになるだろう。こうした決断と、個々の消費財の量や質に関する「機械的な」決定の間で調整を図ることも決して不可能ではないはずだ。ただ、この解決法を受け入れるのであれば、非常に重要な点で本書の図式の基本原理を放棄せざるを得ない。

この設計図の他の側面については、全体の枠組みを維持したままでも、変更は可能だ。例えば、時間外労働については条件つきで例外規定を設けたが、私は個々の同志が自由に労働時間を決める体制は想定していなかった（もっとも、同志が所得の分配などに及ぼせる影響力と同程度の影響力を、労働時間の決定にも有権者としての立場などを利用して及ぼせる可能性はある）。また、中央委員会が全体計画の必要上認めることができると思われる以上の職業の選択の自由を認めたわけでもなかった。この取り決めがどのような形になるかは、兵役義務との類推で考えれば、想像がつくかもしれない。こうした計画は例の「各人はその能力に応じて働き、その必要に応じて受け取る」というスローガンにかなり近いものになる。いずれにしても、ほんの少し修正を加えれば、このスローガン通りにすることも可能だ。しかし、そうではなく、同志諸君が労働時間と職業を選択できる体制にすることも考えられる。その場合、労働力の合理的な配分には誘導のシステムが必要になるだろう。ここでもプレミアムを与えるのである。この場合は時間外労働だけでなく、あらゆる職業にプレミアムを付与し、消費者の需要構造と投資計画に見合った様々な種類・等級の労働があらゆる分野で「提供」される状況を確保する必要がある。こうしたプレミアムは各職業の面白さやつまらなさ、また職業上習得する必要があるスキルと明確に関連づける必要がある。したがって、資本主義社会の賃金体系とも明確なつながりが出てくるだろう。後者と社会主義のプレミアム制度の類推を過度に推し進めるべきではないが、「労働市場」というものを語ることはできるかもしれない。無論、このメカニズムを挿入すれば、私たちの設計図は大きく修正される。ただ、それでこの社会主義のシステムが不確定になるわけではない。むしろ、形式上の合理性はさらに際立つ。

（5）こうなると、読者がこれまで随所で感じてきたと思われる商業社会と社会主義社会の経済の近縁性もさらに際立つことになる。非社会主義者と一部の社会主義者はこの相似を喜んでいるようであり、残りの社会主義者は困惑しているようなので、ここでこの相似の本質と原因を改めて明確にしておいた方がよいだろう。そうすれば喜ぶ理由も当惑する理由もほとんどないことがはっきりするはずだ。社会主義経済の合理的な図式を描こうとした際に使ったメカニズム・概念は、伝統的に、資本主義経済のプロセスや問題を論じる際によく耳にする用語を使って論じられてきた。「市場」「売買」「競争」といった言葉を発した途端に直ちに理解できるメカニズムを描いてきたのである。資本主義の香りがする価格、コスト、所得、さらには利潤という言葉まで使ってきたように思えるし、そうした言葉をあえて避けようとはしなかった。地代、利子、賃金といった言葉、また特に貨幣といった言葉も、言ってみれば行く先々で私たちの周囲に飛び交っていた。

地代という、大半の社会主義者にとっては悪夢としか思えないようなものを取り上げてみよう。地代とは自然の営み（ここでは「土地」とする）の生産的な利用で発生する収益だ。私たちの図式では、どうみても地代が地主に払われることは想像できない。ではどのようなことが想像できるのか。予測可能な将来のすべてのニーズを満たす豊富な土地がない場合は、労働者など他の生産資源と全く同じようにあらゆる土地を経済的に利用、もしくは合理的に配分する必要があり、そのためには経済上の重要度を示す指標をつけ、新たな土地の利用が必要となった際にこの指標で比較し、社会の帳簿をつける際もこの指標を使って土地を計上する仕組みが必要になる。そうしない限り、我が社会主義共和国は合理的な行動をしていないことになる。ただ、その過程で資本主義や資本主義の精神を受け入れるわけではない。地代にまつわる商業的・資本主義的な要素——地代と聞いて経済学的・社会学的に連想するような要素——はすべて完全に取り除いてある。私的所有（私的な所得、地主など）の擁護につながりかねない要素はすべて完全に取り除いてある。

私たちが同志諸君に最初に分配した「所得」は賃金ではない。実際、この所得を分析してみれば、異なる経済要素の合成物であり、労働の限界生産力に結びつけられる要素は合成物の中の一つにすぎないことがわかる。その後導入したプレミアムの方が、資本主義社会の賃金に近いが、資本主義社会の賃金に相当するものは中央委員会の帳簿の中にしか存在せず、やはり、合理的な配分のためにあらゆる種類・等級の労働につけられる指標でしかない。この指標からは、資本主義社会に付随する様々な意味がすべて剝ぎ取られている。ついでに言えば、消費財の請求権である商品引換券を分割する単位は何と呼んでもいいのだから、労働時間と呼ぶことも可能だ。この単位の総数は、便宜上設ける条件の範囲内では、やはり任意のものであるため、実際の労働時間と等しくすることもできる。様々な種類・質の労働をリカード・マルクス方式で標準的な質の労働に調整することが可能だろう。その上で我が社会主義共和国でも、他のタイプの制度に負けず劣らず、「所得」を各人が貢献した標準労働時間に比例させるという原理を採用することもできる。この場合、労働証券のシステムが出来上がる。興味深いことに、ここでは論じない技術的な問題を抜きにすれば、このシステムはかなり機能すると思われる。ただ、その場合もここで言う「所得」が「賃金」でないことは明白だろう。またこうしたシステムが機能するからといって、労働価値説の正しさが証明されるわけではないことも明白なはずだ。

利潤、利子、価格、コストについて同じ作業を繰り返す必要はないだろう。そのようなことをしなくても、近縁性の原因は、もうお分かりのはずだ。本書で想定している社会主義は資本主義から何も借用していない。ただ、資本主義が極めて一般的な選択論理から多くのものを借用しているだけである。合理的な行動が他の合理的な行動と形の上で一定の類似性を示すのは当然だし、たまたま経済活動の領域では、合理性の影響力が強く、行動が合理性だけで決まってしまうケースが（少なくとも純粋理論上は）多い。こうした行動主義的なパターンを指す概念には、その時代に特有の様々な意味が染みついていくが、一般の人は往々にしてそうしたニュアンスを払拭できない。もし私たちが歴史上、社会主義下で経済という現象に遭遇していたら、資本主義のプロセスを分析する際には社会主義の概念を借用しているような気になるはずだ。

結局のところ、社会主義は資本主義のメカニズムとカテゴリーを使うしかないということが判明しても、これまでのところ資本主義を信奉する経済学者が勝ち誇る理由は何一つないし、社会主義者にしても異議を唱える理由は何もないはずだ。社会主義という奇跡は独自の論理を生まなかったと肩を落とすのは、よほど純真無垢な人だろうし、この証明で危機にさらされるのは「資本主義のプロセスは何の論理も秩序もない無法地帯にすぎない」というよほど乱暴で愚かなタイプの社会主義くらいだろう。資本主義者にしても社会主義者にしても、合理的な人であれば、両者にそうした類似点があることを認めた上で、これまで通り見解の違いを訴えることができるはずだ。ただ、用語についてはまだ異論が出るかもしれない。付随的ではあるが非常に重要な意味の染みついた用語を使うのは都合が悪いという声はあるだろう。誰もがそうした意味を払拭できるわけではない。また、社会主義社会の生産と商業社会の生産の経済論理は本質的に同じだという結論は受け入れるが、そこに辿りつくために本書で利用した図式・モデルは受け入れられないというケースがあることも忘れてはならない（後述）。

だが、それだけではない。社会主義陣営の一部の経済学者は（社会主義を支持しない一部の経済学者もそうだが）、ここで想定しているタイプの社会主義と完全競争型の商業経済の近縁性が極めて強いことを進んで認めるばかりか、そうした近縁性を見いだそうと必死になっている。社会主義者の中には、往々にして完全競争を美化し、今の世の中で完全競争の恵みを得られるのは社会主義しかないという理由で社会主義を支持する一派があるとさえ言えるのかもしれない。一見すると驚くほど度量が広いように見えるが、こうした立場をとる戦術上のメリットは隠しようがない。マルクス主義や通俗的な主張の諸々の弱点が経済学者並みにはっきり見えている有能な社会主義者は、そうした立場をとることで、信念を曲げることなく、認めるべきだと感じていることを認めることができる。というのも、認めているのは過去の歴史的な段階の話であり（本当にそんな段階があったとすればの話だが）、今はもう姿を消し、復活を遂げる心配はないのである。競争の不在のみを巧みに槍玉に上げることによって、一部の訴え——「現代資本主義では人々の消費のためでなく利潤のために生産が行われている」といった普通に考えれば馬鹿げた訴え——を控え目ながら支持できるのだ。そして、善良なブルジョアに対し「あなた方が本当に望んでいること、あなた方の経済学の先生がいつも口にされていることは社会主義でしか実現できない」と言って戸惑わせ、攪乱することができる。だが、こちらの近縁性を強調する分析上のメリットは、戦術上のメリットほど大きくない。[*8]

すでに見たように、経済理論上の目的で編み出された完全競争という血の通わない概念は、個々の企業が自社の製品価格と生産要素の価格に単独で影響を及ぼせるかどうかを基準としている。影響を及ぼせないケース――つまり各企業が大海の一滴にすぎず、市場の実勢価格を受け入れるしかないケースを理論上、完全競争と呼んでいる。この場合、各企業の受動的な反応が積み重なって決まる市場価格と生産量は、形の上では、本書の社会主義経済の設計図で示した経済重要度の指標や生産量と似たような属性を示していると言うことはできる。しかし、この設計図は、本当に重要な点では――所得の形成原理、産業界の指導者の選出原理、イニシアティブと責任の配分原理、成功と失敗を定義する原理――つまり競争型資本主義の相貌を決めるあらゆる点において、完全競争の正反対に位置しており、大企業型の資本主義よりも遥かに完全競争から遠いところにある。

このため、本書の設計図が「商業主義からの借り物だ」とか「社会主義の聖油をあんな汚らわしいものに注いでいる」といった理由で拒否されることはないと思う。ただ、別の理由で

*8　第8章を参照。

この設計図を拒否する社会主義者の気持ちはよくわかる。確かに私は、消費財の「市場」をつくり、そこから得られる情報に従って生産を調整すれば、他のどんな方法（例えば多数決）よりも、各人が欲しいものを手にできる状況に近づき（市場ほど民主的な制度はない）、その意味で「満足度の最大化」につながると論じた。だが、この最大化は短期的な意味での最大化にすぎず[*9]、しかも今現在、同志が実際に感じている欲求との比較で最大化できるという意味でしかない。このような目標で満足できるのは、露骨なビフテキ社会主義くらいだろう。そうした目標を蔑み、人類のための新しい文化の形、恐らくは新しい人類の姿までをも夢見る社会主義者を私は責める気にはなれない。もし社会主義に本当の希望があるとすれば、その方向にこそ希望がある。そのように考える社会主義者であっても、純粋に快楽的な側面しかない問題については、同志の実際の好みに委ねるということはあるだろう。ただ、少しでも他の側面がある問題については、本書で条件つきで投資政策に採用したゴスプラン（国家計画委員会）を採用するはずだ。豌豆《えんどう》豆と空豆のどちらがいいかは同志の選択に任せるかもしれないが、牛乳とウィスキーの選択や、薬と住宅事情の改善の選択については、それを躊躇する可能性は十分にある。怠慢と神殿の間の選択（ドイツ人が優雅さには欠けるが的確に「客観的な文化（文化の客観的表出）」と呼ぶものを後者で言い表せるとすれば）を同志に委ねることもないだろう。

（6）したがって、「市場」というものを切り捨てても、合理性と確定性を保てるかを考える必要がある。答えは明らかだ。価値判断をする公権力――一切の消費財に重要度の指標をつける公権力――が必要になる。価値体系さえ定まれば、この公権力はちょうどロビンソン・クルーソーのように、何ら判断に迷うことなく仕事をこなせる。[10] そうすれば計画経済の残りのプロセスも、本書の元々の設計図のように機械的に進む可能性がある。商品引換券、価格、抽象的な単位が、引き続き管理やコスト計算に役立つはずだ（可処分所得やその単位との親和性は失われるだろうが）。経済活動の一般的な論理から引き出せる様々な概念が再び登場することになる。

したがって、中央集権型の社会主義はどんな形であっても、第一のハードル――社会主義の計画は論理的に明確で一貫しているという条件――を問題なくクリアできる。ここで直ちに第二のハードルに移ってもよいだろう。これは「現実には無理だ」という批判であり、恐らく

*9　ただし、この最大化は証明できるし、この最大化があるからこそ、このタイプの社会主義の経済合理性を確立できる。それは、競争型の最大化で競争型経済の合理性を確立できるのと全く同じことだ。そして、どちらのケースもそうだが、この点にあまり意味はない。

*10　マルクスがクルーソーの経済学に大きな関心を示したのは恐らくここに理由があったのだろう。

純粋な論理上の問題で負けを認めた大半の反社会主義者が、目下喜んで求める逃げ場であるように思える。「中央委員会が手に負えないほどの複雑な問題を抱えることになる」という反論[*11]であり、一部では「社会主義の取り決めが機能するには物の考え方や行動を根底から変える必要があり（これを何と呼ぶかは別にして）、それは過去の経験や常識から言って到底不可能だ」という反論もあるだろう。後者は後ほど検討するとして、前者はあっさり片づけられる。

第一に、本書で示した理論上の問題の解決策を振り返れば、これが十分運用可能であることは明らかなはずだ。つまり、本書の設計図は論理的な可能性を示しているだけでなく、その過程でそうした可能性を実行に移す方法も明示している。これはたとえ、問題に真正面から取り組むため、生産計画を一から作り上げねばならないと仮定しても――つまり、量と価値について何ら経験の蓄積がなく、出発点となる土台にあるのは、利用可能な資源・技術の一覧と、同志がどういう人間なのかという一般的な知識のみだと仮定しても――同じだ。また、忘れてはならないが、現代の条件の下で社会主義経済を実現するには、巨大な官僚機構の存在、少なくとも巨大な官僚機構の登場と機能に適した社会環境が必要になる。こうした事情もあって、社会環境や歴史的状況に触れずに社会主義の経済問題を論じることはできない。そうした行政装置は、一部の人々が日頃から官僚機構に浴びせている様々な悪口を言われても仕方のない存在になる可能性もあるし、そうならない可能性もある。これについては後ほど論じよう。ただ、今ここで肝心なのは、そうした装置がどこまでうまく機能するかではない。肝心なのは、そうした装置が少しでも存在するのであれば、職務に耐えきれないと結論する理由は何もないということだ。

そうした行政装置は、正常な状態であれば、情報を駆使して、最初の段階でかなりの程度まで正しい生産量を主要な生産ラインで実現できるだろう。あとは情報に基づく試行錯誤を通じて調整するという問題になる。この点については、これまでのところ、社会主義経済と商業経済の間に特に根本的な違いはない。[*12] 理論家が直面する問題（経済システムが最大化の条件を満たすという意味で、どのように「合理的」「最適」といえる状態に移行するかという問題）にしても、管理者が現場で直面する問題についても、特に根本的な違いはない。経験の蓄積があり、そこからスタートできると仮定すれば（大抵の社会主義者、特にカール・カウツキーは常にそう仮定し

*11　社会主義が論理的に成り立つことを認める非社会主義系の論客は大抵この点を指摘している。ロビンズ教授とフォン・ハイエク教授がこうした立場の主たる権威といえるかもしれない。

*12　均衡に至るプロセスが完全競争の状態と同じになることを示唆する見方もあるようだが、それは違う。価格の変動だけに対応して段階的に調整すれば、目標を完全に外すことが容易に考えられる。本文で「情報に基づく」試行錯誤と書いたのはこのためだ。

ている）、この仕事はずっと単純になる。大企業型の経験の蓄積がある場合はなおさらだ。

しかし、第二に、本書の設計図を改めて点検してみると、別のことも言える。社会主義型の経営で浮上する問題は、商業経営で浮上する問題が実務上解決できるのと全く同じように解決できるだけでなく、商業経営よりも容易に解決できる。これは、企業経営の最大の問題の一つ――つまり成功を収める企業経営者が特にエネルギーをつぎ込む問題の一つ――が、あらゆる決定に伴う不透明感であることを思い起こせばすぐに納得がゆくだろう。不透明感の中でも特に重要なのが、現実の競争相手や潜在的な競争相手がどのような反応をするかという不透明感と、ビジネス全般の環境が今後どうなるかという不透明感だ。もちろん、別の種類の不透明感は社会主義共和国にも残るだろうが、この二つの不透明感についてはほぼ完全に払拭されることは無理なく予想できる。社会主義化された産業・工場の経営陣は、他の同志が何を計画しているのかを正確に知り得る立場にあり、全員で会議を開いて協調行動をとることを妨げるものは何もない。[*13] 中央委員会は、情報センターとしての役割や、意志決定の調整役としての役割を果たせるだろうし、ある程度までそうならざるを得ないだろう。少なくとも全社会的なカルテルを協議する場と同じ程度の役割は果たすだろう。そうなれば、経営陣の仕事量は一気に減るだろうし、そうしたシステムの運営に必要とされる頭脳も、資本主義の荒波の中で少しでも重要な企業の舵取りをする際に求められる水準を遥かに下回るはずだ。本書のプランが機能することは、これで十分明らかだ。

*13　この協調行動が資本主義経済で行われれば、社会主義に向けた特に重要なステップとなる。実際、移行に伴う問題を段階的に減らす効果があり、それ自体、移行期の到来を示唆する徴候といえる。この傾向に無条件で抗うことは、社会主義に抗うことに等しい。

第17章 設計図の比較

1 予備的な論点

ここまで読んでこられた読者は、当然、私がこれから本書の社会主義のプランの比較評価に乗り出すと期待しているはずだ。本来なら、恐らくその期待を裏切る方が賢明なのだろう。私たちが実際に生活しているシステムと、まだ頭の中のイメージでしかないシステム（ロシアが完璧な社会主義を実現したと認める社会主義者はいないだろう）を比較するのが甚だ危険であることは、少しでも責任感のある人ならわかるはずだ。だが、ここではあえてその危険を冒す。これから赴く事実と論証の世界の向こうには、私たちが足を踏み入れることのできない個人の好み、信念、価値判断という世界があることを常に心に留め、目的を厳しく制限し、比較の難しさや落とし穴を率直に認めれば、勝算も高まるはずだ。

特に商業社会と社会主義社会の文化の世界を比較するようなことはしない。社会主義の文化の形は一つに定まらないという先の論点だけを考えても比較は避けるべきだ。ただ、比較を控える理由はそれだけではない。たとえ社会主義文明がある一つの明確な形に定まるとしても、比較評価にはまだ疑問符がつく。世の中には理想主義者や偏執狂がいて、何の躊躇もなく物事を比較し、自分が「これ以外はすべて駄目」と信奉している特徴や、自分が考える社会主義に現れると思える特徴を軽率に比較の基準に選ぶ人がいる。だが、そのようなことは慎み、ある文明の様々な表情を、文明とともに現れては消えていく光の下で、私たちの視力で捉えられる限り捉えようと決意するなら、どの文明も独自の世界であり、他の文明と同じ基準で比較できないことに直ちに気づくはずだ。

ただ、文化面の業績・可能性の比較でも、本書の分析の対象になる問題が一つある。「社会主義では個々人が経済面の心配をする必要がないため、今現在、日々の糧を得るために無駄になっている計り知れない文化のエネルギーが解放される」といったことをよく耳にするが、これはある程度まで正しい。「計画」された社会であれば、そのようなことは考えられる（別の理由、別の意味で文化の可能性が押しつぶされることも考えられるが）。「才能を発掘して開花させるのはいわゆる公権力の仕事ではない」という反論や「公権力の方が資本主義社会より早くヴァン・ゴッホを評価していたと考えるまっとうな根拠はない」という反論はあるかもしれないが、そうした反論は的外れだ。何も公権力がそこまでする必要はない。必要なのはヴァン・ゴッホが他のすべての人と同じように「所得」を得ることであり、過度の労働を強いられないことである。通常の場合は、これで十分にクリエイティブな能力を発揮するチャンスが得られるはずだ（考えてみれば、ヴァン・ゴッホの場合、これで本当に十分だったのかは自信が持てなくなってきたが）。

ただ、軽視できない別の反論もある。この問題に限ったことではないが、社会主義を提唱する人は、自分の理想が現代社会でどこまで実現しているかを見落としがちで、頑として認めようとしないことが少なくない。資本主義では、大抵の人が考える以上に、実に多くの出世の階段が才能のある人に用意されている。教養ある方々の逆鱗に触れている「階段を登れない人が悪い」という典型的なブルジョアの乱暴なスローガンには一理ある。階段は私たちの望む高さまで延びていないかもしれないが、階段があることは間違いない。現代資本主義は黎明期から、ほぼあらゆる種類の才能を保護・育成する場を体系的に提供してきたばかりか（才能を活かす場を探すよりも、提供された場にふさわしい才能を発掘する方が難しい分野もあるほどだ）、構造原理上、優れた個人と優れた家を引き上げる傾向がみられる（後者は前者よりも遥かに効率よく引き上げられる）。特に半ば病的な天才タイプについては社会的な損失があったかもしれない[*1]が、この点を踏まえれば甚大な損失だったとは言えないだろう。

2　効率の比較について

ただ、経済の領域にとどまろう。といっても、私が経済を最重要の問題と考えていないことは折に触れて明らかにしてきたつもりだ。

（1）範囲をはっきり限定したことで、出だしから落とし穴にはまる危険は最小限に抑えられた。引き続き設計図だけについて考えることにする。ここでも移行期の問題は後回しにして（後で個別に論じる）、とりあえず移行期をうまく乗り切れたと仮定しよう。社会主義の図式が論理的にも実際上も機能し得ることは証明済みで、その点の含意を踏まえれば、直ちに社会主義が経済効率で優れていることがわかる。

*1　そうした例は実際に調べていけばそれほど多くないことがわかるが、たとえそうした例があったとしても、推測によってその数が誇張されている。また、一部の社会的損失は、社会制度に関わりなく発生する。資本主義制度の下で発生した損失が、すべて資本主義制度を通じて発生したわけではない。

これについては、社会主義が大企業型つまり「独占型」の資本主義より優れていることを証明するだけでよいだろう。その点が証明できれば、社会主義の経済効率は当然「競争型」資本主義より優れていることになる。これは本書の第8章の分析で明らかだ。競争型資本主義には、全く非現実的な仮定の下で、聞こえの良いことをあれこれ言えるという強みがあるため、多くの経済学者の間では競争型の資本主義を崇め、その後継の「独占型」資本主義を貶める習慣が確立している。このため、ここで改めて指摘しておきたいが、たとえそうした賛辞が全く正しいとしても(正しくはないが)、また、理論家のいう完全競争が工業・輸送分野で過去に実現したことがたとえあったとしても(そんなことは一度もないが)、そして、たとえこれまで大企業に浴びせられてきた数々の批判が全く正しかったとしても(正しいには程遠いが)、大企業時代の資本主義の動力装置は、それに先立つ中小企業時代よりも遥かに生産効率が良いという事実が残る。これは統計上そうなっているという問題だ。ただ、この事実の理論的な説明を思い起こせば、管理装置の巨大化とそれに伴う様々な企業戦略は避けられない付随物であったばかりか、かなりの程度まで、統計に反映された実績を上げるための条件だったこともわかるはずだ。つまり、完全競争に近い状態がしっくりくるタイプの企業に開かれた技術上・組織上の可能性では、到底同じような実績は残せなかった。したがって、現代の資本主義が完全競争下でどう機能するかという問いは無意味だ。このため、社会主義が競争型ではなく「独占型」資本主義の跡を継ぐことは全く別にしても、競争型のケースについて頭を煩わせる必要はなく、付随的に取り上げれば十分だろう。

　システムの経済効率は、生産効率に置き換えて考えてみよう。ただ、後者にしても定義は決して容易ではない。二つのシステムを比較する際には当然、[*2]現在であれ過去であれ未来であれ、同一時点のものを比較する必要がある。ただ、それだけでは不十分だ。ここで重要なのは、ある特定時点の社会主義経営が、その時点に存在する資本主義の装置でどの程度の実績を上げられるかではない（ここでの論点からすれば、これでは社会主義経営が所与の消費財ストックで何をできるかという問題と大して変わらない）。ここで重要になるのは、資本主義ではなく社会主義経営で生産装置を建設した場合、どのような装置が出来上がるか、もしくは出来上がっていたかという点だ。潜在的なものも含め、私たちの生産資源について、過去二〇年間蓄積され

*2　これは当然の約束事だが、頻繁に破られている。例えばソビエト・ロシアの今の経済実績が、第一次世界大戦初めの帝政時代の経済実績と比較されることが少なくない。しかし、四半世紀という時が流れており、そうした比較は全く意味をなさない。唯一意味があると言える可能性がある比較は、例えば一八九〇－一九一四年の統計に基づいて外挿推定したトレンドラインの値と比較することだろう。

てきた大量の情報は、他の目的ではいかに有用であっても、ここではほとんど役に立たない。私たちにできるのは、それでもなお見て取れるような社会主義社会と商業社会の経済動力装置のメカニズムの違いを列挙し、その違いが何を意味するのかを精一杯考えることだけだ。

比較する時点の人口の数、質、好み、年齢分布がどちらも同じだと仮定しよう。その上で、同じ単位時間当たりに生産できる消費財のフローが長期的に見て多いと予想できるシステムの方を効率的と呼ぶことにしよう。*3

(2) この定義には注釈が必要だ。ここで言う経済効率が経済的な豊かさや欲求の満足度と同じではないことはわかるはずだ。「考え得るどんな社会主義経済も、ここでいう経済効率については、考え得るどんな商業社会よりも確実に見劣りする」という結果が出ても、大多数の人が後者より前者の方が「暮らしやすい」「幸せだ」「満足できる」と考える可能性はある(実際、典型的な社会主義者の念頭にあるすべての人々がそう感じる可能性はある)。この点について、まず何よりも指摘しておきたいのは、たとえそのような場合でも効率の比較には独自の意味があり、あらゆる場面で重要な検討材料になることだ。しかし、第二に、そうした面を無視した基準を採用しても、あまり大きな影響はないとも考えている。ただ、これは非常に議論の余地がある問題で、ここでもう少しはっきりさせておいた方がよいだろう。

まず、信念を持った社会主義者であれば、社会主義社会に暮らせるだけで満足を感じるはずだ。[*4] 社会主義者にとって社会主義のパンは「社会主義のパンだから」という理由で資本主義のパンよりおいしく感じられることは十分あり得る。たとえ中に鼠が入っていてもそうなのだろう。また、特定のタイプの社会主義体制がたまたま自分の倫理観と一致すれば（例えば、平

*3　資本主義と社会主義では、実質所得のフローを構成する商品がある程度まで異なり、両社会に共通の商品であっても比率がやや異なるとみられるため（もっとも、可処分所得の分配が両社会でどのように変わるのか、追加の仮定を導入しなければ、そうした差の重要性も推定できないが）、比較に際してはデリケートな理論上の問題が発生する。資本主義では社会主義よりも多くのワインが生産されるが、パンの生産は社会主義を下回るという場合、どちらのフローが大きいのだろうか。こうした問題に答えようとすると、同じ社会体制のある年の所得フローと翌年の所得フローを比較する際に持ち上がる問題（つまり、総生産の指数を算出する際に持ち上がる問題）が大きく増幅されて現れる。ただ、ここでの目的上は次の定義で理論上の問題に十分対処できるだろう。どちらの価格体系を使って計算した場合でも通貨総額の多いシステムの方が――そしてその場合にのみ――フローが多いと判断できるという定義だ。例えば、もし資本主義の価格体系で両社会の所得フローを計算して一方が他方を上回ったとしても、社会主義の価格体系で計算して逆の結果が出れば、引き分けだと考える（両者が実際に生み出す総額は両方の価格体系で見れば同じだと言う風に――つまり全体で見ればあまり大きな差はないと考える）。もちろん、統計上の問題はこの定義では解決できない。二つのフローを同時に並べて示すわけにはいかないためだ。本文に「長期的」という言葉を挿入した理由は第7章の分析から明らかなはずだ。

*4　実際「社会主義の構想には欠点もあるが、社会主義社会の一員になれるという特権に与れるのだから、欠点には目をつぶろう」と促されることが時々ある。こうした主張は、実際には社会主義者の本音をありのままに言葉にしたものであり、見た目ほど不合理なものではない。実際、この主張さえあれば他の主張は全く不要になる。

等主義型の社会主義が多くの社会主義者の倫理観に一致するように)、そうした事実とそこから湧き起こる「自分の正義感が満たされた」という思いが、当然、社会主義の優越性を主張する根拠の一つになるはずだ。そうした倫理上の忠誠心は、体制を機能させる上で決して些細な要素ではない。ここでいう効率にも重要な影響を及ぼすことは後ほど指摘しなければならない。ただ、その点を除けば、正義といった言い回しは、基本的には、そのタイプの社会が好きか嫌いかという問題に還元できることを私たち全員が認める必要がある。

ただ、平等主義型の社会主義、言い換えれば、所得の平等化を構造上認める社会主義を純粋に経済的な根拠で支持する動きもあるように思える。少なくとも、欲求の満足度を測定できる量として扱ったり、異なる人々の満足度を比較したり加算したりすることに後ろめたさを感じない経済学者であれば、当然「一定の消費財のストックやフローを平等に分配すれば、全体の満足度を最大化できる」と主張する権利はある。そうなると、「平等主義と商業主義の効率が同じであれば、前者のシステムの方が相対的に幸福度が高く、たとえ平等主義の効率がやや劣っていたとしても、幸福度は平等主義の方が高い可能性がある」という話になる。現代の理論家は大抵、満足度は測定できないとか、異なる人々の満足度を比較したり加算しても意味はないという理由で、こうした主張を退けるだろうが、ここではそこまで論を進める必要はない。こうした平等主義論は独占的慣行を分析した際に取り上げた反論を免れ得ないと指摘しておけばそれで十分だ。問題は所得をどう分配するかではない。ここでは所得の分配原理にかかわらず、所得が一定だと仮定しているが、所得格差を無制限に認める商業社会の賃金所得の方が、平等主義型社会主義の平等な所得よりも高いというケースは十分考えられる。たとえそうした平等主義論を受け入れるにしても、社会主義の生産エンジンの効率が、比較対象時点の商業主義のエンジンと少なくともほぼ同じであることを――もしくは同じであると予想できることを納得のゆく形で論証できなければ、分配の問題を議論しても結論は出ない。実際、これは問題をはぐらかしているとしか言えない。[*5] 生産効率の問題が決着すれば、大抵のケースで分配に関する議論は不要なものになるだろう。倫理面の理想だけで物事を判断するなら別だが、そうでない限り、分配の問題で形勢が変わるのは、ボーダーライン上のケースに限られるはずだ。

（3）生産効率が同じでも、幸福度は異なり得ると考える根拠はもう一つある。大抵の社

*5　ここで退けた平等主義論は「他の条件が等しければ、社会主義の最大値は競争社会の最大値より大きい」と読み替えられるように見えるかもしれない。しかし、双方の最大値は純粋に形式的なものであり、比較しても仕方ない。それはこれまでの考察で明らかだろう。

会主義者は、社会主義では資本主義より国民所得を経済的に使うので、同じ国民所得でも前者の方が所得が広く行き渡ると主張するはずだ。こうした経済性の根拠になっているのが、ある種の社会では構造上、資源のかなりの部分を特定の目的に振り向けるが、別の社会では構造上そうした目的に無関心、もしくは抵抗する可能性があるという事実だ。例えば平和主義型の社会主義では軍備を節約できるだろうし、無神論型の社会主義なら教会を節約できるだろう。その場合、どちらの社会主義でも代わりに病院を増やせるのではないかという主張だ。確かにその通りだ。しかし、そうした価値判断が社会主義全般の特徴だと自信を持って断言することはできないので（多くの社会主義同志は断言できるのかもしれないが）この主張をここで取り上げるわけにはいかない。

別の種類の経済性なら、ほぼどんなタイプの社会主義でも（プラトンの社会主義は別だが）確実に実現できるだろう。有閑階級つまり「遊んで暮らしている金持ち」をなくすことで無駄が省ける。社会主義者の立場からすれば、この階級に属する個人の満足度を無視することやその文化的な役割をゼロと考えることは至極当然であり（もっとも、洗練された社会主義者は必ず「今の世の中では仕方がない」と付け加えて体面を保っているが）、社会主義体制への移行で純粋なメリットが得られる。この点を無視して効率を比較した場合、どの程度のメリットを見落とすことになるのか。

無論、現代社会には所得税や相続税があり、この問題は量的には急速に些細な問題になりつつある（ましてや目下の戦費調達に向けた財政手法を考慮すればなおさらそうだ）。ただ、この課税自体、反資本主義的な態度の表れであり、ことによると、資本主義に典型的な所得層が完全に姿を消す前触れかもしれない。したがって、この問題では資本主義社会がまだ経済の根幹に対する攻撃を受けていなかった時期を取り上げる必要がある。アメリカの場合は一九二九年のデータを選ぶのが妥当だと思える。[*6]

所得五万ドル以上を富裕層と定義しよう。一九二九年時点では国民所得約九三〇億ドルのうち約一三〇億ドルが富裕層の所得だった。[*7] この一三〇億ドルから課税所得、貯蓄、寄付を差し引く必要がある。こうしたものを廃止しても、社会主義体制の観点から無駄を省くことには

*6　この点を調べる上ではアメリカが最も適している。ヨーロッパ諸国では、少なくとも一九世紀については（場合によっては一九一四年まで）複雑な問題が生じる。資本主義以前から高額所得者だったが、資本主義の発展で所得がさらに増えた階層が存在するためだ。

*7　H.G.Moulton, M.Levin, and C.A.Warburton, *America's Capacity to Consume* (1934), p. 206 を参照。これは著者も認めているように極めて大雑把な数字で、仕事や投資で得た所得のほか、不動産売却に伴う所得や持ち家の帰属家賃収入も含まれている。

ならないためだ。本来の意味で「無駄を省いて貯蓄」[*8]できるのは、富裕層の個人的な消費支出だけだ。この支出を正確に推定するのは不可能で、大体のイメージを摑むのが精一杯だが、あえて危険を冒した経済学者は、大抵の場合、一三〇億ドルの三分の一未満だと推定しているので、この支出は四三億ドル以上ではなかった――つまり国民所得全体の約四・六％以上ではなかったと考えてまず差し支えないだろう。この四・六％には高額の事業所得や勤労所得から捻出される消費支出もすべて含まれている。したがって、遊んで暮らしていた金持ちの支出は多くても一、二％を超えていなかった。そうした支出にしても、家族のためという動機がまだ残っている限り、すべてが経済エンジンの性能を上げる行為とは無関係だと考えることはできない。

もちろん、五万ドルという条件が高すぎると感じる読者もいるだろう。当然、富裕層であれ貧困層であれ、経済的に見て働いていないすべての人[*9]の所得をゼロ、もしくはぎりぎり生活できる水準まで下げれば、さらに多くの無駄を省けることは明らかだ。そうなれば、すべての高額所得の分配を実績に連動する形に合理化すればさらに無駄が省けるのではないかという声も出てくるだろう。ただ次節の論証で浮き彫りになるように、この点に大きな期待を寄せても裏切られる可能性が高い。

ただ、そうした点を強調したくはない。私が妥当だと考える以上に読者がそうした経済性を重視するなら、本書で辿りつく結論の説得力がいよいよ増すことになるからだ。

3 社会主義の設計図が優れている理由

このように、結局のところ、本書の優劣の基準は一見するより多くの問題を孕んでいる。だが、この基準に従った場合、なぜ先に指摘したように社会主義の設計図の方が優れていると強く主張できるのだろうか。

第8章の分析に目を通した読者なら疑問を抱いてもおかしくない。急速な発展がもたらすビジネス環境を適切に踏まえれば、通常の社会主義賛成論、資本主義反対論は大抵、直ちに説

*8　社会主義社会の当局は貯蓄や寄付を恐らく様々な目的に使うだろうが、論旨に影響がないことはわかるだろう。

*9　ただ、所得のすべてが投資収益であったとしても、その人が経済的に見て働いていないとは言えないことを指摘しておく必要がある。その人の仕事がその投資収益に反映されている場合があるためだ。これは長々と議論しなくても教室で説明される例で十分だろう。ある人が自力で土地を開墾したとしよう。その人がその後受け取る収益は「人間が作った設備から発生する収益」、経済学で言う準地代（準レント）である。開墾の効果が永久に続くのであれば、土地そのものの地代との区別がつかなくなり、一見、まさに不労所得そのものに見えるが、賃金を個人の生産活動で発生する収益と定義するなら、現実には賃金の一形態といえる。一般化すれば、こうなるかもしれない。労力を投じて確保する収入は、賃金の形をとることもあるが、必ずしもそうした形をとるとは限らない。

得力を失う。きちんと検証すれば反対の結論が出るようなものさえある。病的だとされているものの多くが生理的なものであること――創造的破壊の過程で重要な役割を果たしていることが見えてくる。無駄とされているものにもメリットがある場合が少なくなく、無駄という考え方自体が完全な誤り、もしくは一部誤りと言えるケースがある。社会的に見て非合理な資源配分も、言われているほど頻繁に起きているわけでも、重大な問題であるわけでもない。また、一部のケースでは、社会主義経済でも同様の確率で非合理な資源の配分が見られるだろう。余剰生産能力も（これも社会主義経済では一部避けられないが）批判に反論できるような解釈が可能なことが少なくない。そして救いがたい欠陥さえも、結局のところは数々の罪を十分に償える優れた成果の付随物にすぎない。

先ほどの問いに対する答えは前章の最終段落から引き出せる。資本主義が本格的な発展を続けている間は、この答えに疑問符がつくかもしれないが、資本主義が衰退の一途を辿るようになれば、衰退の原因が経済メカニズムの内部要因であれ外部要因であれ、この点は直ちに決定的になる。

資本主義産業は、価格と生産量が理論的に定まらない状況に見舞われる場合がある。常にそうなるわけではないが、寡占がある場合は、そのような状況に陥りかねない。一方の社会主義経済では、実際上重要ではない極端なケースのみを除いて、すべてが一つに定まる。しかも、たとえ理論上、一つに定まる状態であったとしても、資本主義経済でそこに到達するのは、社会主義経済に比べて格段に難しく、遥かにコストもかかる。前者では、一方の動きに他方が対抗するという際限のない戦略が必要で、決断は不透明感の中で下さなければならず、機敏な行動が難しくなる。後者はそのような戦略や不透明感とは無縁だ。これが「独占型」の資本主義だけでなく、競争型の資本主義にも（別の理由で）さらに当てはまることは、ピッグサイクルの例[*10]や、多少なりとも完全競争型の産業が不況期や業界の激変期にどんな状況に追い込まれるかを考えればわかるだろう。

ただ、ここには一見して見て取れる以上の意味が潜んでいる。そのようなただ一つに定まる生産問題の解決策は、所与の条件から見て合理的・最適であり、そこに至る過程を短縮したり、円滑にしたり、保護するものは、何であれ人的なエネルギーと原材料資源の節約につながる。一定の成果を出すために必要なコストが下がるのである。節約された資源がすべて無駄にならない限り、ここで言う効率性は必然的に上昇する。

*10　第8章を参照。

この視点に立てば、先ほど列挙した資本主義に対する諸々の批判の中には、条件つきながら頷けるものが出てくる。例えば、余剰生産能力だ。社会主義には余剰能力が全く存在しないというのは正しくない。中央委員会がまだ開拓の進んでいない土地に引いた新しい鉄道の完全利用を求めるのは馬鹿げている。また、余剰能力は必ず損失につながるというのも正しくない。ただ、損失につながるタイプの余剰能力や、社会主義経営で回避できるタイプの余剰能力はある。代表的な例が、商戦を念頭に置いた予備の生産能力だろう。この個別の例がどこまで重要かは別にして（個人的にはそれほど重要とは思わないが）、ここで先ほど触れた点がはっきりと浮かび上がる。資本主義が発展していく環境下では完全に合理的で、必要とさえ言えること、もしくはそう言える可能性があること――したがって、資本主義の秩序から見れば、必ずしも瑕疵とは言えないものがある。また、そうしたものが、競争型資本主義には実現できない「独占型」資本主義の成果の必要条件になっているのであれば、必ずしも前者との比較で後者の弱点にはならない。だが、たとえそうであったとしても、社会主義の設計図との比較では弱点になる可能性がある。

これは特に景気循環のメカニズムを構成する現象の大半に言えることだ。資本主義企業も調整装置を欠いているわけではなく、生産省もそうした装置の一部を踏襲する可能性は十分にある。ただ、あらかじめ進歩の計画を立てておけば——特に様々な分野の新規事業を調整・計画し、時間的に秩序ある形で配分すれば——時には不況を、時には景気抑制的な反応を防ぐ上で、金利・信用供与の操作や自動的な変動とは比べものにならないほどの効果が期待できるだろう。実際、資本主義では景気の循環的な変動を和らげることしかできないが、社会主義では景気循環の原因を取り除くことができる。また資本主義、特に競争型の資本主義では、時代遅れの廃物を処理する際に、ある意味ではメリットのない一時的な混乱や損失が発生するが、総合的なプランを立て、時代遅れになった工場・設備のまだ時代遅れになっていない部分を他の用途に転用する準備を事前に整えておけば、一般の人がイメージするような「廃物処理」の作業で事が済む可能性がある。具体例を示すと、資本主義で綿工業を震源とする恐慌が起きれば、住宅建設もストップする恐れがある。もちろん社会主義でも、急激な綿製品の減産が突然必要になる可能性はあるが（資本主義ほど可能性は高くないが）、それは住宅建設の中止ではなく、建設ペースを上げる理由となるはずだ。

社会主義経営では、誰であろうと経済目標を決める立場にある人が、どんな目標を掲げても、相対的に少ない混乱や損失で——しかも資本主義制度の枠内で進歩のプランを立てる場合のハンデを必ずしも負わずに——目標を達成できる可能性がある。この点の一面はこう表現できるかもしれない。社会主義経営では長期的な生産トレンドに近い航路を取ることが可能であり、結果的にすでに見た大企業の戦略と変わらない傾向が現れる可能性がある。全体を総括すればこう表現できるかもしれない。社会主義化とは、大企業が描いた道のりを大企業を跨ぎ越して進むことだ。同じことを言い換えれば、一〇〇年前のイギリス産業を原型とする競争型資本主義よりも大企業型の資本主義が優れていることが明らかになったように、社会主義経営も大企業型の資本主義より優れていることが明らかになる可能性がある。私たちがアダム・スミスの株式会社論（これも単純に誤りだったとは言えないが）を眺めるような目つきで、将来世代が「社会主義は劣っている」という説を眺める可能性は十分にある。

もちろん、これまでの諸々の指摘は専ら設計図のロジックに関するもの、したがって「客観的な」可能性に関するものであり、現実の社会主義では全く実現できないことも考えられる。ただ、設計図のロジックに関する限り、この社会主義の設計図が相対的に高いレベルの合理性で描かれていることは否定できない。私にはこれが正しい言い方だと思える。一方が合理的で他方が非合理的だということではない。豚と飼料の価格に反応してピッグサイクルを生み出す農家は、個人としては、またその時点では完璧に合理的に行動している。それは寡占状態の中で策略を巡らす企業の経営陣にしても、好況期に事業を拡大し不況期に取引を制限する企業にしても同じだ。違うのは合理性の種類と範囲だ。

無論、社会主義のプランのメリットとして挙げられるのはこれだけではない。ただ、社会主義経済の純粋論理に関する限り、恐らく間違っていないと思われる説の大半は、実際のところ、この点から引き出すことができる。

特に重要な例が失業だ。第2部で見たように、資本主義が十分に発展し、社会主義化が可能な段階に至れば、失業者個人のケアという点で、完璧に近い体制がとられている可能性があるし、実際にもそうなっているだろう。ただ、社会的な損失という視点に立てば、社会主義では主に不況の減少を通じて失業自体が減ること、また、主に技術改良のために失業が発生しても、生産省は(実際にどのような行動をとるかは別にして)失業者を他の職場に再配置できる立場にあることが、これまでの論証からわかるはずだ。計画に秘められた可能性を少しでも実現できるのであれば、失業者には次の仕事が常に待ち構えていることが考えられる。

社会主義のプランが合理性の面で優れているのであれば、次のような小さなメリットも指摘できる。普通、資本主義では改良は個々の企業が進めるため、普及に時間がかかり、抵抗にも遭う。進歩のペースが急激なら、多くの企業が古い方法をそのまま使っていたり、効率が標準以下になっていることが少なくない。社会主義では、様々な改良を指令を通じて普及させ、標準以下の慣行を直ちに改めることが理論上可能だ。なぜこれが小さなメリットかと言うと、大抵の場合、資本主義でもかなり効率的に非効率に対処できるからだ。ただ、大きなメリットか小さなメリットかは別にして、官僚機構がこのメリットを実際に活かせるかどうかは、もちろん別の問題だ。まともな官僚機構なら全成員を必ずその機構の標準的なレベルに引き上げることができるかもしれない。ただ、その標準的なレベルが一体どのようなレベルであるかは全くわからない。優れた可能性を秘めていても、実際には見劣りするリスクがあることを絶対に忘れてはならない。

　繰り返しになるが、中小企業の経営者やオーナー経営者は、基本的には技術者か、セールスマンか、組織のまとめ役かのいずれかであるケースが普通で、たとえ優秀な人材でも、すべてを万遍なくこなせる人は稀だ。成功を収めている企業でさえ、管理に行き届かない面があることが少なくなく（能率コンサルタントの報告書を見ればわかるだろう）、結果的にリーダーが正しく配置されていない分野が存在することになる。社会主義経済の場合は、現代の巨大企業のように、専門の人材を専門の部署に振り向けることでリーダーを有効活用できる可能性がある。ただ、ここで指摘するまでもない自明の要素を踏まえれば、この点が現実になったところで大きな期待を寄せることはできない。

しかし、設計図を描いた際には目に入らなかった重大極まりないメリットが一つある。商業社会の際立った特徴は、民間の領域と公的な領域を区別するという点にある。封建社会や社会主義社会が民間の領域に振り向けるものよりも遥かに豊かなものが民間の領域に備わっていると言い換えてもよい。民間の領域は、概念上は固《もと》より、現実にも公的な領域とはっきり区別されている。それぞれの領域に配置される人間は大きく異なり（地方自治の歴史が最も目につく例外だが）、組織も運営も別の原理、往々にして互いに矛盾する原理で行われ、これが異なる規範、往々にして両立不可能な規範を生み出す原因となっている。

こうした制度では、摩擦は一時的にしか避けることができない。もし私たちがこうした制度にどっぷりつかっていなければ、この制度の孕む矛盾は奇怪に思えるはずだ。実際、摩擦はかなり以前から存在していたが、ブルジョアの領域を侵す侵略戦争で公的な領域の人間が勝利するケースが増えるにつれ、摩擦は敵愾心に姿を変えた。敵愾心は争いを生む。そうなると、経済分野の国家の活動は、大抵、古いブルジョア経済学者が口にするフレーズ――政府の干渉――という言葉に象徴される視点で捉えられることになる。実際、国家の活動はあらゆる意味で――特に民間の生産エンジンの邪魔をし、混乱させるという意味で――干渉だといえる。そうした活動が往々にして効果を上げるとは言えないし、生産効率の向上につながるとさえ言えない。だが、国家に勝算があるなら、中央委員会には遥かに大きな勝算がある。加えて、社会主義では争い自体に付随するコストや損失を完全に回避できる。特に、絶え間ない検査や告発で不安が広がり、結果的にビジネスを動かす活力が削がれることを考えれば、そうした損失はかなりのものだといえる。

そのようなコストの一つを具体的に指摘しておこう。単なる防衛活動に才能が費やされている。弁護士の仕事のかなりの部分は、企業と国家・国家機関との争いに割かれている。これを公共財に対する悪意ある妨害行為と呼ぶか、公共財を悪意ある妨害行為から守る行為と呼ぶかは、大した問題ではない。いずれにしても、社会主義ではこの種の法的な活動の必要性も、存在余地も消滅することに変わりはない。その結果省ける無駄は、この仕事に関わる弁護士の報酬だけでは測定しきれない。弁護士報酬など些細なものだが、そうした非生産的な作業に最上級の頭脳が大量に投入されることで、些細とは言えない社会的な損失が生じている。有能な人材がいかに稀であるかを考えれば、そうした人材を他の仕事に振り向けることに少なからぬ意義があるのではないか。

官民の摩擦、敵愾心はなぜ増したのか。まず、諸侯の封建所得という屋台骨が揺らいで以降、民間の領域で民間のために生み出された所得が絶えず国家の収入源になってきたという事情がある。民間の所得は、政治的な力で本来の目的とは違う目的に流用された。[*11]課税は商業社会(もしくは第15章で示唆した国家の概念を受け入れるなら、国家)に不可欠な属性だが、一方でほぼ必然的に生産プロセスを阻害する性格を持つ。現代のことだけを考えるとすれば、大まかに言って一九一四年頃までは、そうした阻害は狭い領域内にとどまっていた。しかし、課税はその後次第に存在感を増し、企業・家計の大きな支出項目となったばかりか、経済が不本意な成果しか上げられない主因と説明されるまでに至った。また、出し惜しみする組織から、膨らむ一方の税金を取り立てるために、巨大な行政装置が登場した。この装置は一ドルでも多くの収入を得るために、ひたすらブルジョア階級と戦っている。対抗上、徴税される組織は防衛機能を発達させ、自己防衛に膨大な労力を費やしている。

ある社会組織に構造上対立する原理が存在すれば、どんな無駄が生じるのか。それをここまで見事に示す例はない。現代の資本主義は、利潤という原理に依存して日々の糧を得る一方、そうした原理が広がることを拒否している。社会主義社会にはそうした対立は存在せず、

*11 会員料やサービスの購入(例えば医療サービス)との類推で課税を解釈する理論があるが、そのような理論を編み出す社会科学の分野がいかに科学的な思考習慣から遠いところにあるかを裏づけるものにすぎない。
*12 例外はあるが、実際上は重要な事例ではない。

結果的にそうした無駄も省けるだろう。社会がすべての収入源を管理するため、課税は国家（私の国家の概念が受け入れられないなら、ブルジョア国家）とともに消滅するのではないだろうか。常識的に考えれば、中央委員会がまず所得を分配し、その後その一部を取り戻すために所得を受け取った人を追い回すという構図は、どう考えても馬鹿げている。ブルジョアを追い回すことしか眼中にない急進派は、課税には何の問題もなく、税率が低いことだけが問題だと考えているが、もしそのような考え方が広まっていなかったら、社会主義のプランが優れていると訴える最大の根拠の一つがここに見出せることにもっと早く気づいていたはずだ。

第18章 人的要素

警告

私たちが今辿りついた結論は、多くの反社会主義者にも十分受け入れられるのではないだろうか。ただ、この結論を受け入れてもらえるにしても、大抵は次のような形になるだろう。「いや、確かに、神様が社会主義の動力装置《エンジン》を監督し、大天使様が現場で動力装置を動かすというなら、確かにそうかもしれないが、問題は実際にはそうでないことであって、人間の本性を考えれば、動機づけの形、責任と報酬の分配からみて、結局のところ、資本主義という選択肢が、考えられる最上のものではないにしても、現実には最上の制度と言えるのではないか」

確かにこうした言い分には一理ある。第一に、ここでは、今の与えられた現実とある発想を比較しようという際に潜んでいる危険だけではなく、与えられた現実と理想を比較する際に必ずつき纏う誤りもしくはトリックにも注意する必要がある。[*1] 第二に、物事の性質上、社会主義はどのような場合も支持できるわけでは決してなく、ある特定の社会状態、ある特定の歴史的段階を基準にしなければ支持できないということは何度も繰り返してきたつもりだが、ここではそうした相対性が、設計図に沿って論証を進めていた時よりも遥かに重要になってくる。

1 主張の歴史的相対性

この点は類推で説明しよう。封建社会では、今の私たちから見れば（私的所有を強烈に支持する人も含め）どうみても公的管理の領域だと思えることの多くが、ある種の取り決め――私たちから見れば、公共の役割があたかも私的所有の対象、私的利益の源であるかのように見える取り決め――に従って運用されていた。主従関係のピラミッド内の騎士や領主は、誰しも自分の利益のために封土を所有していたのであり、封土を管理するというサービスの見返りとして封土を受け取っていたわけではない。封土は、主君へのサービスに対する報酬と考えなければ、今現在、公的な役割と呼ばれているものに結びつけることはできないが、それでさえ実態を正しく表現したとは言えない。騎士や領主が封土を所有するのは、騎士や領主であるからであって、何をしても何をしなくても封土を保有する権利があった。歴史的な視野を欠いた人はこうした状況を「横暴」以外の何物でもないと考えがちだが、それはナンセンスだ。封建社会の時代環境では、そうした取り決めのみが運用可能だったのであり、この取り決め以外ではそうした公的な役割を果たせなかった。この時代はまさに封建主義の時代だったのであり、制度の枠組みの一つ一つの要素と同様、封建主義が時代に息づいていた。例えば一四世紀にカール・マルクスが登場し、別の公的管理の手法を提唱する愚を犯していたら、次のような反論に遭っていたはずだ。「今の制度は見事な装置であり、これがなければ何もできなかった、特に『人間

*1　発想、図式、モデル、設計図といったものも理想を体現しているが、それは論理的な意味で体現しているにすぎない。理想とは、非本質的なものが存在しないという意味でしかなく、不純物のない設計図と呼べるかもしれない。もちろん、具体的に設計図に何を盛り込むか、したがって何を逸脱とするかは、依然として議論の余地がある。これは本来、分析技術の問題であるはずだが、それでも好き嫌いが入り込む余地がある。社会主義者は自分が欠点と考える特性をできるだけ多く資本主義の設計図に盛り込む傾向があるし、反社会主義者も社会主義の設計図に同じことをする傾向がある。そして両陣営とも、できる限り多くの「瑕疵」を非本質的な逸脱として扱うことで（回避できる逸脱だというニュアンスを持たせることで）、自らの設計図を「美化」しようとする。たとえ個別のケースである現象を逸脱と認めたとしても、自分のシステムと相手のシステムがどの程度まで逸脱しやすいかについては、意見が分かれる可能性がある。例えば、ブルジョア経済学者は、自分が資本主義で望ましくないと思うことをすべて「政府の干渉」のせいにする傾向があり、社会主義者の方も「そうした政治介入は資本主義のプロセスの必然的な結果であり、資本主義の動力装置に問題があるからそうなった」と主張する。こうした様々な問題はあるが、本書の説明に影響するとは思わない。専門家であれば、本書ではそうした問題を回避する形で論を進めていることに気づくはずだ。

の本性を考えると』利益追求という動機がなければ公的管理は機能しない。そうした動機を奪っていれば混乱を招いていたはずで、現実には叶わぬ夢に終わっていたのではないか」

イギリスの織物工場が資本主義経済の花形だった頃も（一八五〇年頃まで）、社会主義は現実的なプランではなかった。それは良識のある社会主義者であれば、当時も今も誰しも認めることだろう。また「主が見給えば牛が肥え、砂が金に姿わり、鵞鳥が金の卵を産む」といった月並みなフレーズは、当時、単純で浅はかな人だけが真に受け、広めたフレーズだった。そうした人間に立ち向かう社会主義者の同志諸君には、嘲笑するよりもっと良い戦法があることを伝えたい。相手も自分たちと同じ虚栄心の強い神経質な知識人であり、自分が馬鹿にされるかもしれないと思えばすぐに反論をやめるだろうと期待して嘲笑するよりも、もっと良い戦法がある。しかるべき歴史的環境ではそうした鵞鳥にも正当な資格があったことを認め、他の歴史的環境でのみ誤りを指摘すれば良い。そうすれば、少なくとも現実的な問題――つまり、現在の環境で鵞鳥云々にどの程度まで正当な言い分があるのかという問題――に向き合うことができ、それでも論争の余地は大いに残される。

ある特定の資本主義の形を想定しなければ、意味のある形で資本主義の現実と社会主義の成算を比較することができないため、ここでは私たちの時代の資本主義、つまり足枷をはめらい、れた大企業型の資本主義を想定しよう。ここで次の点に注意して頂きたい。（1）これで一つの時代、一つのパターンが定まるが、具体的な年月が（たとえ一〇年単位で見ても）定まるわけではない。ある特定の時点、例えば今現在、足枷をはめられた資本主義のパターンがどこまで進展し、どこまで特徴が安定しているかは、事実関係を調べないとまだわからないからだ。（2）本書の論証のこの部分では、そうした足枷が（どのようなものであれ）、資本主義のプロセス自体から生じたのか、外部の力で押しつけられたのかは重要な問題ではなくなる。（3）ここからはどちらか言えば実際上の問題——つまり社会主義で、設計図の潜在的なメリットをどこまで実際に実現できるかという問題——に取り組むことになるが、まだあくまで可能性について論じるだけであり、どのようなタイプの社会主義が私たちを待ち構えているかはわからないため、前提条件の導入に助けを求める必要が出てくる。

2　神様と大天使様について

神様と大天使様を持ち出したブルジョアに話を戻せば、神様の方はあっさり片づけられる。社会主義の動力装置を監督するのに神様は必要ない。すでに見た通り、移行期を乗り切れば、処理しなければならない問題は、現代社会の企業経営者でも対応でき、しかも問題の難易度は下がる。大天使様の方は、社会主義という生活スタイルには今の人間には期待できないほど高い倫理感が必要になるという例の主張から来ている。

反社会主義者の間でこうした類いの主張が幅を利かせているとすれば、原因は社会主義者自身にある。社会主義者は資本主義の抑圧と搾取の恐ろしさを語り、そうしたものさえなくなれば、人間本来の美しい姿がたちまち現れる——いずれにしても、教育のプロセスに着手でき、人の心を改造し、倫理観を必要な水準まで高めることができる——と訴えている。[*2]だからこそ「滑稽なほど大衆におもねっている」とか「もうとっくに否定されているはずのルソー主義に陥っている」といった批判を浴びるのだが、そんな批判に身をさらす必要など全くない。常識的な主張で事足りる。

そのためにまず、心理学者は反対するかもしれないが、ある便利な区分けをしてみよう。第一は、社会環境の変化で、ある特定の感情面・行動面の性向が変わるが、その一方で根底にある基本パターン（「人間性」）は変わらないというケースだ。これを「再条件づけによる変化」と呼ぼう。第二は、やはりこの基本パターンは変わらないが、再条件づけの影響で最終的には、感情面・行動面の性向が環境の変化（特に合理的な変化）に馴染んで変わっていく場合であっても、しばらくの間は抵抗し、その間トラブルを引き起こすというケースがある。これは

「習慣」という言葉に結びつけられるかもしれない。第三に、同じ人種の人間であっても基本パターン自体を変えられるケース、もしくは、手なずけられない分子を排斥することで基本パターンを変えられるケースがある。確かに人間性というものは、特に集団の中ではある程度まで順応性があるし、集団の構成は変わり得る。どこまで順応性があるかは本格的な研究に委ねるべきで、演説の乗りで軽々しく断定したり、また軽々しく否定できるような問題ではない。しかし、いずれにしても基本パターンを変える必要はない。人の心を根底から改造しなくても社会主義は十分機能する。

この点は少し考えればわかるはずだ。まず、農業部門は何の問題もない。この分野が最大の問題を抱えていると思われるかもしれないが、たとえ、すでに行われていることをそのまま踏襲し、程度だけを変えただけの社会主義経営であっても、社会主義であることに変わりはない。生産計画を立て、場所（土地の利用）を合理化し、農家に機械・種・種取り用の家畜・肥

＊2　ネオマルクス派で大きな罪を犯したのがマックス・アドラーだ（ウィーンで活動し、オーストリアの社会主義史に名を残した他の二人のアドラーと混同してはならない。一人はヴィクトル・アドラーで、組織の才を発揮し、オーストリア社会民主党の党首を務めた。もう一人はその息子のフリッツ・アドラーで、カール・フォン・シュテュルク首相を暗殺した）。

料などを支給し、生産物の価格を決め、その価格で農家から買い取る。必要なのはこれだけであり、今の農業の世界や農家の姿勢を大きく変える必要はない。別の方法もあり得るが、ここで重要なのは、極めて少ない摩擦で無期限に実行でき、社会主義の看板にも傷がつかない方法があるということだ。

次に労働者、事務員の世界がある。ここでも心を改造したり、苦痛を伴う適応を強いる必要はない。労働者や事務員の仕事は実質的には今と変わらないだろう。後で追加する重要な前提条件の下では、姿勢も習慣も同じようなものになるはずだ。仕事が終われば家に帰り、気晴らしをするだろう。それがどんなものになるかは社会主義者が好きに想像すればよい話で、例えば、今のブルジョア的なサッカーではなく、プロレタリア的なサッカーに興じてもよい。いずれにしても、帰る家も気晴らしも同じようなものになるはずだ。この世界に必ずしも大きな問題は生じない。

第三に、社会主義制度の犠牲者になってもおかしくないと思われる集団、大雑把に言えば、上流階級・支配階級の問題がある。この問題は、社会主義者の枠を超えて広く信奉されるに至っている例の神聖な教えに従って解決するわけにはいかない。つまり「この階級はぶくぶく肥った猛獣以外の何物でもなく、ただ単に運が良く、冷酷だったがために今の経済的・社会的地位を得たのであり、労働者（場合によっては消費者）の上前をはねる以外の『役割』は果たしていない。そればかりか、無能であるが故に本業でもへまをやらかし、（少し現代的なタッチを加えれば）略奪したものの大半を貯め込む習性があるために、不況を引き起こす元になる。社会主義ではこんな猛獣などに構う必要はなく、直ちに今の地位から引き摺り下ろし、妨害行為を働かないよう目を光らせておくべきだ」といった類いの教えだが、ここにどんな政治的メリット、もしくは人並み以下の人間に対する心理療法上のメリットがあるとしても、これではまっとうな社会主義とさえ言えない。良識のある社会主義者が礼儀をわきまえ、真剣な人々に真剣に耳を傾けてもらいたいと思えば、誰であれ、そうした教えとはあべこべに、ブルジョア層の質の高さや実績について多くの事実を認め、こう訴えるのではないか。「上流階級が迫害されることは全くない。大衆が今の制度の下で経済的に抑圧されているように、ブルジョア層も倫理的に抑圧されている。そうした制度の束縛からブルジョア層も解き放たれることになる」。カール・マルクスの教えにも通じるこうした立場に立てば、ブルジョア層との協力が社会主義体制の成否を分けかねないとの結論にやがては辿りつくことになる。

そうなると、問題は次のように規定できる。ここに淘汰のプロセスを通じて登場した階級——人並み以上の資質[*3]を持つ人材が集まっており、したがって国の資産とも言える階級がある。この階級を活用することはどんな社会制度でも合理的といえる。これだけでも、この階級を迫害するなどとんでもない話となるが、この階級が果たしている重大な役割は、社会主義社会でも誰かが果たさねばならないのである。この階級が資本主義時代の事実上すべての文化的な業績と因果的に結びついてきたこと、また、経済面の業績でも、労働人口の増加では説明できない部分——つまり、いわゆる労働生産性（労働者一人一時間当たりの生産量）の向上——と因果的に結びついてきたこと、結びついていることは、すでに見た通りだ。[*4] そして、こうした業績と因果的に結びついてきたのが、栄光と挫折というこの上なく効率的なシステムだが、社会主義ではこのシステムを廃止する運命にある。したがって（1）ブルジョアという人種を社会主義社会で働かせることができるのか（2）社会主義に移行すればブルジョアから取り上げなければならないブルジョアが果たしている役割を他の人間や、非ブルジョア的な手法、もしくはその双方によって果たすことができるのか——が問題になる。

3　官僚型経営の課題

ブルジョアという人種の合理的な活用は、間違いなく社会主義体制の最大の課題になる。ある程度、物事を楽観しなければ、この問題を解決できるとは言い切れないだろう。ただ、これはそもそも社会主義体制に固有の難しさというより、社会主義者がブルジョアの重要性を認める難しさ、合理的な姿勢でブルジョアに向き合う難しさといえる。資本家階級の性格と役割を批判した先ほどの教え自体、社会主義者がそうしたことに拒否反応を示している表れであり、そうしたことを拒むための心理作戦上の地ならしがこの教えだと解釈できるかもしれない。これは当然と言えば当然の話で、フリーランスであれ、党の幹部であれ、公務員であれ、個々の社

*3　第6章参照。より正確に言えば、ブルジョア階級の最頻値（モード）に相当する個人は、知性と意志の力という資質の面で、産業社会のどの階級の最頻値に相当する個人よりも優れている。この点が統計で立証されたことはなく、統計による立証はほぼ不可能だろうが、資本主義社会の社会的な淘汰のプロセスを分析すれば、こうした結論に辿りつく。何をもって「優れている」かもこのプロセスの性格で決まる。他の社会環境を同様の視点で分析しても、史料のあるすべての支配階級について同じことがいえるはずだ。つまり（1）あらゆるケースで言えることだが、人間という分子は「相対的な資質に応じて出世・没落する」という仮説に沿うような形で、生まれ落ちた階級の中で出世・没落する。（2）同様に、人間という分子は階級の枠を超えて出世・没落する――。階級の枠を超えた出世・没落は普通、一世代を超える時間を要する。したがって、この分子は個人ではなく、家といえる。だからこそ、個人に着目する観察者は、極めて往々にして能力と階級の間に関連性を見出せず、両者のずれを強調しようという気持ちにさえなる。個人は異なるハンデを背負って出発するので、個々人の連鎖という鎖全体を視野に入れないと、並外れた個人的業績を残した人は別にして、能力と階級の関連性はずっと見えにくくなる（これはあくまで最頻値に関する話であり、例外は多数ある）。もちろん、これで私の論点を立証できたわけではなく、紙面に余裕があった場合にどのように立証を進めるかを示唆しただけだ。ただ、私の論文を挙げておいてもよいかもしれない。"Theorie der sozialen Klassen im ethnisch homogenen Milieu," *Archiv für Sozialwissenschaft*, 1927

*4　第1部で指摘したように、これは頻繁に引用される『共産党宣言』の一節でマルクス本人も認めている。

会主義者は、社会主義が到来すれば、当然自分が権力を握れると純粋無垢に信じている。社会主義者にとって社会主義とは「自分たち」が権力を引き継ぐことを意味するのであり、今の運営体制を潰すことが、重要な、恐らく最大の見せ場になる。正直なところ、私は過激派の社会主義者と話をしてみて、こうした人の中には、たとえどんなに完璧な社会主義体制でも、自分が運営するのでなければ気に食わないという人がいるのではないか、ことによると大多数の人がそうなのではないかと若干疑問を感じることが少なくなかった。もちろん、非の打ちどころのない姿勢をとっている人がいることも、直ちに言い添えなければならない。[*5]

本来、この問題をうまく処理するには、資質や伝統を踏まえてブルジョアという人種にふさわしい仕事をブルジョアに任せることが何よりも重要だ。つまり、ブルジョア出身者を差別しない、適不適に基づく上層部の選抜方式を採る必要がある。そうした方法は十分考えられ、ことによると、大企業時代の資本主義で活用されている方法よりも優れたものもあるかもしれない。ただ、人に仕事を任せれば、単なる適材適所の問題ではなくなる。仕事を任せるのであれば、自分の責任で行動する自由も与える必要が出てくる。ここで持ち上がるのが、反社会主義者が口酸っぱく指摘する「経済界の官僚化」という問題だ。

少なくとも私個人は、全社会的な巨大官僚装置という形をとらない社会主義機構を現代社会で想像することはできない。思いつく限りの他の可能性を考えてみても、どれも失敗・崩壊を招くとしか思えない。しかし、今の経済生活で（もしくは生活全般ですら）すでにどれだけ官僚化が進んでいるかを認識し、この問題の周囲に蔓延るフレーズの山をどう切り抜ければ良いのかを弁えている人なら、恐れをなす必要はないはずだ。そうしたフレーズに私たちが敏感に反応するのは、「独占」の場合と同じで、主に歴史的な事情による。資本主義の勃興期、ブルジョアはまず、君主制官僚制度の顔を持ち、君主制官僚制度を通じて運営される地方勢力と戦うことで存在感を増していった。商人や製造業者が「苛立たしい」「馬鹿げている」と感じる干渉の大半は、資本家階級の集団心理の中で、この官僚政治・公務員制度と結びついたのである。こうした結びつき、連想は極めて断ち切り難い。特にこの場合は、社会主義者の間でさえ悩みの種となるほど断ち切り難く、わざわざ社会主義者の方から「官僚政治のイメージほど社会主義のプランからかけ離れたものではない」と弁明することが少なくない。[*6]

*5　この点はドイツ社会化委員会の討議に関するコメント（第23章）を参照。

*6　ロシアでこうしたことが言われている背景には、別の理由もある。悩みの種に責任をなすりつけているのだ。これはあらゆる指導者、中でもトロツキーが使い方を心得ている。国内外の軽率な世論をうまく利用して、ロシアで感心できないと思えることはすべて「官僚」のせいにしている。

第4部では、官僚制が民主主義を阻む障害ではなく、民主主義を補完する上で避けられない存在であることを見ていくが、官僚制は現代の経済発展を補完する上でもやはり避けられない存在であり、社会主義に移行すればこれまで以上に欠かせない存在になる。ただ、総合的な官僚化が避けられないと認識したところで、そこから生じる問題を解決できるわけではない。この機会に何が問題になるのかを見ておいたほうがよいだろう。

官僚制ではよく損得という動機がなくなる点ばかりが強調されるが、これは最大の問題ではない。それに、自分の失敗の代償を自分のお金で償わなければならないという意味での自己責任は、いずれにしても姿を消しつつある（もっと速いペースでなくせるという希望的観測はあるかもしれないが）。大企業に存在するタイプの責任感は、間違いなく社会主義社会でも再現できる（後述）。また、官僚制度・公務員制度に独特な上層部の選抜方法も、必ずしもよく言われているほど非効率ではない。公務員の選抜・昇進規定に相当な合理性がないわけではなく、時として、理屈で考えられる以上の効果も発揮する。特に、ある人についてその部局が法人組織として評価するという原理は、適切な重みを与えれば、能力本位（少なくともある種の能力）の実現に大きく貢献できる可能性がある。[*7]

遥かに重要な点は別のところにある。仕事の処理が官僚的になり、心理的にもそうした雰囲気が蔓延すれば、最も活動的な層が得てしてやる気をなくすことは間違いない。これは個人のイニシアティブと官僚機構のメカニズムの間で折り合いをつける難しさ――官僚制という機械に内在する難しさに大きな原因がある。この機械は個人がイニシアティブを発揮することを許さず、逆に個人のイニシアティブを抑え込もうとする歪んだ動きを許すことが多くなりがちだ。その結果、失望や空しさを感じ、他人の努力を終始けなして人のやる気を削ぐ習慣が心に染みつく可能性がある。必ずそうなるというわけではない。多くの官僚は業務に習熟していく。だが、これは避けがたいことであり、何か簡単な是正策があるわけではない。

もっとも、この機械の適切な場所にブルジョア系の人種を配置し、仕事の習慣を変えることは難しくない。後で論じるが、少なくとも期が熟した段階で社会主義に移行した場合は、心理的に社会主義の秩序を受け入れ、忠誠心を社会主義に移す条件が整っている可能性が高く、統制委員《コミッサール》にしても妨害したり、暴言を吐く必要はないだろう。非ブルジョア系の管理職を活用するのと全く同じ手続きで、ブルジョア出身者を合理的に処遇し、能力を最大限引き出すことができるはずだ。どのように合理的に処遇するかについては、一部の社会主義の権威が非常に

*7 後述。第23章を参照。

妥当かつ非扇動的な形で答えているので、重要な点をざっと押さえておけば、それで十分だろう。

まず、純粋に他人のために働くという義務感だけに頼るのは、そうした義務感の意義や可能性を頭から否定するのと同じくらい非現実的だと認識する必要がある。義務感と同じ系統の様々な要素（例えば、働いたり人に指示することで得られる満足感）を十分考慮しても、一部の報奨制度――少なくとも社会的に認められるとか、名声が得られるという形の報奨制度にメリットがあることは、恐らく明らかになるはずだ。まず、日々の生活を振り返れば分かるように、どんなに志の高い人であっても、少なくともそうした意味での私利私欲（見栄や自己顕示欲と言い換えてもよい）と全く無関係に、他人のために働きたい、もしくは働かねばならないと感じる人を探すのは難しい。また、そうした往々にして悲しくなるほど覆い難い事実の根底にある態度が、資本主義のシステムよりも深いところに根差しており、あらゆる社会集団の生活論理になっていることも明らかだ。したがって、これは人の心が資本主義という伝染病に感染し、人間「本来」の性向が歪んでしまったというフレーズで片づけられる問題ではない。だが、そうした個々人の自己吹聴癖を社会に活かすのは全くわけのないことであり、しかも社会主義ではそれが特にやりやすい。

資本主義の世界で「社会的に認められる」「社会的な名声を得る」といえば、経済的な意味合いが非常に強くなる。これは資本主義の基準に従えば、普通、金銭的な利益を得ることが成功の目安になるため、また、社会的な名声に必要な諸々の装備一式は大抵——特に、あのあらゆる経済財の中で最も深遠な「社会的距離」は——金がなければ手に入らないためだ。こうした名声、つまり私的な財産が持つ名誉という価値は、当然、昔から経済学者が指摘しており、物事を見抜く力も見通す力も特に際立っていたとは言えないジョン・スチュアート・ミルも見て取っていた。人並み以上の実績を引き出す上で、これが最も重要なインセンティブの一つになることは言うまでもない。

第2部で示したように、資本主義が発展すれば、富を望む動機がその他諸々のものと一緒に弱まっていく傾向がある。したがって、社会主義に移行する際には、上流層の生活の価値観を百年前ほど大きく変える必要はないだろう。また、特に社会的名声という動機は、簡単な再条件づけで形を変えることができる。仕事で実績を上げた人が（節度あるルールの下で）一ペニー切手をズボンに張る特権を認められ、それを年俸百万ドルと同じくらい喜ぶことは考えられる。また、それは非合理的なことでもないだろう。というのも、もし一ペニー切手をズボンに着けている人が、周囲の尊敬を集め、大切に扱われるのであれば、今の人々が年俸百万ドルをありがたがる根拠となっているメリットの多くが手に入るのである。そんなことをすれば、過去に優れた成果を上げた常套手段が復活するだけだというのは反論にはならない。トロツキー自身が赤旗勲章を受け入れたではないか。

実質所得面での優遇については、刺激という側面とは全く無関係に、まず何よりもこれがある程度まで既存の社会資源ストックの合理的活用の問題であることを認識する必要がある。競走馬や入賞牛は周囲から大切に扱われるが、すべての馬や牛を競走馬や入賞牛と同じように扱うのは合理的ではないし、そんなことは不可能だろう。したがって、経済合理性を追求するのであれば、人並み以上の実績を出す人を優遇する必要がある。もちろん、絶対にそうしなければならないわけではない。「特定の人を優遇しない」「人間は機械ではない」という理想の実現を優先する社会もあるかもしれない。その場合、経済学者に言えるのは、そうした理想で何かが犠牲になるのを承知の上で行動すべきだ、ということくらいだろう。これはかなり重要な点だ。批判を招くような高額所得であっても、生活や仕事を続けるための最低限の条件にすぎないというケース——距離や、雑事からの解放も含めて、そうしたものがなければ今の生活と仕事は続けられないケース——は少なくない。

この点を踏まえれば、純粋に経済的な刺激を与えるという問題も、少なくとも一部は同時に解決できる。ただ、ここでも合理性という観点では、社会主義社会は競走馬や機械という光景に立ちはだかる限界を大きく超えて進むことで多大なメリットを得られると思える。その理由は、やはり行動を観察し、資本主義の経済・文明を分析することで引き出せる。「社会が特別待遇を通じて利用できる衝動は資本主義の産物だ」という見方をそうした分析で裏づけることはできない。この衝動は社会的に価値ある努力を促す推進力となる。そうした衝動が全く満たされる見込みのない環境では、潜在能力をある程度下回る結果しか得られないはずだ。もっとも、どの程度下回るかはわからないし、社会主義に移行して経済のプロセスがさらに静態的になれば、この原理の重要性は低下するが。

この種の刺激を最大限活用するには、名目所得を今のような高額に設定しなければならない、ということではない。今の名目所得には税金、貯蓄などが含まれている。そうした項目をなくすだけで、今のプチブルジョア心理には腹立たしい限りの高額所得を一気に下げることができる。また、先に見たように、富裕層は段々慎ましやかな考え方を身に着けるようになってきており、現実にも、かつての領主的な生活を支えていた水準の所得を得たいという動機は概ね薄れつつある（名声を得たいという動機は別だが）。社会主義が成就すると思われる頃には、富裕層の考え方はさらに慎ましくなっているだろう。

当然、経済界のパリサイ人たちはまだ失意の底にあるだろう。失礼ながら、そうした人々のために、不安を和らげる仕組みがきちんと用意されていることを指摘しておきたい。この仕組みは資本主義で登場したものだが、ロシアで大いに発展を遂げている。一部の任務を適切に果たすための経費と称して、現物支給に加え、事実上、惜しみなく資金が提供されるのである。大抵の国では高級官僚はどう見ても薄給で、非合理なほど薄給というケースも少なくない。政府の要職も給与は慎み深いといえるほど安いことが大半だ。しかし、少なくとも多くのケースでは、ある程度まで埋め合わせが用意されている。場合によってはお釣りもくる。名誉という報酬だけではない。スタッフを公費で賄える官邸、「公的」な接待費、海軍等が保有するヨットを利用できる権利などが用意されているし、国際委員会や軍司令部など要職に就けば特別手当がつく。

4 貯蓄と規律

最後に、現在はブルジョア層が果たしているが、社会主義ではブルジョア層から取り上げなければならない役割をどうするかという問題がある。この観点から「貯蓄」と「規律」を論じることにする。

最初の点については――この役割はほぼ完全にブルジョア層、特に上流ブルジョア層が果たしているが――貯蓄は不要だとか反社会的だと論じるつもりはない。同志諸君の貯蓄性向に期待しようと呼びかけるつもりもない。同志の貢献を無視する必要は必ずしもないが、社会主義経済が準静態的だと考えない限り、それでは足りないはずだ。すでに見たように、今現在民間の貯蓄を通じて行われていることは、すべて中央の権威が国の資源を新しい工場・設備の生産に直接割り当てることで遥かに効率的に実現できる。ロシアの事例では様々な面で首を傾げるところもあるかもしれないが、これは間違いない。ロシアでは、過去に資本主義社会で強いられたことのない苦しみや「禁欲」を強いられているが、経済発展がもっと進んだ段階で社会主義に移行していれば、あそこまで苦痛や禁欲を強いなくても資本主義並みの進歩を実現できていたはずだ。前身の資本主義経済が準静態的な段階に達していれば、自主的な貯蓄でも十分だった可能性がある。この問題（これは必ず対処できる問題だが）で改めて浮き彫りになるのは、状況に応じて異なる社会主義が必要だということ、また、牧歌的なタイプの社会主義は、経済発展など不要だと断言できる場合や（その場合、経済的な基準は意義を失う）、以前は経済発展を重視していたが、それが十分に進み、今後、経済発展は不要だと断言できる場合にしかうまく機能しないということだ。

規律について言えば、被雇用者に対する権威をどこまで確立できるかで、経済の動力装置の効率は当然、変わってくる。商業社会では、私的所有と「自由」契約の制度を通じて、ブルジョアの雇用主が権威を確立する。これは「持てる者」が「持たざる者」を搾取するために手にする特権とは単純には言い切れない。そこから直接生じる私的な利益に加え、生産装置をスムーズに動かすという社会的な利益も得られるからだ。ある特定の環境で前者が実際にどの程度後者の役に立っているのか、また、社会の利益を雇用主の私利私欲に委ねるという方法が、敗残者にかつてどれほど要らぬ苦痛を与えてきたかについては、様々な意見が出るかもしれない。ただ、そうした社会的な利益が存在すること、また、そうした方法が全体として効果を上げてきたこと、さらには、資本主義に制約が加えられていなかった時代には、どう考えてもそれ以外に方法がなかったことは、歴史的に見れば、意見が分かれる余地はないだろう。したがって、ここでは二つの問いに答える必要がある。社会主義に移行しても、そうした社会的な利益を保てるのか。もし保てるとすれば、必要な量の権威を（どのような形にせよ）社会主義のプランで確立することができるのか。

権威という言葉は「権威を通じて押しつける規律」と補足して言い換えた方が便利だろう。この規律は「本人以外の力で植えつけられた、命令・監視・批判を受け入れる習慣」と定義できる。本書では、この規律を自己規律（少なくとも一部は、権威の下で押しつけられた規律の影響を過去に、場合によっては先祖代々、受けてきた成果であることを記しておく）や集団規律（これは集団の意見をその集団の全成員に押しつけることで発生するものであり、やはり一部は、権威の下で行われた訓練を過去に受けた成果の表れである）と区別する。

さて、社会主義では二つの理由で自己規律と集団規律が強まる可能性がある。この点は、例のごとく馬鹿げた理想論で事実上、蔑《ないがし》ろにされてきた。「労働者が楽しいゲームの合間に知的な議論を繰り広げて決断に至り、快い競争心を胸に腰を上げて実行に移す」といった理想論だが、そのような絵空事で、現実から目をそらしてはならない。事実に目を向ければ、もう少し合理的な、社会主義に有利な予測が結論として引き出せる。

第一に、資本主義では体制に対する反感が日増しに強まっているが、社会主義では恐らく体制に対する心理的な忠誠心が高まるはずだ。そうなれば、あえて指摘するまでもないが、自分が不満を抱くようになった体制の下で働く場合に比べて、健全な姿勢で仕事に取り組むことができる。また、体制に対する不満は普通、周囲に感化されて高まる。不満を持てと言われるから不満を持つのである。組織的にあれこれ吹き込まれる結果、忠誠心や仕事に対する誇りを失う。階級闘争に負けたというコンプレックスで人生観全体が歪む。しかし、以前指摘した社会不安で利益を得られる層は、他のあらゆる既得権益層とともに、かなりの程度まで姿を消す――もしくは後述するように、姿を消される――はずだ。もちろん、自分の経済的な運命は自分で決めるという責任感から生まれる規律の力が失われることも併せて考える必要はある。

第二に、社会主義体制の大きなメリットの一つは、経済の仕組みが見間違えようのないほどはっきり見える点にある。資本主義では、利潤の追求という仮面で経済の顔が覆われている。仮面の裏側で犯罪や愚行が繰り広げられているという社会主義者の主張については論じたいように論じればよいが、そうした仮面自体の重要性は否定できない。例えば、貿易で国が得られるのは輸入品であって、輸出は輸入品を調達するために強いられる犠牲だという点を社会主義社会で疑う人は恐らくいないだろう。常識的に考えればわかるこの点が、商業社会では普通、世間一般の人には全く見えず、結果的に自分たちの不利になる政策を喜んで支持している。また、社会主義社会の上層部がたとえどんなへまをやらかすにしても、人に生産させないためにわざわざプレミアムを支払うようなことは絶対にないだろう。馬鹿げた貯蓄論を唱えることもできなくなるはずだ。したがって、政策やプロセスの経済的な意義が誰の目にも明らかになるという単純な理由で、ここで論じている問題にとどまらず、遥かに広い意味で経済政策が合理化され、無駄の最大の原因を一部取り除くことができる。特に、ストライキをはじめ、仕事で反抗的な態度をとれば、経済にどんな影響が出るかをすべての同志が理解することになる。だからといって、過去に遡って資本主義時代のストを非難する必要は全くない。「今」ストライキをするのは、国の繁栄を揺るがす反社会的な行為でしかないと認識すればそれでよいのである。それでもストを決行するというなら、良心の咎めを感じ、周囲の批判を浴びてストに入ることになる。特に、身も躍るほどの興奮を感じながらストの参加者やストの指導者に拍手を送るお人よしのブルジョアはもういない。

5　社会主義の権威を通じた規律　ロシアの教訓

だが「社会主義ではこの二つの点で自己規律と集団規律が強まると考えられるため、足枷をはめられた資本主義社会に比べれば、権威を通じた規律の必要性が薄れる」という結論は単純には下せない。ここからは「必要な場合はいつでも、資本主義社会よりも容易に権威で規律を押しつけることができる」という結論も引き出せる。[*8] その根拠を説明する前に、社会主義社会では権威に基づく規律が不可欠であると思える理由を説明しなければならない。

第一に、自己規律や集団規律が少なくとも相当程度まで過去に受けた（ことによると先祖代々受けてきた）権威による規律という訓練の賜物である限り、そうした訓練が長期にわたって中断されれば規律が緩むことになる。これは、理性的に考えて必要とされるタイプの行動や個人・集団の倫理的な忠誠心を維持する必要性が社会主義体制で増える増えないに全くかかわらず言えることだ。各人が自分の目標に向けて努力するのではなく、各人を訓練し強制のシステムに従わせる体制では、そうした必要性を示し、受け入れてもらうことが重要になる。それは、ここで考えている規律が日々繰り返される単調な仕事をする上での規律であり、熱狂的に美化される規律ではないこと、全部が全部ではないにしても細かな点では癪に障る規律もあること、また、資本主義社会で自己規律を促す大きな要因となっている「生き残らなければならない」というプレッシャーが社会主義では少なくとも少しは弱まることを考えれば、一段と重要になってくる。

　第二に、一般の人を絶えず訓練しなければならないという問題と密接に関わってくるのが、人並み以下の人をどうするかという問題だ。人並み以下というのは、孤立した病的なケースではなく、恐らく人口の四分の一にも達する幅広い層のことである。人並み以下の仕事しかできない原因が倫理観や意志の欠如にあるとすれば、資本主義の消滅とともに人並み以下の仕事も姿を消すと考えるのは、あまりにも非現実的といえる。人類の大問題であり、大敵でもあるこの人並み以下という問題は、社会主義に移行しても今と同じ重みをもつだろう。他の力を借りずに集団規律の力だけで人並み以下の人に対処するのはまず不可能だ。もっとも、権威による規律を人並み以下の人がいる集団に、少なくとも部分的に、働かせる仕組みを構築することはもちろん可能だ。

第三に、社会不安で利益を得る層は一部姿を消すかもしれないが、完全に姿を消すと考える根拠はない。問題を引き起こしたり、妨害することが、仕事になり得たり、それが出世の近道になることはまだ考えられる。自分の地位や社会一般に不満を感じている理想主義者や身勝手な人間にとって、それが自然な反応になることは、社会主義に移行しても今と変わらないだろう。また、社会主義社会にも様々な争い事が起きるはずだ。結局のところ、論争を巻き起こす大きな原因が一つ減るだけなのである。部門間（地域間・産業間）の利害対立が一部残る可能性は言うまでもないにしても、例えば、今の楽しみと将来世代の福利の間でどのようなバランスを取るかといった問題で意見が衝突する可能性もある。将来世代に配慮する上層部が、大

*8　もし少なくともある種の社会主義でこの点を無理なく予測できるとすれば、極めて重要な意味を持つ。規律を通じて労働時間の質、また必要であれば量を改善できるだけではない。そうしたことにはかかわりなく、規律は経済性を上げる第一級の要素となる。経済エンジンの回転を滑らかにし、無駄と一単位当たりの成果を出すための労力全体を大きく減らすことができる。計画の効率性、特に日々の経営の効率性を今の条件では全く不可能なレベルに引き上げられる可能性がある。

企業や大企業の蓄積に対する今の労働者・世間一般の態度と全く異なるとは言えない態度に直面する可能性は十分考えられる。また、最後になったが、次の点も重要だ。社会主義の文化が一つに定まらない問題を取り上げた際に論じたことを思い起こせば、国民生活で重要になる多くの問題については、まだ何も定まっていないこと、そうした問題を巡る争いがなくなると予想する根拠はほとんどないことも認識しなければならない。

さて、この三つの分野で生じかねない問題に社会主義の上層部がどこまで対応できるかを見極める上では、今の資本主義、もしくは解体がさらに進んだ段階で機能すると思われる資本主義と比べて、相対的にどうなのかという視点を忘れてはならない。各企業内の絶対的な従属関係がいかに重要か（これはジェレミー・ベンサムの時代以降、多くの経済学者が完全に見過ごしてきたことだ）を論じた際[*9]、資本主義が発展すると、社会心理の土台が揺らぐ傾向があることを指摘した。労働者が進んで命令に従うのは、決して資本主義社会の正しさを合理的に信じているからでも、自分個人に生じる利益を合理的に認識しているからでもない。ブルジョアに雇われる以前の封建時代の主《あるじ》によって植えつけられた規律のためだ。プロレタリアートは、自分の祖先が普段、封建領主に向けていた尊敬の一部を（決してすべてではないが）ブルジョアの主に移し替えた。封建領主の子孫も、資本主義の歴史の大半を通じて政治権力を維持し、ブルジョア層を大いに助けた。

ブルジョア層は、自分を保護してくれる階層と戦い、政治の場で平等を受け入れ、労働者も他の人と同じ貴重な市民であることを労働者に教えたことで、そうした有利な立場を失っていった。しばらくの間は権威を保ち、工場内の規律の解体につながる、緩やかな、しかし不断の変化を覆い隠すことはできた。しかし、今となっては、そうした権威もほとんど失われた。規律を維持する手段の大半を失ったばかりか、そうした手段を利用する力も失ったのである。かつては規律違反と闘う雇用主を世間が心理的に支持していたが、そうした支持も失われた。そして、そうした支持が失われたことが大きな原因となって、政府機関のかつての態度も失われた。私たちはその歩みを一歩一歩辿ることができる。主《あるじ》を支持する立場から中立的な立場に移行し、この中立的な立場に様々なニュアンスを持たせることで、労働者の権利を支持し、対等な取引相手と考える立場へと進んだ。さらにそこから、雇用主や個々の労働者ではなく、労働組合を支持する立場へと移行したのである。[*10] これに雇われ経営者の態度を描《か》き加えれば、一幅の絵が完成する。こうした経営者は、社会のために戦っていると主張したところで、反発を

*9 第11章を参照。

招くどころか哄笑されるのが落ちだということを知っており、誰も経営者の義務だとは思っていないことに首を突っ込んで中傷や身の危険にさらされるより、進歩的な面を評価されたり、休暇を取った方が良いという結論に至る。

　こうした点を踏まえれば、今後避けられない傾向をそう遠い先まで延長しなくても、社会主義以外に社会の規律を取り戻す手段がないのではないかという状況を思い浮かべることができる。ただ、いずれにしても、この点で社会主義経営に極めて大きなメリットがあること、それが生産効率に大きく寄与することは明らかだ。

　第一に、社会主義社会の経営陣は、権威で規律を押しつける上で、資本主義の経営陣には二度と使えない手をふんだんに使えるはずだ。資本主義の経営陣に残されているのは、事実上、解雇の警告だけだが（これは社会的に対等な者が合理的に契約を締結・解消するというベンサム流の考え方に一致する）、この手でさえ、それを使おうとする人の手を傷つけるようにできている。しかし、社会主義社会の経営陣が解雇を警告すれば、生活手段を奪われ、他に働き口もないという警告になり得る。また、資本主義では基本的には解雇するか何もしないかにならざるを得ないが（これは契約締結者の一方が他方を律するという考えそのものが、原理として世の中の考え方に反するからだ）、社会主義社会の経営陣は、そうした警告を合理的と思われる範囲内で自由に利用した上で、さらに他の制裁も加えられる可能性がある。資本主義の経営陣は労働者の心の中で権威を失っているため、それほど厳しくない制裁にしても使えないものがあるだろう。だが、社会環境が変われば、単なる忠告が今では考えられないほどの効果を発揮することも考えられる。

第二に、社会主義社会では経営陣が権威で規律を押しつけるための様々な手段を資本主義よりも遥かに利用しやすいと感じるようになるはずだ。介入する政府はない。集団としての知識人はもう敵意を持っておらず、敵意を持つ個人は社会から抑圧される。この社会は再び社会の規範を信じているのである。こうした社会は、特に若者の指導には揺るぎない姿勢で臨むだろう。繰り返しになるが、世論が犯罪まがいと思える行為を黙認することもなくなる。ストラ

*10　ピケなどの行為を奨励するにも等しい黙認は、一直線には進まないプロセスを捉える上で便利な道標になるかもしれない。アメリカの法律、それにもまして行政命令は、特に興味深い。というのも、長い間遅れていた変化が短期間に一気に集中して起きたため、関連する問題が他国とは比較にならないほどはっきりと浮かび上がっているのである。労働問題に向き合う姿勢として「労働者階級の短期的な利益よりも、政府が気にかけなければならない社会的な利害があるのではないか」という意識が全く欠けているのも特徴的だし、中途半端な階級闘争の戦術が大々的にとられていることも特徴的だ。こうしたことの多くは、特殊な政治構成や、他の方法ではプロレタリア階級を効果的に組織化できないというアメリカの特殊な事情で説明できる。しかし、だからといって、アメリカの労働情勢の実例としての価値が大きく損なわれることはない。

イキは反乱になる。

第三に、社会主義社会の指導部には、資本主義の民主政府とは比べ物にならないほど、権威を保とうという動機が働くはずだ。今の政府が企業に対して取っている態度は、政治の世界で野党を連想させる態度に近い。批判的であり、抑制的であり、基本的に無責任だ。社会主義ではそのようなことはあり得ないだろう。生産省は責任を持って動力装置を動かすはずだ。確かにこの責任は政治上の責任にすぎず、ことによると、口でうまいことを言って数々の悪事を働く可能性はある。だが、政府が野党的な立場をとるメリットは必然的になくなり、それに代わって経済を成功に導こうという強い動機が生まれるはずだ。「経済上必要だから」という主張をもはや笑い飛ばすことができなくなる。業務を混乱させたり、仕事に反感を抱かせようという行為は、反政府行為となる。政府がそうした行為に報復することは当然予想できる。

貯蓄の場合と同様、ここでもロシアの事例を一般化することには、様々な反論が出るかもしれない。しかし、より成熟した——別の言い方をすれば、より正常な形に近い——社会主義であれば、問題は増えるのではなく減るのであって、ロシアの経験が貴重な教訓になることに変わりはない。それどころか、これまでの論証のポイントをこれ以上例証できる事例は他に期待できない。

一九一七年のボルシェビキ革命では、数こそ少ないものの、一部地域に密集した産業プロレタリア階級の混乱が頂点に達した。大衆は全く手がつけられなくなり、仕事をさぼるための無数のストライキや工場の占拠を通じて、労働者の思い描いていた新しい体制が現実のものとなった。[*11] 労働者評議会や労働組合による経営が広がり、多くの指導者もそれを当然のこととして受け入れた。一九一八年初めにこぎつけた妥協で、エンジニアと最高会議が最低限の影響力をどうにか手にしたが、それが全く不本意な結果に終わったことが大きな動機の一つとなって、一九二一年の新経済政策（ネップ）導入となった。労組はこのネップの下で、しばらくの間、きつい足枷をはめられた資本主義国の労組のような役割・姿勢に逆戻りした。ところが、第一次五カ年計画（一九二八年）で事態が一変し、一九三二年には帝政末期よりも産業プロレタリア階級の統制がとれていた。ボルシェビキはその他の点で様々な失敗を犯したかもしれないが、それ以来、この点では一貫して確実に成功を収めている。一体どのように成し遂げたのか、その経緯は極めて示唆に富んでいる。

労組が抑圧されたわけではなかった。逆に政府が労組を育てたのである。組合員は飛躍的

*11　こうした規律の崩壊は、これまでのところ、ほとんどの歴史的事例で起きている。例えば、パリでは一八四八年の革命の間に準社会主義の実験が行われたが、失敗を招いた直接の原因は規律の崩壊だった。

に増え、一九三二年には早くも一七〇〇万人近くに達した。だが、集団利益を主張し、規律と効率を妨げる存在だった労組は、社会の利益を訴える存在、規律維持と効率向上の手段に姿を変えていた。資本主義国の労組からは全く想像もできない姿勢をとるようになり、西側の労組関係者の間で「あれは断じて労組ではない」という声が上がったほどだ。労組はもう痛みを伴う工業化に抵抗せず、追加の報酬なしに労働時間を延長することを進んで支持した。賃金平等の原則も廃止し、プレミアムの制度や、スタハーノフ運動を始めとする努力を奨励する措置に支持を表明した。現場の管理者に労働者を自由に解雇する権限を認め（あるいはそうした権限に従い）、「民主的会議主義」（労働者が出された命令について話し合い、そこで問題ないと判断した場合にのみ命令に従う慣行）に冷や水を浴びせた。「同志裁判」や「粛清委員会」と協力して、怠ける人間や人並み以下の人間にはかなり強硬な姿勢を取るようになり、スト権や生産制限といった言葉を耳にすることはなくなった。

ここには、イデオロギー上、問題になることは何一つない。労働力を最大限活用しようという政府の意向に背くものに悉く「反革命的」「反マルクス的」の烙印を押すという一風変わった語法に苦笑する人はいるかもしれないが、実際のところ、こうした姿勢に反社会主義的な要素は何一つない。階級闘争がなくなれば、妨害行為がなくなり、労働協約の性格が変わっていくというのも、論理的としか言いようがない。この体制で喚起できた自己規律・集団規律の量は本書の予測に完全に沿うものであり、その点を無視して、ロシアの現状を批判するのは間違っている。また、権威で押しつけた規律が、乏しいながらも実績を残したことを無視するのも間違いだ。そうした規律は、別の形の規律の強力な土台となるばかりか、それを強力に補完する存在にもなる。

個々の労組とその中央機関である総評議会は、政府・共産党の統制下にある。共産党内でかつて「労働者反対派」と呼ばれていた勢力は抑圧され、労働者独自の権利を主張し続けた労組指導者は地位を追われた。したがって、統治体制が再編された一九二一年以降（少なくとも一九二九年以降）、労組は政府・共産党の意に反するようなことは何も言えない、もしくは何もできない状態にある。労組は権威で規律を押しつけるための機関となった。これは先に指摘した点を見事に例証している。

繰り返しになるが、以下の点は重要だ。今の労働者の仕事に対する不健全な姿勢が周囲の影響によるものだとすれば、周囲から始終あれこれ言われて義務感と誇りを失うのではなく、逆に義務感と誇りを吹きこまれれば、状況は一変する。ロシアという国は、資本主義国とは違って、若者の教育・指導を通じて国の目標、体制の考えに沿った行動を強要できる立場にある。これは工場の規律にふさわしい雰囲気をつくる上で計り知れない力となる。知識人に口出しする自由がないことは明らかだし、規律違反を促す世論は存在しない。

最後に、生活苦をもたらす解雇、流刑にも等しい異動、特別作業隊の「視察」や、場合によっては赤軍同志も同行する視察は、法律上の解釈はどうであれ、事実上、政府が効率を維持するために自由に行使できる手段だといえる。政府にはそうした手段を利用する動機があるし、誰もが認める事実として、そうした手段を何の躊躇もなく使っている。資本主義の雇用主であれば、たとえ権限はあっても実際に使うことなど考えられないような制裁が、様々な心理操作の陰で虎視眈々と静かに機会を窺っている。

こうした諸々のことにつきまとう不吉な影は、本書の核心をなす問題ではない。私が伝えようとしていることに不吉な点は一切ない。個人や集団全体に対する残虐行為は、基本的には、期が熟していないことや、その国特有の環境、また支配層の質に原因がある。別の環境や、別の発展段階、また別の支配層であれば、必ずしもそのようなことは起きない。制裁など全く使う必要がないことがわかれば、それに越したことはないのである。ポイントは、少なくとも一つの社会主義体制で、実際に集団規律を確立し、権威で規律を押しつけることができたという点だ。大切なのは原理であり、原理が利用される際の個々の具体的な形ではない。

このため、社会主義は、たとえ設計図のメリット・デメリットは別にしても、足枷をはめられた資本主義との比較で見劣りしないことになる。改めて指摘しておく必要があるが、ここではあくまで可能性について論じてきた（設計図について論じた時とはまた別の意味での可能性だが）。これを確実にそうなる、もしくは実際にそうなる可能性が高いという形に変えるには、様々な前提条件の導入が必要になり、別の結果が出る前提条件を採用しても、原理的には全く問題がない。実際、社会主義が完全な失敗、ことによると滑稽なほどの失敗に終わると論証するためには、ただ単に、先ほど「牧歌的な社会主義」と名づけた考え方が幅を利かせるという前提を立てればよい。しかも、これは考えられる最悪の結果でさえない。滑稽なほど明らかな失敗であっても修復は可能だ。遥かに質《たち》が悪く、実際にもありそうなのは、完全な失敗ではないため、政治的な心理操作で成功を装えるケースだ。また、動力装置を描いた設計図からの逸脱、システムの運営原理からの逸脱は、当然、商業社会の場合と同様にあり得るが、社会主義の場合はこれが商業社会よりも深刻な問題となり、自力での修正が難しくなる恐れがある。しかし、本書で進めた論証をもう一度振り返って頂ければ納得してもらえると思うが、そうした点を根拠とする反論は、本書の主張を大きく揺るがすものではない。より正確に言えば、本書で定義した社会主義そのものに反対しているのではなく、特定のタイプの社会主義で生じるかもしれない特徴に反対しているのである。そこからは、社会主義を求めて戦うのは馬鹿げているとか間違っているという結論は引き出せない。引き出せるのは、具体的にどのようなタイプの社会主義が機能するかを念頭に置かなければ、社会主義を求めて戦う意味が定まらないということでしかない。そうした社会主義が一般に民主主義と呼ばれているものと両立できるかどうかは、また別の問題だ。

第19章 移行期

1 二つの異なるケースの区別

誰もが、特に正統派の社会主義者は誰もが認識していることだと思うが、資本主義体制から社会主義体制への移行はどのような状況下であっても、常に固有の問題が持ち上がる。ただ、どのような問題が予想されるのか、またどの程度の問題が予想されるのかは、資本主義の発展のどの段階で移行するか、また社会主義を目指す集団がどんな方法を取り得、実際にどんな方法を取るのかで大きく変わってくる。このため、二つの異なるケースを想定し、二組の異なった環境を類型化するのが便利だろう。「時期」と「方法」の間には明確な関係があるため、この方法は殊更使い勝手が良い。ただ、どちらのケースも十分に発達した「足枷をはめられた」資本主義を前提として論じる。それより前の段階でもできること、もしくはできないことを論じて紙面を無駄にするようなことはしたくない。この点を念頭に置きつつ、この二つのケースを「機が熟した社会主義化」と「時期尚早な社会主義化」と呼ぼう。

第2部の内容のほとんどは、「経済のプロセスは自ら、人の心を、自然に社会主義化する傾向がある」というマルクスの説に集約できるかもしれない。つまり、社会主義を実現するための技術上、組織上、商業上、行政上、心理上の必要条件は、次々に満たされていく傾向があるということだ。こうした傾向を延長することで見えてくる将来像を改めて想像してみよう。ビジネスは農業部門を除いて少数の官僚型の法人が運営する。進歩のペースは落ち、進歩が機械的・計画的になる。金利はゼロに向けて収斂していく。これは単に一時的なものでも、政策の圧力によるものでもなく、投資機会の縮小に伴う恒久的なものだ。産業の所有・管理の非人格化が進む。つまり所有が株式・債券の保有に堕し、管理職が公務員のような思考習慣を身に着けていく。資本主義的な動機や規範は廃れたも同然になるだろう。こうした機が熟した段階で社会主義に移行すればどうなるか、結論は明らかだ。ただ、ここで二つの点を指摘しておきたい。

第一に、この状態にどこまで近づけば条件が満たされたと言えるのか、また、ある時点でどこまでこの状態に近づいていると判断するかは、人によって——社会主義者の間でさえ——意見が分かれるだろう。これは至極当然なことで、資本主義のプロセスに内在する社会主義に向けた歩みは緩慢なものであり、この信号を過ぎれば直ちに一点の疑問もなく社会主義への道が開けるといった誰の目にも見える目印があるわけではない。しかも、成功に必要な条件が同じペースで満たされていくとは限らないという事実を併せて考えれば、真剣に議論しても意見のまとまらない余地が一気に増える。例えば、一九一三年のアメリカの産業構造は、それだけを取り出してみればドイツの産業構造よりも「成熟」に近い状態だったと言えるかもしれないが、両国で社会主義化の実験が行われていれば、国家が崩壊していたドイツ人の方に遥かに成功の見込みがあったことを疑う人はまずいないはずだ。当時のドイツ人は世界史上最高の官僚制度と優れた労働組合の指導の下で規律が確立していた。ただ、真剣に議論しても意見がまとまらないケース（有能で真剣な医者の間でも患者に手術を勧めるかどうかで意見が割れるといった、気質の違いで説明できるものも含め）とは別に、本音では社会主義を望んでいないので機が熟したことを絶対に認めたくないという人や、理想を追い求めるため思いつく限りの理由を挙げ、どんな状況でも機が熟したと判断する人がいるという不安は拭えないし、残念ながらそうした不安には十分な根拠がある場合が少なくない。

第二に、たとえどう見ても機が熟したと判断できる状況であっても、移行には明確な行動が必要になり、そこでも様々な問題が生じることになる。

資本主義のプロセスでは物事や人の心が社会主義に向けて形作られていく。極端なケースでは物事や人の心が完璧に社会主義化され、最後の一歩は純粋に形式的なものになることも考えられる。ただ、その場合でさえ、資本主義の体制が自然に社会主義に移行するわけではない。そうした最後の一歩、つまり社会主義を共同体の生活原理として公式に採用する措置（例えば憲法の改正など）が必要になる。しかし、現実にはそうした極限のケースに達するまで人々が待つようなことはないだろうし、それは合理的なこととも言えない。というのも、資本主義的な利害関係や態度が社会構造の隅々から完全に消え去らなくても、事実上機が熟したと考えられる場合があり得るからだ。その場合、憲法改正は単なる形式上の問題ではなくなる。一定の抵抗と問題を乗り越える必要が出てくるだろう。このケースについて考える前に、もう一つの区別もしておこう。

物事や人の心は、基本的には自動的に社会主義化されていく。つまり、人の意志に関わらず、特段の措置をとらなくても社会主義化されていく。しかし、その一方で、このプロセスでは特に、社会主義化に向けた意志も生まれ、結果的に法律や行政命令といった措置が導入される。そうした措置の積み重ねが社会主義化政策の一部となるため、社会主義化政策は長い時間、いずれにしても何十年という期間にわたると考える必要がある。しかし、言うまでもないことだが、社会主義化政策の歴史は、社会主義体制の採用・発足前と採用・発足後の二つの時期に分けられる。移行前の社会主義化政策は、意図的なものかどうかにかかわらず、準備作業であり、移行後の社会主義化政策は制定作業といえる。前者はこの章の最後でごく簡単に取り上げたい。ここでは後者を集中的に論じよう。

2 機が熟した段階での社会主義化

機が熟した段階で社会主義に移行する場合、「移行後の社会主義化」でまず取り組まなければならない課題は克服できないものではなく、特に深刻な問題とさえ言えない。機が熟していれば抵抗が薄れ、あらゆる階級の大半の人々から協力が得られる。この場合、まさに憲法改正を通じて——つまり法の連続性を断ち切ることなく、平和的な形で——社会主義を採択できる可能性が出てくる。この仮定の下では、人々はこの措置の意味を理解し、社会主義を望まない人であっても大半の人が我慢できると考えるはずだ。取り乱す人や世界が音を立てて崩れると感じる人は誰もいないだろう。

もちろん、この場合でも、絶対に革命はないとは言い切れない。しかし、その危険はそれほど大きくない。組織的な抵抗、また激しい動乱は、全くもしくはほとんど起きないと考えられ、人々が革命に駆り立てられるきっかけは減るだろう。加えて、経験豊富な責任ある集団が進んで舵を取り、規律を保ち、ショックを最小限に抑える合理的な手段を活用できるはずだし、実際にも活用するはずだ。訓練の行き届いた官庁・企業の官僚組織も助けになる。こうした組織は、法律上の権威が出す指令であれば何であれ受け入れる習慣が確立している。いずれにしても資本主義陣営に特に肩入れしているわけではない。

まず、生産省や中央委員会が恒常的に直面する問題について無駄な作業を省いたのと同じ方法で、移行期の問題についても無駄な作業を省いてみよう。つまり、農業については、事実上、手をつけないと想定する。そうすれば、致命的となり得る問題を回避できるばかりか(農業経営者や小作農の世界ほど所有に対する関心が強く息づいている世界はない。農業の世界にはロシアの小作農ばかりが住んでいるわけではない)、それに加えて追加の支持も得られる(農業経営者ほど大規模産業、特に資本家を憎んでいる層もない)。中央委員会は他の小規模事業者にも懐柔策をとることが考えられる。事業規模の小さい職人や商店主が、少なくとも一時的に、社会主義産業の周縁で利潤目的の仕事をすることを認める可能性がある。今の煙草屋が煙草の専売公社がある国でしていることを認めるのである。その一方の極――個性で勝負している人々（例えば経営者タイプ）の個人的な利益にも、先に指摘した線で容易に配慮することができる。それによって経済の動力装置を動かす上で深刻な問題を回避できることも考えられる。平等主義の理想を徹底的に追い求めれば、すべてを失いかねない。

資本家層はどうなるだろう。機が熟した場合、資本家層は先ほど指摘したように株式・社債の保有者層と概ね同一視できるかもしれない（後者は、抵当証券や保険証書の保有者も含む）。バイブル以外に何も知らず、この層を莫大な富を持つ少数の有閑階級と考えている社会主義者は驚くことになるはずだ。機が熟した段階では、ことによると、有権者の大多数をこの層が占めており、それぞれの持ち分がいくら少なくても、自分の権利を没収されることに難色を示す可能性がある。ただ、社会主義の体制でそうした権利を補償なしで没収できるのか、もしくは没収すべきなのかは重要な問題ではない。重要なのは、経済的には没収の必要はないこと、また、たとえ没収を決めた場合でも、それは他に選択肢がないからそうするのではなく、共同体としての自由な選択であり、例えば共同体が採用する倫理上の原理に則った結果だという点だ。というのも個人が債券や抵当証券を保有し続ける場合の利払いや、保険金の支払い、中央委員会が旧株主に発行する債券の利払い（これは配当金の代わりとなる。株主は議決権を失うが、過去の平均配当額を適切に算出し、それとほぼ同額の所得を受け取ることが可能だ）といったものは、関連統計を少し調べればわかるように、耐えられない負担ではないのである。この社会主義共和国が引き続き個人の貯蓄を活用するのであれば、政策としてそうした負担を引き受ける可能性は当然ある。そのような支払いをある時点で打ち切るには、すべての支払いを有期の年金に変更したり、もしくは所得税・相続税を適切に活用すればよい。後者の場合、所得税と相続税は最後の役目を果たし、その後永久に姿を消すことになる。

以上で「移行後の社会主義化」の無理のない方法を十分描けたと思う。今想定している環境の下では、これで確実かつ安全に――エネルギーの消失と文化的・経済的な価値への影響を最小限に抑える形で――緩やかな移行が進むと考えることができるかもしれない。大企業の経営陣は、交代しなければならない特別な理由がある場合に限って入れ替える。移行する時点で社会主義化の対象企業の中にまだ民間のパートナーシップがある場合は、まず企業に転換し、その上で他の企業と同じように社会主義化する。新しい企業の設立は当然、禁止する。会社間の関係構造（特に持ち株会社）は合理化し、管理効率を上げる形に簡素化する。銀行はすべて中央銀行の支店となる。この形態の下でこれまでの機械的な役割を一部継続する可能性があるほか（社会の帳簿をつける際には、事実上少なくとも一部の業務を銀行に委ねることが避けられないだろう)、ことによると「信用」供与の可否を判断する権限という形で産業の経営陣に一定の力を持つことも考えられる。そうなれば、中央銀行は生産省自体から独立し、全体を監督する機関となるのかもしれない。

このように、中央委員会が初めは緩やかにスタートし、急激な変化を避けながら徐々に手綱を締めていけば、経済システムは、混乱を回避し、進捗状況を見極めながら、移行に伴う細々とした問題を一つ一つ片づけていくことが可能だ。当初は生産調整の必要はほとんどなく、最大でも全生産量の五%程度の問題になるだろう。平等主義の概念をここで想定しているより遥かに強く打ち出さない限り、需要の構造は大きく変わらないからだ。弁護士など、資本主義では必要だったが社会主義では不要になる役割があるため、確かに、ある程度大規模な職業上の人の移動があるだろうが、これも一切深刻な問題にはならないだろう。それより重大なのは、人並み以下の生産部隊をなくす、一段の集中で最良の条件を満たす、立地面の合理化を進め、それに伴う人の再配置を進める、生産財・消費財の規格化を進めるといった問題だが、これはシステムがかつてのライン上で有機的な変化を消化し、スムーズに機能している間は、問題にならないだろうし、いずれにしてもこうした問題に必ず見舞われるとは限らない。このタイプの社会主義であれば、設計図が秘めている優れた可能性をいずれすべて実現できると無理なく予想できる可能性がある。

3　機が熟していない段階での社会主義化

（1）こうした予測は第二のケース、つまり機が熟していない段階で社会主義の原理を採用した場合には、全く当てはまらない。このケースは、社会主義者が資本主義国の中央機関を支配下に置けたが、物事や人々の心の準備が整っていないという段階で資本主義から社会主義体制に移行するケースと定義できるかもしれない。繰り返しになるが、あまりに時期尚早で、まともな人間には成功の見込みなど夢にも考えられず、無謀な武装蜂起以外に政権奪取の方法がないケースについては論じない。このため、機が熟していない段階での社会主義化は必ず完全な失敗に終わるとか、そこで発足した制度が崩壊する運命にあると言うつもりはない。ここでも念頭に置いているのは今日の足枷をはめられた資本主義であり、このタイプの資本主義との関連であれば、少なくとも妥当な形でこの問題を取り上げることができる。こうした状況では遅かれ早かれ、この問題が持ち上がる可能性が高いとさえ言えるのである。長期的な情勢は社会主義者の夢に一歩一歩有利な状況に傾いているが、それよりも重要なのは、資本家階級やその機構が一時的に機能不全に陥り、それがまたとないチャンスになるような事態が短期的に発生する可能性があることだ。一九一八－一九年のドイツが好例であり、一九三二年のアメリカもその例に該当すると指摘する人もいるだろう。

（2）物事や人々の心の準備ができていない、つまり機が熟していないとは、どういう状況であるかは数ページ前で説明した機が熟した状態を思い浮かべてもらえば、すぐにわかって頂けると思う。ただ、ここでは一九三二年のアメリカの具体的な事例を少し描《か》き加えてみたいと思う。

アメリカは活発な（成長率の点から言えば異常とは言えないが）産業活動の時期を経て、不況期に突入した。その激しさは「進歩」の結果としてどこまで調整が必要になるかを証明するものだったといえる。ただ、この進歩が重要な方面で道半ばだったことは明らかだ。それは農村や一般世帯の電化、化学の様々な新展開、建設業に芽生えていた可能性を指摘すれば十分だろう。したがって、この段階で社会主義に移行して官僚化が進んでいれば、起業のエネルギーや生産効率、将来の大衆の利便性という点でかなりの損失を被っていた。この点は確実に予測できたはずだ。不況に伴う狂乱状態の中で社会主義に傾斜した知識人が大衆に授けることのできた知識が、大体においてこうした予測と正反対の方向にあったことは滑稽としか言いようがないが、これはその当時の経済分析よりも社会心理の分析と密接に関係する問題だろう。

機が熟していないという点では、商工業の組織形態も機が熟していなかった。中小企業の数がまだ非常に多く、業界団体などを通じた協力体制も完成には程遠かったばかりか、大企業の発展自体も（確たる根拠もなく方々で不安視され、敵視されてはいたが）、本書で論じた社会主義化の手段を無難かつ容易に適用できるほど進んでいたとはとても言えなかった。資産五〇〇〇万ドル以上を大企業とするなら、大企業の保有資産は国民資産の五三・三％にすぎず、金融と公益を除けばわずか三六・二％、製造業でも四六・三％にすぎなかった。[*1] これより規模の小さい企業は一般に社会主義化には容易に馴染まず、社会主義に移行すれば、そのままの形で機能するとは思えない。だが、仮に大企業の下限を資産一〇〇〇万ドルに下げても、先ほどの比率はそれでも、それぞれ六七・五％、五二・七％、六四・五％にとどまる。こうした構造の有機体を「引き継ぐ」だけでも大変な作業になっていたはずだが、それを動かし、改良していくというさらに大変な作業を、経験を積んだ官僚機構の助けも借りず、組織化も全く不十分で一部に非常に怪しげな指導者のいる労働者の集団――したがって手に負えなくなる可能性の高い集団――とともに進めていかなければならなかったはずだ。

心の準備の方は、物事の準備よりもさらに遅れていた。不況のショックが広がったにもかかわらず、実業家は固《もと》より、労働者や農家でもかなりの人がブルジョア体制の視点で物を考え、物を感じていた。現実問題として別の体制についてははっきりした構想を抱いていたわけではなく、社会主義化という構想、またそれに遠く及ばない構想でさえ、こうした人たちにとってはまだ「非アメリカ的」なものだった。有力な社会主義政党はなかったし、実際、スターリン主義の共産主義者を除けば、公式な社会主義系の組織で量的に重要な支持を集めた団体はなかった。農家に対しては様々な説得工作が行われたが、結局のところは、農家が社会主義を嫌悪していたことに変わりはなく、大企業一般、特に鉄道会社に比べれば多少はましという程度だった。この段階では、十分な支持は集まらず、大抵の場合、いやにけたたましい反応か生ぬるい反応しかなかった期待できなかったはずだ。しかし、それでも激しい抵抗となっていただろう。国はおろか、他の誰にも真似できないことをしていると心の底から信じる者の抵抗であり、抵抗を通じて自分のためだけでなく、社会のために、絶対的な光を求めて絶対的な闇と戦っていると感じている人間の抵抗だ。アメリカのブルジョア階級は勢いが衰えていたが、それでも息絶えていたわけではない。ブルジョア階級も強い正義感を胸に抵抗し、同意も協力も拒める立場にあったはずだ。そうなると、特定の個人ではなく、集団や階級に対する強権の発

*1　W. L. Crum, "Concentration of Corporate Control," *Journal of Business*, vol. viii, p. 275 を参照。

動が必要とされる状況、また、憲法改正では社会主義の原理を採用できない状況――つまり、法の連続性を断ち切らなければならない状況――に陥っていたはずだ。新体制は革命を通じて（恐らく流血を伴う革命を通じて）打ち立てるしかなかっただろう。この「機が熟していない」ケースの具体例は、全く希望がないケースに分類されるのではないかという反論はあるかもしれないが、今挙げた例は、様々なタイプの「機が熟していない社会主義化」の主だった特徴を寄せ集めて例示したもので、一般的なケースを論じる際に役立つはずだ。

無論、こうしたケースを思い描いているのは、正統派の社会主義者であり、そうした人々は大抵、「悪竜」資本主義を見事に打ち倒すプロレタリアート「聖ゲオルギウス」という華々しい構図でなければ気が済まない。だが、不幸にしてそうした初期のブルジョア革命のイデオロギーがまだ残っているという理由で、この「政治的なチャンス」と「経済面の準備不足」の結合の帰結を論じるわけではない。一般に社会主義体制への移行に特有の問題とされているものはこのケースでしか現れないためだ。

（3）それでは、「革命人民」（これはフランス国王に与えられた「至高のキリスト教王」という称号同様、ボルシェビキ革命で、ある種正式な称号となった）が政府の中央省庁や非社会主義政党、非社会主義系メディアの拠点を占拠し、仲間を配置したと仮定しよう。占拠された機関の職員や一般企業の社員は、この仮定の下では、一部、不本意な協力を迫られたり、労働運動の指導者やカフェから駆けつけた知識人に職を追われることになる。仮にこの新たな中央委員会に次の二つの条件が備わっていたとしよう。（1）強力な赤軍があり、あからさまな抵抗を鎮圧でき、右派・左派の区別なく無差別に発砲することで、行き過ぎた動き（特に「野蛮な社会主義化」[*2]）を抑えることができる（2）思慮分別があり、前に論じた方法で小作農や農業経営者には手をつけない——の二つだ。旧支配層をどこまで合理的・人間的に扱うかについては、仮定を立てない。実際、そうした状況では冷酷無慈悲な扱い以外にどんな扱いがあり得るか、予想は難しい。「敵は自分たちの行為を不埒な攻撃と受けとめる」「自分はカール・リープクネヒトやローザ・ルクセンブルクと同じ運命を辿る恐れがある」——それがわかっている人間は、当初の意図を超えてすぐさま暴力的な方向に進むだろう。まだ古い体制を支持している人間や、必ず台頭してくる新左派勢力など、自分たちが凶悪な犯罪者とみなす敵に、犯罪的な凶悪さで臨むのは、まず避けられない。だが、暴力やサディズムで問題が解決するわけではない。では、中央委員会はサボタージュに不満を漏らしたり、陰謀や破壊工作を取り締まる追加

*2 「野蛮な社会主義化」は公的な用語にもなったが、各工場の労働者が経営を乗っとり、自分たちの手で物事を進めようという試みだ。責任ある社会主義者にとっては悪夢以外の何物でもない。

の権限を求める以外、何をするのだろうか。

最初の仕事はインフレを起こすことになるはずだ。銀行を接収し、財務省と統合もしくは協力させ、中央委員会や財務省が伝統的な方法で、できる限り多くの預金と銀行券を創造する必要が出てくるだろう。インフレが避けられないと思える理由は（1）今ここで論じているケースで社会主義革命が起きれば、少なくとも一時的に経済のプロセスが麻痺する（2）その結果、財務省や金融センターでは当面、手元資金が不足する——の二点を否定する社会主義者がまだいるためだ。社会主義の簿記や所得単位のシステムはまだ機能していないはずであり、そうなれば、第一次世界大戦中・大戦後のドイツや、一七八九年の革命中・革命後のフランスで導入されたような政策しか残されていない。当時の独仏があれほど長期間インフレに苦しんだのは、私有財産制度と商業社会の手法に未練があったからだが、「社会主義革命の翌朝」は何も形になっていないはずであり、その点の違いを指摘しても仕方がないだろう。

しかし、インフレが避けられないにしても、この路線を歩む別の動機があることにも触れておく必要がある。インフレ自体が移行期の問題の一部を軽減し、一方的な収奪を進める格好の手段になる。前者について言えば、例えば以下の点は明らかだ。インフレが起きれば、少なくとも一時的には実質賃金の低下が避けられないが、名目賃金を劇的に上げれば、しばらくの間は、不満の爆発を抑えられる。後者について言えば、インフレを起こせば、金を貸している債権者から面白いほど簡単に収奪できる。初めから通貨を紙切れにするつもりであれば、中央委員会は工場など実物資本の所有者にいくらでも補償金を払うことができ、移行がスムーズに進む可能性さえある。また、しばらくはそのまま黙認せざるを得なかったはずの民間企業も、インフレが進めばバタバタと倒れることも忘れてはならない。レーニンが言うようにインフレほど混乱を招くものはない。「ブルジョア社会を破壊するには、通貨を堕落させる必要がある」。

（4）次の仕事は当然、社会主義化となるだろう。移行期の問題をめぐる議論は、社会主義者が昔から繰り広げてきた論争――より正確に言えば社会主義者と、労働主義者と呼んだ方が良い人々が繰り広げてきた論争――に遡る。つまり一気に完全な社会主義化を進めるのか、部分的に緩やかに社会主義化を進めるのかという問題だ。多くの社会主義者は、どんな状況でも前者を支持するのが純粋な「信念」に対する義務であり、効験あらたかな社会主義を本気で信じているなら、それが当然だと考えているようだ。「労働主義者はここでも不都合極まりない責任感を捨て切れず、弱腰になっている」と軽蔑しているように見える。ただ、ここでは心から信じている方に一票入れることにしよう。[*3] 今論じているのは資本主義下で進める移行期の政策ではない。資本主義の枠内で緩やかに社会主義化を進めることは可能であり、それが当然の流れとさえ言えることは後ほど論じる。ここで論じているのは全く別の移行期の政策、政治的な革命によって社会主義体制が発足した後に進める政策だ。

この場合、たとえ避けて通れない行き過ぎが最小限に抑えられ、比較的秩序ある手続きを強要したとしても、一部の重要産業が社会主義化され、別の重要産業は何事もなかったようにこれまで通りの営業を続けているという段階は想定しがたい。革命政府は、無責任にあれこれ喧伝していた時代の主張を少なくとも一部は実行せざるを得ない状況に追い込まれるはずだ。その時点で残っている民間産業がすべて機能停止に陥る事態は十分考えられる。ここで主に想定しているのは、起業家・資本家層のボイコットが広がるというシナリオではない。昨今、資本家の力は過大評価されているが、そのような状況では統制委員《コミッサール》の監視の下で概ね力を失うはずだ。それに、日々の仕事を投げ出すのはブルジョアの流儀ではない。何としてもやり遂げるのがブルジョアのスタイルだ。抵抗はするだろうが、あくまで政治の場、工場の外での抵抗になり、抵抗活動を工場内に持ち込むことはないだろう。社会主義化されていない産業が機能を停止するのは、ただ単に統制委員の監視や労働者・世論の気分に左右されて、独自のスタイルで機能できなくなるためだ。資本主義産業は、独自のスタイルでしか機能できない。

ただ、今取り上げたのは、大規模産業や、大規模な管理単位への編成が容易な産業だけだ。大規模産業と社会主義化の対象外とした農業部門の狭間に位置する領域について、すべてを取り上げたわけではない。この領域は中小企業が中心になるが、恐らく中央委員会がその時々の都合で対応するシナリオ、特に状況の変化に応じて一進一退するシナリオは考えられる。これも完全な社会主義化であることに変わりはなく、本書の定義から外れるものではない。

もう一つ付け加えることがある。革命を必要とするような時期尚早な社会主義化は、法の連続性が断たれるという意味でも、その後、恐怖政治の時代が続くという意味でも、革命を企てた人間以外、短期的に見ても長期的に見ても得をする人間がいないことは明らかなはずだ。そうした革命への情熱を煽り、革命に伴う様々な危険を冒す勇気を美化するのはプロの扇動家の、あまり好ましくない義務の一つと言えるのかもしれないが、アカデミックな知識人として唯一称賛され得る勇気は、批判し、警告し、牽制する勇気だけだ。

＊3 とはいっても、バイブルの方はそうした主張をはっきり支持しているわけではない。『共産党宣言』の読者は、最も肝心な部分に「次第に」という言葉が挿入されていることに気づき、当惑するはずだ。

4 移行前の社会主義政策 イギリスの例

だが、真摯な社会主義者に今できるのは――今後五〇年から一〇〇年の間にできるのは――理念を説き、待ち望むことしかない、という結論を本当に下すしかないのだろうか。まあ確かに、党員を失いたくない政党にそんなことは期待できないだろうし、あまりにも慈悲深いこの泉からは様々な反論が――嘲笑が――湧き出してくるが、しかし、だからと言って、この結論を裏づける強力な論拠があるという事実をもみ消すこともできない。社会主義者にとっては自分たちに有利な今の流れをさらに促す方が――つまり資本主義にさらに足枷をはめるよりも足枷を解いてあげた方が――自分たちの利益になるということさえ、かなり論理的に言えるのかもしれない。

とはいっても、少なくとも今の状況で社会主義者になすべきことは何もないと言っているわけではない。大多数の大国や多くの小国で、今、社会主義体制の樹立を企てるのは、どう考えても自分で自分の首を絞める行為だし（それは恐らく社会主義自体の首を絞める行為にもなるが、無謀な賭けに出た当の社会主義組織の汚点になることは言うまでもない。そうした組織は、必ずしも普通の意味での社会主義組織とは限らない別の組織にあっけなく身ぐるみはがされる可能性もある）、結果的に体制樹立後の社会主義化政策が迷走しかねない。だが、移行前の社会主義化政策には、遥かに大きな可能性がある。社会主義陣営は他の陣営とともに――しかも他の陣営よりも明確に目標を見据えながら――将来の成功を危険にさらすことなく、社会主義化に手を貸すことができる。この問題について論じたいことはどれも、ある一つの事例の装いにはっきり表れている。

ここで実例を挙げたい特徴は望む限りすべて現代のイギリスに見出せる。イギリスの商工業の構造が一気に社会主義化できるほど成熟していないことは明らかだ。特に企業支配の集中が十分に進んでいない。同様に、経営陣も資本家も労働者も社会主義を受け入れる準備が整っていない。「個人主義」の活力はまだ十分に残っているし、少なくとも抵抗し協力を拒む力はある。一方で、大まかに言って二〇世紀初め以降は、起業家の気力が目に見えて衰えている。その結果、特に、例えば発電など重要な分野については国が旗振り役となり、国家管理を進めることをすべての政党が受け入れているばかりか、要求さえしている。資本主義が役割の大半を完全に終えたことをどの国よりも説得力を持って主張できるかもしれない。また、イギリス人の間では総じてすでに国家が崩壊している。労働者の組織化が進み、基本的に責任ある指導体制が確立している。官僚機構は経験豊富で、文化的・倫理的な水準も非の打ちどころがなく、国の領域を拡大する際に必要となる新たな要素の吸収を委ねられる可能性がある。政治家の誠実さは群を抜いており、支配階級も抜群の能力・教養を備えている。このため、他国にはできない数多くのことを易々と実現できるだろう。特にこの国の支配層はフォーマルな伝統と新しい原理・状況・人への並外れた適応能力を絶妙のさじ加減で使いこなしている。支配層は支配を望んでいるが、国益の変化に対応して支配する心構えが十分にできており、産業国イギリス、農業国イギリスや、保護主義国イギリス、自由貿易国イギリスを管理してきた。反対勢力の政策だけでなく、頭脳さえも取り込む実に類まれな才能もある。他の国ならラサールと同じ運命を辿っていたディズレーリを取り込み、必要ならトロツキー自身も取り込んでいただろう。いやその場合、トロツキーは間違いなくプリンキポ伯爵、ガーター勲爵士の称号を受けていたはずだ。

このような状況であれば、広範な国有化計画を通じて社会主義に向けて大きく踏み出す一方、国有化対象外のあらゆる利権・活動については、当面手をつけずに介入しないという形の社会主義化政策が考えられる。実際、計画対象外の利権・活動は今妨げとなっている様々な足枷、負担（財政負担など）から解放されることになるかもしれない。

以下に挙げる事業部門は、深刻な効率低下や民間部門への影響を招かずに、社会主義化できるのではないか。補償の問題は「機が熟した社会主義化」で論じた線に沿って解決できる可能性がある。現代の所得税率や相続税率を考えれば、これは深刻な問題とはならないだろう。

第一に、銀行部門が成熟しており、社会主義化の条件が整っていることは間違いない。イングランド銀行は財務省の一部局にすぎないし、実際のところ、秩序立った社会主義社会が金融部門に望むと思われる以上に独立性を失っている。商業銀行も集中と官僚化が完全に終わったとみられる。今後、大手銀行がまだ残っている独立系銀行をすべて吸収合併するよう求められ、その後イングランド銀行との合併を通じて「全国銀行管理庁」に統合される可能性がある。この管理庁は貯蓄銀行や住宅金融組合などを吸収する可能性もあるが、新聞で報じられる以外、顧客は何も変わっていないと感じるかもしれない。サービスの調整・合理化でかなりのメリットを期待できる。社会主義者から見れば、非国有化部門に対する政府の影響力が高まるというメリットも得られるはずだ。

第二に、保険部門も以前から国有化の候補になっており、現在ではかなりの程度まで機械化が進んでいる。少なくとも社会保険の一部の支部との統合は可能かもしれない。保険の販売コストを大幅に削減できるほか、ここでも保険会社の運用資金を国が管理すれば、国の権限が増すと喜ぶ社会主義者がいるかもしれない。

第三に、鉄道の国有化に強い反発を覚える人は少ないだろう。これはトラック輸送にも言えるかもしれない。実際、国内輸送は国家管理が最も成功を収めやすい分野だ。

第四に、鉱業、特に炭鉱の国有化や、ベンゼンまでの石炭・タール製品開発の国有化、また石炭や石炭・タール製品の販売国有化も効率面で直ちに効果が期待でき、労働問題をうまく処理できれば、大きな成功を収められるのではないか。これは技術的・商業的に見て明らかだと思える。ただ、民間企業が化学産業で活動しているため、今指摘した限界を超えて国有化を進めれば、そこまで自信を持って成功を断言できなくなるのも明らかだと思える。

第五に、発電・送電・配電の国有化は実質的にすでに終了している。ここで指摘できるのは、電気工学産業がまだ民間に期待の持てる余地の残されている典型的な産業だということくらいだ。つまり、全面的な社会主義化に賛成するのも、一切の社会主義化に反対するのも、ともに経済的には筋が通らないことがわかる。一方で、発電の例は社会主義化した産業で利潤を追求する難しさも物語っている。しかし、国家が国内経済の大部分を吸収した上で、なおかつ近代国家としての様々な役割を果たそうとするのであれば、利潤は成功に不可欠な条件となるはずだ。

第六に、鉄鋼産業の社会主義化は、以上の分野とは比べ物にならないほど議論の余地があるプランだと感じるだろう。しかし、この産業も確実に盛りを過ぎており、今後は事務的な

「管理」が可能だ（もちろん、巨大な研究開発部門も事務管理の対象となる）。調整による一定のメリットが期待できる。起業家精神の所産が少しでも失われるリスクは決して大きくない。

第七に、建築家の仕事は対象外になるかもしれないが、建築産業や建材産業も適切な形の公的機関の下でうまく運営できるのではないか。すでにかなりの部分が何らかの形で規制されており、補助金の支給や監督が行われている。新たな損失の発生源となる恐れもあるが、恐らくそれを十二分に補う効率改善が期待できるかもしれない。

必ずしもこれだけではない。ただ、これ以上踏み込んだ国有化には、特別な、主に経済以外の根拠が必要になるだろう。軍需産業や基幹産業、映画、造船、食品流通が具体例かもしれない。いずれにしても、ここで挙げた七分野を消化するには、これからかなりの時間がかかる。責任ある社会主義者がこの点で多くのことを成し遂げれば、十分に立派な仕事をしたと言えるし、国有化部門以外については、合理的な譲歩ができるはずだ。土地の国有化——（恐らく農家の地位には手をつけずに）残っている地代や鉱区の使用権をすべて国家に移転することも主張するのであれば、経済学者として私は反対しない。[*4]

もちろん、この問題の社会的・政治的・経済的な与件は、目下の戦争で変わるだろう。これまでできなかった多くのことができるようになり、これまでできた多くのことができなくなるはずだ。巻末の数ページではこの点を簡単に取り上げる。だが、政治的な考え方をはっきりさせるためには、戦争の影響を抜きにしてこの問題を描くことが不可欠だと思える。そうしない限り、問題の本質を必要な形で浮き彫りにすることはできない。このため、この章は形式も中身も一九三八年の夏に執筆した形のまま残すことにする。

*4　本書は個人の好みを表明する場ではない。ただ、この点については、専門家の義務として述べたものであり、私がこの案を個人的に気に入っているわけではないことを理解して頂きたい。自分がイギリス人なら、逆に全力を尽くしてこの案に反対するだろう。

索　引

へ

ほ

ま

著者略歴

ヨーゼフ・シュンペーター（JOSEPH SCHUMPETER）

一八八三〜一九五〇。オーストリア・ハンガリー帝国生まれの経済学者。ウィーン大学法学部で博士号を取得。グラーツ大学教授時代の一九一二年に『経済発展の理論』を刊行。一九年、オーストリア共和国の大蔵大臣に就任したが、同年辞職。二一年、ビーダーマン銀行頭取に就任。二四年に同銀行が経営危機になり、頭取を解任される。二五年にボン大学教授に就任。三二年に招請を受けてハーバード大学教授に就任。起業家によるイノベーションによって創造的破壊が生み出され、経済が成長していくという動的資本主義観で多大な影響を与えた。著書に『景気循環の理論』、『経済分析の歴史』など。

訳者略歴

大野一（おおの　はじめ）

翻訳者。主な訳書にブキャナン、ワグナー『赤字の民主主義』、ノース『経済史の構造と変化』、カーティス『代議士の誕生』（共訳、以上、日経ＢＰクラシックス）、『最強の経済学者ミルトン・フリードマン』（日経ＢＰ社）

資本主義、社会主義、民主主義 I

二〇一六年七月一九日　第一版第一刷発行
二〇二五年三月二五日　第一版第四刷発行

著者　ヨーゼフ・シュンペーター
訳者　大野 一
発行者　中川ヒロミ
発行　日経BP社
発売　日経BPマーケティング
〒一〇五-八三〇八
東京都港区虎ノ門四-三-一二
https://www.nikkeibp.co.jp/books/

装丁・造本設計　祖父江慎+福島よし恵（cozfish）
製作　アーティザンカンパニー
印刷・製本　中央精版印刷株式会社

ISBN978-4-8222-5159-8

本書に関するお問い合わせ、ご連絡は左記にて承ります。
https://nkbp.jp/booksQA

『日経BPクラシックス』発刊にあたって

グローバル化、金融危機、新興国の台頭など、今日の世界にはこれまで通用してきた標準的な認識を揺がす出来事が次々と起っている。しかしそもそもそうした認識はなぜ標準として確立したのか、その源流を辿れば、それは古典に行き着く。古典自体は当時の新しい認識の結晶である。著者は新しい時代が生んだ新たな問題を先鋭に捉え、その問題の解決法を模索して古典を誕生させた。解決法が発見できたかどうかは重要ではない。重要なのは彼らの問題の捉え方が卓抜であったために、それに続く伝統が生まれたことである。

世界が変革に直面し、わが国の知的風土が衰亡の危機にある今、古典のもつ発見の精神は、われわれにとりますます大切である。もはや標準とされてきた認識をマニュアルによって学ぶだけでは変革についていけない。ハウツーものは「思考の枠組み（パラダイム）」の転換によってすぐ時代遅れになる。自ら問題を捉え、自ら解決を模索する者。答えを暗記するのではなく、答えを自分の頭で捻り出す者。古典は彼らに貴重なヒントを与えるだろう。新たな問題と格闘した精神の軌跡に触れることこそが、現在、真に求められているのである。

一般教養としての古典ではなく、現実の問題に直面し、その解決を求めるための武器としての古典。それを提供することが本シリーズの目的である。原文に忠実であろうとするあまり、心に迫るものがない無国籍の文体。過去の権威にすがり、何十年にもわたり改められることのなかった翻訳。それをわれわれは一掃しようと考える。著者の精神が直接訴えかけてくる瞬間を読者がページに感じ取られたとしたら、それはわれわれにとり無上の喜びである。